新编高等院校
管理类
系列教材

MATLAB
财务建模与分析
（第二版）

MATLAB CAIWU JIANMO YU FENXI

段新生　著

中国金融出版社

责任编辑：张怡姮
责任校对：孙　蕊
责任印制：陈晓川

图书在版编目（CIP）数据

MATLAB 财务建模与分析（MATLAB Caiwu Jianmo yu Fenxi）／段新生著 . —北京：
中国金融出版社，2017. 2
ISBN 978 - 7 - 5049 - 8811 - 9

Ⅰ. ①M⋯　　Ⅱ. ①段⋯　　Ⅲ. ①Matlab 软件—财务软件—高等学校—教材
Ⅳ. ①F232

中国版本图书馆 CIP 数据核字（2016）第 299571 号

出版
发行　中国金融出版社

社址　北京市丰台区益泽路 2 号
市场开发部　（010)63266347，63805472，63439533（传真）
网上书店　http://www.chinafph.com
　　　　　　　（010)63286832，63365686（传真）
读者服务部　（010)66070833，62568380
邮编　100071
经销　新华书店
印刷　保利达印务有限公司
尺寸　185 毫米 ×260 毫米
印张　20.75
字数　453 千
版次　2017 年 2 月第 1 版
印次　2017 年 2 月第 1 次印刷
定价　48.00 元
ISBN 978 - 7 - 5049 - 8811 - 9
如出现印装错误本社负责调换　联系电话（010）63263947

第一版前言

本书以大量实例分析探讨了在 MATLAB 环境中建立财务模型的基本理论、基本方法和重要工具。

财务问题的模型研究在财务理论研究中占有非常重要的地位。我们知道，在会计学和财务管理中有很多重要的模型，如资本资产定价模型（CAPM）、投资组合模型、证券估价模型、Black-Scholes 期权定价模型等。这些模型既是财务理论重要的内容，又是该学科最活跃的研究领域。很多作者由于某个模型的研究而获得了很高的学术地位，有的甚至获得了诺贝尔奖。从理论上深入研究如何建立财务模型不仅可以追溯前人科学研究的足迹，而且可以为自己的财务研究打下良好的基础。

财务模型可分为确定性模型和随机性模型。确定性模型研究财务变量之间的确定定量关系，如折现现金流模型等。随机性模型反映的是财务变量之间在一定概率意义下的相互依存关系，如资本资产定价模型。财务建模是研究如何建立财务变量之间关系（模型）的理论和方法的科学。本书不仅探讨确定性模型建立的理论和方法，也讨论随机性模型建立的理论和方法。

财务建模方法的讨论也可以为实证研究提供很好的方法论基础。在今天实证研究日益重要的情况下，本书的出版一定会为实证研究的广泛开展和深入进行作出一定的贡献。MATLAB 应用软件包的介绍和使用可扩充财务建模研究的内容，并为财务建模提供很好的计算机支持。

有很多工具可用于财务建模的研究。目前，用的较多的是统计分析软件，如 SAS、SPSS、Eviews 等。另外，也有一些出版物使用 Excel。MATLAB 是一个功能完备、易学易用的工具软件包。MATLAB 的主要特点是计算能力强、绘图能力强、编程能力强。用 MATLAB 作为工具不仅可以提高财务建模的效率，而且可以以非常直观的方式将自己的模型表现出来，更可以创造出适合特定企业和特定情况的模型系统。可是，目前市面上还没有讨论 MATLAB 财务建模方面的出版物，因此，本书的出版可以填补这方面的空白。

本书是笔者多年来财务建模研究的心得和体会，也包含了许多最新的研究成果。在为研究生开设有关课程的过程中又补充了大量从实践中提炼出来的实例，从而进一步丰富了本书的内容。因此，本书可作为研究生、本科生相关课程的教材或参考读物。另外，也可作为广大财务理论研究者、实证研究者的参考书，当然对很多实际工作者从事建模工作也是非常有益的。

在笔者多年 MBA 教学和研究的过程中，也深感数据建模与决策或者类似实证分析课程的难度和困难。难度主要是内容较多难以取舍，再加上课时限制，使这个问题更加突出；困难主要是没有合适工具和适当教材。本书推荐用 MATLAB 作为此类课程的工具软件，并选取与管理以及财务相关的内容加以讲解。因此，笔者认为，本书也可作为 MBA 数据建模与决策或者类似实证分析课程的教材或教学参考书。

在财经院校建立财务建模与分析专业是笔者近年来的心愿，希望本书的出版对本专业的建立能起到巨大的促进作用。

感谢中国金融出版社的王杰华主任和责任编辑孔德蕴先生以及其他为此书出版作出很多工作的同志们。没有你们的支持和鼓励，本书出版不可能这么高质、高效。

由于本人水平有限，本书缺点和错误在所难免，恳请读者和使用人多提宝贵意见。

段新生

二〇〇七年七月于北京

第二版前言

技术在发展，社会在进步。

自从 2006 年开始研究财务建模，至今已有十年时间。在这十年时间里，关于财务建模的一些思想、一些理念逐渐完善，也陆续发表了一些文章，在给学生上课的过程中也积累了一些心得和体会。因此，在出版社的邀请下，决定对原书进行改版。

另外，MATLAB 从 2007 年 MATLAB7.4（R2007a）开始，每年推出两个版本，至今已经更新到 MATLAB9.0（R2016a）版本。随着版本的不断更新，MATLAB 的功能也不断加强。有的老版本中的功能在新版本中已不复存在，老的命令被新的命令所取代。本书第一版基于 MATLAB7.4（R2007a）版本，因此从平台的角度更新本书也是势在必行。

十年前在本书首次出版时，作者就有一个心愿，即在高等财经院校建立财务建模专业。虽然，建立专业是一个漫长的过程，但是欣喜地看到已经有越来越多的院校开设了财务建模的课程，这也是本书再版的巨大动力。

与第一版相比，第二版在以下方面进行了较大的改进：

- 用 MATLAB 最新版本 R2016a 对第一版中的程序、命令以及模型等进行了重新运行；
- 增加了第 1 章财务建模概述；
- 增加了第 3 章 3.2 节中修正的内部收益率 MIRR 函数和用于不规则现金流的内部收益率 XIRR 函数；
- 增加了第 4 章 4.4 节中的混合整数线性规划模型；
- 改写了第 5 章 5.2 节和 5.3 节，增加了 R2016a 新版函数 Portfolio 的使用；
- 增加了第 7 章 7.3 节相关分析；
- 增加了第 9 章 9.2 节 APP Designer 应用程序设计器；
- 重写了第 9 章 9.3 节模型打包与编译；
- 对第一版中的个别错误进行了更正；
- 对第一版中的部分内容进行了改写。

感谢中国金融出版社的王杰华主任，十年前，她以敏锐的眼光看到了财务建模的巨大潜力和作用，策划了本选题。感谢第一版责任编辑、第二版策划主推手孔德蕴先生，十年前，他的辛苦工作以及今天他的远见卓识使得本书的出版高质、高效且意义非凡。

也要感谢为本书出版作出很多工作的其他编辑校对人员和排版印刷人员。

由于本人水平有限，本书缺点和错误在所难免，恳请读者和使用人多提宝贵意见，联系邮箱：xsduan@163.com。

段新生
二〇一六年八月于北京

目　录

第1章

财务建模概述

本章讨论了财务建模的内涵，分析了财务建模的理论基础，探讨了财务建模的方法以及财务建模的工具；对财务建模的意义和作用进行了论述，对财务建模的学科建设提出了一些建议。

财务建模是用数学术语或者计算机语言建立起来的表达财务问题各种变量之间关系的学科。财务建模的理论基础包括数学、统计学、经济学、财务管理学、金融学、会计学、计算机程序设计等。财务建模的方法有数学中的逻辑演绎法、统计学中的统计分析法，以及计算机模拟法等。财务建模的较理想的软件平台是 MATLAB，因此本书建议在财务建模的理论研究和实践中使用 MATLAB 作为其工具。财务建模的意义和作用总结为：

- 财务建模可以推动财务理论的向前发展；
- 财务建模方法的讨论也可以为实证研究提供很好的方法论基础；
- 新会计准则下财务建模是会计人员的必修课；
- 财务建模可以作为管理决策的辅助工具；
- 财务建模可以作为经济、管理等社会系统反复试验的重要工具。

财务建模可以作为一门课程，也可以成为一个专业。

本章内容包括：

1.1　财务建模的概念界定

1.2　财务建模的理论、方法及工具

1.3　财务建模的意义和作用

1.4　财务建模的学科建设

1.1　财务建模的概念界定[①]

谈到建模，大家首先联想到的是数学建模。数学建模是把一个称为原型的实际问题

① 段新生. 试论财务建模的意义和作用［J］. 中国管理信息化，2008（17）.

进行数学上的抽象，在作出了一系列的合理假设以后，原型就可以用一个或者一组数学方程来表示。

本书讨论的财务建模既包括财务问题的数学建模，也包括下文谈到的计算机建模。因此我们定义，财务建模是用数学术语或者计算机语言建立起来的表达财务问题各种变量之间关系的学科。将一个问题用模型表述以后可以检验特定问题在不同假设条件下的不同结果，也可以用来预测在不同条件下特定问题未来的发展。

对于一个复杂的财务问题，有时要写出它的数学模型可能是不现实的或者不可能的。在此情况下，如果我们能够用计算机来模拟该问题并且分析它的运行结果，从而了解和掌握它的内在规律，预知它的未来发展。在这种情况下，虽然我们没有找到精确的数学模型，但是可以说找到了它的计算机模型。因此，在上面财务建模的定义中我们增加了计算机模型的内容。

所以说，财务建模是利用数学方法以及计算机解决财务问题的一种实践，是研究分析财务数量关系的重要工具。通过对实际问题的抽象、简化，再引入一些合理的假设就可以将实际问题用财务模型来表达。财务模型可以表现为变量之间关系的数学函数，也可以在完全不清楚数学表达式的情况下用计算机来模拟或者推测变量之间的依赖关系。前者是数学模型，后者是计算机模型。找出变量之间关系的数学模型可以为实际问题的解决提供非常方便的条件，但是面对当今复杂的经济问题和现象，并非所有的问题和现象都有明确的数学模型。在这种情况下，找出问题的计算机模拟模型也是非常有意义的。财务建模既包括财务问题的数学建模，也包括相应问题的计算机建模。举一个例子，当前非常热点的问题：如何根据企业财务数据和其他有关数据对企业的风险作出评估，即如何建立企业财务预警模型就是一个典型的财务建模的例子。当然如果能够找到企业财务数据和风险之间的确定的数学关系对企业财务预警有很大的意义。但是如果这个关系一时不能找到，那么建立风险预警的计算机模拟系统对此问题的解决也是非常有帮助的。另外，在股票估价模型的例子中[1][2]，使用者可以输入贴现率、股利增长率、所要求的最低回报率等参数，然后模型可以计算出该只股票的价值，从而为股票投资者提供参考。

财务建模是研究如何建立财务变量之间关系的理论和方法的科学。通过财务建模，我们可以找出财务变量之间的相互依存关系。现实世界中财务变量之间的关系有两种：一种是确定性的关系，另一种是随机性的关系。因此，财务模型也可分为确定性模型和随机性模型。确定性模型研究财务变量之间的确定定量关系，如折现现金流模型等。随机性模型反映的是财务变量之间在一定概率意义下的相互依存关系，如资本资产定价模型。因此，财务建模不仅讨论确定性模型建立的理论和方法，也探讨随机性模型建立的理论和方法。

---

① 段新生. 基于 MATLAB 的股票估价模型设计［J］. 中国管理信息化，2008（4）.
② 段新生. MATLAB 股票估价模型研究［J］. 中国管理信息化，2007（9）.

1.2　财务建模的理论、方法及工具[①]

1.2.1　财务建模的理论基础

财务建模是利用数学方法或者计算机解决财务问题的一种实践，是研究分析财务变量之间关系的重要工具。

财务建模是一门理论性很强的学科，具有坚实的理论基础和理论依据。它的理论基础包括数学、统计学、经济学、财务管理学、金融学、会计学、计算机程序设计等。因此财务建模是一门交叉性很强的学科。

1. 数学

财务建模是研究如何建立财务问题各变量之间关系的数学模型或计算机模型的学科，因此数学是财务建模的想当然的理论基础。会计学和财务管理中有很多非常重要的模型，如资本资产定价模型（CAPM）、投资组合模型、证券估价模型、Black‐Scholes 期权定价模型等。这些模型是财务理论重要的内容，可以说是财务建模最重要的研究成果。这些模型是历史上很多著名的科学家经过多年的研究总结出来的解决财务问题的数学模型。很多作者由于某个模型的研究而获得了很高的学术地位，有的甚至获得了诺贝尔奖。这些模型为我们的理论宝库添加了重要的内容，同时也为我们今后财务建模的研究提供了很好的样板。这些模型所用到的数学知识包括函数、极限、级数、最优化理论、概率论与数理统计、随机过程等，因此，数学是财务建模的重要理论基础。要想深入学习财务建模就必须有过硬的数学基础。

2. 统计学

财务建模是研究如何建立财务变量之间关系的理论和方法的科学。通过财务建模，我们可以找出财务变量之间的相互依存关系。现实世界中，财务变量之间的关系有两种：一种是确定性的关系，另一种是随机性的关系。因此，财务模型也可分为确定性模型和随机性模型。确定性模型研究财务变量之间的确定定量关系，如折现现金流模型等。随机性模型反映的是财务变量之间在一定概率意义下的相互依存关系，如资本资产定价模型。因此，财务建模不仅讨论确定性模型建立的理论和方法，也探讨随机性模型建立的理论和方法。所以，统计学是财务建模的另一个重要的理论基础。

3. 经济学

财务建模研究财务问题的数学模型或计算机模型，也可以说研究财务问题的经济规律，因此经济学的原理在财务建模的过程中有时也是非常重要的依据。例如，经济学中的生产理论以及成本与收益的一般原理同样适用于企业利润以及产量决策模型的分析；经济学对于资本市场的讨论可以指导我们完成上市公司股价模型的建立等。因此，经济

[①]　段新生.试论财务建模的理论、方法和工具［J］.中国管理信息化，2009（11）.

学也是财务建模必不可少的理论基础之一。

4. 财务管理学

财务管理学是研究企业财务管理的学科，可以说是财务问题的比较成熟或者完善的模型以及理论。从这个角度讲，财务管理学是财务建模的成果，财务建模是财务管理理论研究发现的过程和方法。财务建模着力于用定量的方法刻画和解决实际问题。当找到了实际问题的数学模型，那么一个新的理论可能就宣告诞生。当将一个理论应用于实践并得出了与实践相辅的结论，那么该理论在这一经济体中就得到了验证。如果一个理论不能在一个经济体中得到很好的应用，那么我们就要思考对于当前的问题什么样的理论才是适合的理论。于是通过财务建模我们就去寻找符合实际的模型。该模型或者是原理论的修正，也可能是一个完全不同的新的理论。财务建模不仅可以用于验证已有理论的观点和方法的正确性和严密性，同时也可以成为新理论诞生的土壤、契机和工具。

5. 金融学

财务和金融本来就有千丝万缕的联系。事实上，英文中财务和金融同属于一词。因此，财务建模与金融建模是密不可分的。金融学中的很多理论和方法同样可用于财务建模。财务建模所研究的内容有很大一部分也属于金融学的范畴。本书讨论的财务建模的基本内容包括现金流计算模型、最优化模型、投资组合模型、债券估价模型、统计建模以及财务数据时间序列分析等。这些内容在金融计算中同样是非常重要的论题和内容。因此，金融学也是财务建模的重要理论基础。

6. 会计学

在2006年新会计准则下，财务与会计的界限更加不明确。所以，财务建模在新会计准则下具有更重要的意义。过去会计人员可能只需要了解借贷原理就可以当好会计。但是新会计准则下，如果只了解借贷就可能不能成为一名合格的会计。例如，公允价值的引入使资产价值的计量和入账复杂化了。如果你不了解如何利用现金流量模型估计公允价值，在某些情况下可能你就不能准确入账。在本书3.6节笔者还给出了其他一些会计建模的例子。因此，新会计准则的采用使得原来只有财务管理人员才去考虑的问题现在会计人员也不得不考虑。财务建模可以帮助会计人员以及财务管理人员更好地、准确地贯彻新会计准则，提供更可信的会计信息。因此，会计学也是财务建模的重要理论基础之一。

7. 计算机程序设计

前已述及，财务建模不仅包括财务问题的数学建模也包括计算机建模，因此，计算机程序设计以及其他计算机理论就成为财务建模的另一个重要的理论基础。

找出变量之间关系的数学模型可以为实际问题的解决提供非常方便的条件，但是面对当今复杂的经济问题和现象，并非所有的问题和现象都有明确的数学模型。在这种情况下，找出问题的计算机模拟模型也是非常有意义的。要建立财务问题的计算机模型，借助某种程序设计语言或者某种程序设计的平台或工具编出能够在计算机上运行的程序系统就是必不可少的。当然，当今计算机科学的发展为程序设计提供了很多功能强大的工具，使得程序设计的工作越来越简单、方便，但是，程序设计的基本原理仍然是程序设计人员必须掌握的理论。因此，计算机程序设计是财务建模的另一重要理论基础。

综上所述，财务建模的理论基础包括数学、统计学、经济学、财务管理学、金融学、会计学、计算机程序设计等。因此，财务建模是一门交叉性很强的学科。

1.2.2　财务建模的方法论

财务建模是一门理论性强、实用性强的交叉性学科。各门学科中的研究方法都可以用于财务建模，因此财务建模的方法也是相当丰富的。例如，数学中的逻辑演绎法，统计学中的统计分析法，以及计算机模拟法等都可以用于财务建模，因此都是财务建模的基本方法。

1. 逻辑演绎法

财务建模包括财务问题的数学建模和计算机建模。数学建模就是把一个称为原型的实际问题进行数学上的抽象，在作出了一系列的合理假设以后，将原型用一个或者一组数学方程来表示。其中数学模型的得出是在对原型作出假设以后，根据逻辑演绎的方法依据数学原理和本学科中的一些规律，在假设的基础上经过推导得出。可以说逻辑演绎法是财务建模最重要的方法之一。

2. 统计分析法

前已述及，财务模型包括确定性模型和随机性模型。对于随机性模型，统计分析的方法必不可少，统计学以及概率论方面的知识是其基础。通过统计分析的方法，我们可以对财务数据进行分析，比如说，可以计算数据的集中程度和离散程度，可以分析数据的分布规律，分析数据变量之间的相关关系等。因此，统计学中常用的分析方法，如回归分析、多元统计分析等也是财务建模常用的方法。

但是，我们不能据此说财务建模就属于统计分析的范畴。统计分析只是财务建模中的一个重要方法和工具。

3. 计算机模拟法

财务建模包括数学建模和计算机建模。计算机建模所采用的一个重要方法就是计算机模拟。对于一个复杂的经济现象，有时导出它的数学模型是不可能的，在这种情况下，如果我们能够编写一个计算机系统用以模拟该现象的运行，最终找出这个现象的运行规律，那么对这个现象的发生、发展也可以作出更进一步的了解和掌控。在这个研究过程中，我们的方法就是计算机模拟法，所建立的模型就是计算机模拟模型。计算机模拟是财务建模的另一重要的研究方法。

1.2.3　财务建模的工具

财务建模的工具对于财务建模问题的研究至关重要。过去财务建模大多通过微软办公软件 Excel 来完成。对于统计建模，大家采用较多的有 SAS、SPSS 等。现在用 MAT-LAB 应用软件包建模使财务建模更加得心应手。MATLAB 是一个功能完备、易学易用的工具软件包。MATLAB 的主要特点是计算能力强、绘图能力强、编程能力强。MATLAB

的使用扩充了财务建模研究的内容，并为财务建模提供了很好的计算机支持。用 MAT-LAB 作为工具，不仅可以提高财务建模的效率，而且可以以非常直观的方式将自己的模型表现出来，更可以创造出适合于特定企业和特定情况的模型系统。

MATLAB 统计建模为财务随机性模型的建立提供了非常强的工具。对财务数据进行统计分析或者根据统计分析的原理建立财务变量之间的相互依存关系是统计建模的重点内容。我们知道，在自然界和人类社会中，有些变量和变量之间表现出了确定的依存关系，但是大量的变量之间存在的关系却是不确定的，有时需要重复出现多次才能表现出来。这样的关系就是变量之间的随机关系。随机关系需要根据统计原理应用统计分析的方法来建立。

MATLAB 提供了专门用于统计分析和统计建模的统计工具箱。利用统计工具箱提供的标准函数，使用者可以完成统计上的绝大部分数据分析任务，如假设检验、方差分析、相关分析、回归分析、多元统计分析等。而且 MATLAB 还提供了易学、易用的图形用户界面，使用户在最短的时间内就可以掌握较复杂的统计分析技术。如果将 MATLAB 的编程能力和图形能力充分利用起来，那么用户还可以设计出能够完成特定功能、特定任务的模型系统。

因此，本书认为，财务建模的较理想的软件平台是 MATLAB。建议在财务建模的理论研究和实践中使用 MATLAB 作为其工具。

1.3　财务建模的意义和作用[①]

财务建模的意义和作用总结为如下几点：

1. 财务建模可以推动财务理论的向前发展

首先，财务问题的模型研究本身在财务理论研究中就占有非常重要的地位。在会计学和财务管理领域中有许多非常重要的模型，如资本资产定价模型（CAPM）、投资组合模型、证券估价模型、Black – Scholes 期权定价模型等。这些模型既是财务理论重要的内容，又是该学科最活跃的研究领域。很多作者由于某个模型的研究而获得了很高的学术地位，有的甚至获得了诺贝尔奖。从理论上深入研究如何建立财务模型不仅可以追溯前人科学研究的足迹，而且可以为自己的财务研究打下良好的基础。财务建模对推动会计和财务理论的发展将起到不可忽视的作用。

其次，财务建模在财务理论与实际问题之间架起了一座桥梁。财务建模着力于用定量的方法刻画和解决实际问题。当数学模型找到了实际问题，那么一个新的理论可能就宣告诞生；当将一个理论应用于实践并得出了与实践相辅的结论，那么该理论在这一经济体中就得到了验证。如果一个理论不能在一个经济体中得到很好的应用，那么我们就要思考对于当前的问题什么样的理论才是适合的理论。于是通过财务建模我们就去寻找

---

① 段新生. 试论财务建模的意义和作用 ［J］. 中国管理信息化，2008（17）.

符合实际的模型。该模型或者是原理论的修正，也可能是一个完全不同的新的结果。在这种情况下同样可能预示着一个新理论的诞生。当然，在一个模型上升为一个理论之前，可能该模型只适合于一个特定问题，但是我们也可以说财务建模为解决这一特定问题起到了巨大作用。财务建模不仅可以用于验证已有理论的观点和方法的正确性和严密性，同时也可以成为新理论诞生的土壤、契机和工具。

2. 财务建模方法的讨论也可以为实证研究提供很好的方法论基础

财务建模不仅可以验证规范研究所提出的观点和方法的正确性和严密性，同时财务建模方法的讨论也可以为实证研究提供很好的方法论基础。由于现在实证研究越来越受到重视，因此掌握实证研究的方法至关重要。财务建模的方法很多都可以用于实证研究，甚至可以说财务建模本身就是一种实证研究。因此，学习财务建模可以为实证研究打下非常好的基础。

3. 新会计准则下财务建模是会计人员的必修课

2006年新会计准则的颁布，使得我国会计准则与国际会计准则不断趋同。在这样的背景下，财务与会计的界限更加不明确。所以，财务建模在新会计准则下具有更重要的意义。过去会计人员可能只需要了解借贷原理就可以当好会计，但是新会计准则下，如果只了解借贷就可能不能成为一名合格的会计。因此，新会计准则的采用使得原来只有财务管理人员才去考虑的问题现在会计人员也不得不考虑。财务建模可以帮助会计人员或者财务管理人员更好地、准确地贯彻新会计准则，提供更可信的会计信息。

4. 财务建模可以作为管理决策的辅助工具

通过财务建模可以将大量的报表数据转化为更有价值的财务决策信息，因此财务建模可以作为管理决策的辅助工具。决策者可以利用模型输出的信息进行决策，提高决策的科学性和合理性。

财务建模为实际问题的解决提供了定量分析和计算的方法，有助于人们全面、系统地把握实际问题的特征、性质和结构，有助于对实际问题有更进一步的认识。当将实际问题抽象为一个财务模型以后，人们就可以根据此财务模型对该实际问题的未来发展作出预测。因此，建模的目的不是为了建模而建模，而是为了利用模型对实际问题加以抽象，从而更好地把握问题，特别是更好地把握实际问题为未来的发展提供帮助。比如说，价值分析是当今财务理论研究中的一个非常重要的领域。如果我们能够找出一个根据财务数据及其他资料计算企业价值的分析模型，那么一方面，我们就可以根据此模型在股市中找出价值被低估的股票，从而指导我们的投资实践；另一方面，这样的模型也可以为资本市场的监管部门提供股票异动及监管的客观依据，从而为资本市场的规范提供保障。

5. 财务建模可以作为经济、管理等社会系统反复试验的重要工具

建模的另一个重要作用就是对于复杂的实际问题，当不可能对其做试验或试验代价太昂贵时，采用模拟建模可以有效地避免或减少试验的破坏程度和代价。例如，当评估一项财务决策对企业的未来发展有何影响时，显然不可能采取试验的方法或者试验带来

的损失可能是巨大的、无可挽回的。在这种情况下，如果我们能建立一个模型用来模拟财务决策对企业的未来发展到底有何影响，那么我们就可以在不承担任何风险、花很少费用的情况下对财务决策的影响作出评估，从而避免盲目决策所付出的代价，为科学决策奠定基础。

根据宏观经济环境的变化和会计处理方法的不同，有些理论和模型可能需要进行不断地更正和调整使其符合特定的环境和特定的历史条件。因此，模型具有鲜明的地域性和时效性特征，而财务建模的理论和方法是使理论和模型适应这种变化的有力武器。财务建模必将成为未来财务人员的一项重要技能。不掌握这项技能，财务人员便不能适应社会的发展和环境的变化，最终将被历史所淘汰。

1.4 财务建模的学科建设

1.4.1 学生应具备的财务建模能力[①]

学生应具备的财务建模能力应包括以下几个方面：

1. 逻辑推理能力

逻辑推理能力是从事一切工作所必备的能力，是学生应该掌握的最基本技能。

2. 数学应用能力

财务建模首先考虑用数学语言对财务变量之间的关系进行表达，因此数学应用的能力应成为财务建模的基本能力。

3. 计算机应用能力

对于不能用数学语言表达的财务变量之间的关系，如果我们能够用计算机模拟的方法找到它们之间相互影响的规律，那么对于变量之间的关系也会有一定的认识。因此，计算机应用能力也应成为财务建模的一项基本能力。

4. 统计分析能力

财务变量之间的关系可能表现为确定的函数关系，也可能表现为不确定的随机关系。随机关系需要根据统计学的理论予以建立，因此，统计建模是财务建模中很重要的内容，而统计分析也是财务建模的一项重要技能。

5. 实证研究能力

实证研究是当今会计研究最重要的方法。实证研究不仅可以验证已有理论的正确性和有效性，而且可能发现变量之间新的关系。因此，实证研究也是财务建模的方法之一，甚至财务建模本身就是一种实证研究。所以，实证研究能力应成为财务建模的一项重要能力。

---

① 段新生．会计专业学生财务建模能力的培养与提升［J］．商业会计，2013（8）.

6. 实践创新能力

财务建模不仅可以用来验证已有理论的正确性和有效性，而且可能发现新的理论。因此善于思考、勇于创新应该是财务建模要培养的一项重要能力。

1.4.2 会计专业学生财务建模能力的提升方法与路径

以下将以会计专业学生为例，探讨大学生财务建模能力的提升方法与可能路径。

1. 课程建设

本人认为，为了提升大学生财务建模的能力，首先应该在课程设置上尽量开设一些有利于财务建模能力培养的课程。例如，下面课程对于提高财务建模能力是必不可少的。

基础性数学课程，如微积分、线性代数、概率论与数理统计等。这些课程对培养学生逻辑推理能力以及数学应用能力的提高具有非常重要的作用。

与计算机理论和操作有关的课程，如 Excel 应用、MATLAB 应用、数据库编程、XML 标记语言等。这些课程对培养学生计算机应用的能力有至关重要的作用。

与会计信息化有关的课程，如计算机会计（会计信息系统）、会计软件应用、XBRL 财务报告等。这些课程对于培养会计专业学生的计算机应用以及财务数据处理与应用能力具有直接的作用。

与实证研究有关的课程，如统计分析软件、计量经济学等。这是做实证研究必须用到的理论和工具。因此，为了提高实证研究的技能，学生必须掌握这样的课程。

2. 课堂训练

研究性教学和研究性学习是作者提出的一种实证研究的学习和教学方法①。该法让学生通过文献查找、文献阅读、数据收集、数据处理与分析、结果再现与对比、演讲与讨论、结果点评与总结等七个步骤完成文献研究与实证结果再现的研究性学习，达到掌握实证研究的方法和实证论文写作的目的。这一方法既可以提高学生文献检索、文献阅读和文献理解的能力，还可以了解财务、会计领域实证研究的最新进展，掌握实证研究的基本理论和方法。另外，通过这一训练，不仅提高了学生的逻辑推理和统计分析的能力，而且也激发了学生的研究潜能，培养了他们的创新能力。

本书认为，研究性教学法和研究性学习法可以用于各门课程的课堂教学中。通过这种方法的使用，学生可以积极参与到课堂教学中，变被动式学习为主动式学习。

3. 课外活动

学生可以尽可能多地参加一些课外活动以提高自己的财务建模能力。学校可以为学生参加课外活动提供一些机会和组织保障。全国大学生数学建模竞赛就是一个很好的活动，建议大学生都能参加。

全国大学生数学建模竞赛创办于1992年，每年一届，目前已成为全国高校规模最大

---

① 段新生. 文献研究与实证结果再现——实证研究的研究性教学与研究性学习［J］. 财会月刊，2010（3）.

的基础性学科竞赛，也是世界上规模最大的数学建模竞赛。2012 年，来自全国 33 个省、自治区、直辖市（包括中国香港和中国澳门特区）及新加坡的 1 284 所院校、21 219 个队（其中本科组 17 741 队、专科组 3 478 队）、63 600 多名大学生报名参加本项竞赛。①本书认为，参加数学建模大赛不仅可以扩展知识面，增加学生之间的交流，而且可以促进大学生数学应用、逻辑推理以及创新能力的提高。学校应鼓励尽可能多的学生参加这样的课外活动。

4. 课外研究

鼓励学生尽可能多地参加老师的各项学术研究活动，充分利用一切机会和资源使学生尽早培养和提高自己的学术研究能力。学术研究能力的提高同时也意味着财务建模能力的提高，为将来同学走入社会奠定很好的基础。参加学术研究活动，更可以提升同学脚踏实地、勇于创新的品质和能力。

1.4.3 财务建模作为一门课程

财务建模是一门实用性很强的学科，是各级学生包括研究生、本科生都应掌握的一项技能。

财务建模作为一门课程，其基本内容应该包括现金流计算模型、最优化模型、投资组合模型、估价模型、统计建模以及财务数据时间序列分析等。这些内容在财务与金融计算中是非常有用的，是将来学生走上工作岗位以后必不可少的技能，因此应该在大学或者研究生阶段予以学习和掌握。

财经院校的学生对于掌握财务建模的知识和技能的要求更加迫切，因此笔者建议应该在财经院校尽快开设此课程。"十一五"以后，国家加大了对高校的资金投入力度，因此现在大多数院校都建立了自己的经济实验室、金融实验室、统计实验室或者会计实验室等。因此，开设财务建模课程的硬件条件在大多数院校都已具备，只要再配以合适的软件系统即可。

谈到软件系统，笔者认为财务建模最合适的平台当属 MATLAB 应用软件包。

过去财务建模大多通过微软办公软件 Excel 来完成。对于统计建模，大家采用较多的有 SAS、SPSS 等。现在用 MATLAB 应用软件包建模使财务建模更加得心应手。

笔者在总结多年财务建模研究的心得和体会的基础上，为研究生开设了《MATLAB 财务建模与分析》课程并出版了同名教材，即本书的第一版。在为研究生讲授此课的过程中，深感财务建模对研究生今后实证研究的重要作用，也体会到学生学习该门课程的热情和投入精神。学生通过该课程的学习，不仅掌握了财务建模的基本理论和方法，也提高了进一步学习会计和财务理论的兴趣和热情。另外，在使用 MATLAB 这个工具进行财务建模的过程中，也积累了一些经验和体会，这些经验和体会在今后财务建模课程的建设中会起到相当大的作用。现在，无论是软件平台，还是建模技术都得到了很大发展，因此本书第二版应运而生。

---

① 数据来源于全国大学生数学建模竞赛官网。

本书认为，财务建模的技能在本科生阶段就可以掌握，不必等到研究生阶段。对于高年级的本科生，他们已经具备了学习财务建模的基本知识和必要的理论基础，已经学完了高等数学、概率论与统计学、经济学、财务管理学等课程，因此在高年级本科生中开设此课程既有必要又有可能。

当然，在本科生中还是在研究生中开设此课程，还要看各个专业的具体要求。有的专业对定量分析技术要求高，那么就可以尽早开设此课程。例如，会计、金融、统计、经济等专业就可以在大学高年级开设此课程。而其他一些对定量分析要求不很高的专业，比如，工商管理等则可以在研究生阶段开设此课程。

财务建模在财务理论和实践中具有非常重要的意义和作用。财务建模是财经院校各专业学生应掌握的一项基本技能。因此，为财经院校的学生开设有关课程已势在必行。

财务建模也是当今经济、社会中一个具有迫切需求的领域。在这个领域中需要大量的人才，有大量的工作机会。因此，在高等财经院校逐步建立财务建模专业以满足这方面人才的需要也是一项需要提到议事日程上的工作。笔者建议，国家有关部门应尽快设立这方面的研究项目对此问题进行研究。

1.4.4　财务建模作为一个专业

综上所述，财务建模不仅应作为一门课程加以学习，而且时机成熟时，也可考虑建立财务建模的专业。

第一步，可以在有条件的院校为研究生开设选修课。笔者所在的院校属于财经院校，学生财务建模能力的培养应该被提到相当的高度。事实上，早在 2006 年，我们就为研究生开设了《MATLAB 财务建模与分析》的课程。

第二步，待条件成熟以后，将财务建模课逐步推向本科生。笔者计划待条件成熟时，首先为会计和金融专业的大四学生开设财务建模的选修课。

第三步，建议有关部门成立财务建模专业或者明确专业方向，到那时，我们的财经院校就可以培养出财务建模的专业人才，为社会作出更大的贡献。

练习题

1. 论述财务建模的概念及其作用。
2. 论述财务建模的理论基础及方法论基础。
3. 你认为研究生、大学生应具备何种财务建模的能力？
4. 如何培养自己的财务建模能力？
5. 你认为财务建模的学科建设应如何推进？

第 2 章

MATLAB 基础

MATLAB①是 MATrix LABoratory（矩阵实验室）的缩写，是由美国 MathWorks 公司开发的集数值计算、符号计算、图形可视化和面向对象的程序设计等功能于一体的，功能强大、操作简单的应用语言软件包。

本章将介绍 MATLAB 的基本功能和基本使用方法，为以后各章财务模型的建立打下基础。

本章内容包括：
2.1　MATLAB 概述
2.2　MATLAB 数据组织与计算
2.3　MATLAB 图形功能
2.4　MATLAB 程序设计

2.1　MATLAB 概述

2.1.1　MATLAB 的功能及特点

20 世纪 80 年代初期，时任美国新墨西哥大学计算机科学系主任的克莱坞·穆勒（Cleve Moler）教授出于减轻学生编程负担的动机，为学生设计了一组调用 LINPACK 和 EISPACK 库程序的"通俗易用"的接口，此即用 FORTRAN 编写的萌芽状态的 MATLAB。

1984 年，克莱坞·穆勒（Cleve Moler）与约翰·李特尔（John Little）等正式成立了 MathWorks 公司，把 MATLAB 语言推向市场，并开始了对 MATLAB 工具箱等的开发设计。1993 年，MathWorks 公司推出了基于个人计算机的 MATLAB 4.0 版本，到了 1997 年又推出了 MATLAB 5.X 版本（Release 11），2000 年推出了 MATLAB 6 版本（Release 12），2006 年推出了 MATLAB 7（R2006a，R2006b）版本。

---

① MATLAB 是美国 The MathWorks 公司的注册商标和产品，受美国专利法的保护。

以后，MATLAB 每年都推出两个新版本，分别为 R20xxa 和 R20xxb。

2007 年 1 月，推出了 MATLAB7.4（R2007a）版本。本书第一版就是基于 R2007a 版本编写的。

2012 年 9 月 11 日，推出了 MATLAB 8.0（R2012b）版本。从这一版开始，MATLAB 采用了全新的界面，而且这一风格的界面一直沿用至今。

2014 年 3 月，推出了 MATLAB 8.3（R2014a）。自 R2014a 版起，MATLAB 开始支持官方简体中文。

2014 年 10 月，推出了 MATLAB 8.4（R2014b）。R2014b 版新增和改进了大数据处理的功能。

2016 年 2 月推出的 MATLAB 9.0（R2016a）新增了 APP Designer 功能。这项功能使得 Matlab 应用程序的编写与模型的发布更加方便。本书就是基于 R2016a 版本编写的。

发展到今天，MATLAB 已经成为具有广泛应用的大型软件。在世界各高校，MAT-LAB 已经成为线性代数、数值分析、数理统计、优化方法、自动控制、数字信号处理、动态系统仿真等高级课程的基本教学工具。在国际学术界，研究者将 MATLAB 作为标准的科学计算、数字仿真以及面向对象的程序设计软件。在许多国际一流学术刊物上都可以看到 MATLAB 的应用。在实践中，很多研究设计单位和工业部门，将 MATLAB 作为高效研究、数据分析、软件开发等的首选工具。例如，美国 National Instruments 公司信号测量、分析软件 LabVIEW，Cadence 公司信号和通信分析设计软件 SPW 等，或者直接建筑在 MATLAB 之上，或者以 MATLAB 为主要支撑。又如 HP 公司的 VXI 硬件，TM 公司的 DSP，Gage 公司的各种硬卡、仪器等都接受 MATLAB 的支持。

值得一提的是，从 20 世纪 90 年代以后，MATLAB 在我国的应用也取得了可喜的成果。有相当一部分研究人员使用 MATLAB 作为自己的研究工具。特别是最近几年，MATLAB 在我国大学生数学建模竞赛中的应用，为参赛者在有限的时间内准确、有效地解决问题提供了有力的保障。

概括地讲，整个 MATLAB 系统由两部分组成，即 MATLAB 内核及辅助工具箱，两者的有机组合构成了 MATLAB 的强大功能。

MATLAB 的内核主要由计算引擎、绘图指令、编程语言等组成。MATLAB 以数组为基本数据单位，包含向量、矩阵、单元数组、结构型数据等丰富的数据结构。MATLAB 语言包括控制流语句、函数、输入输出语句及面向对象的编程语言。

MATLAB 工具箱是在 MATLAB 内核的基础上开发出的补充其功能的工具。工具箱可分为两类：功能性工具箱和学科性工具箱。功能性工具箱主要用来扩充其符号计算功能、图示建模仿真功能、文字处理功能以及与硬件实时交互的功能。而学科性工具箱是专业性比较强的工具箱，如优化工具箱、统计与机器学习工具箱、控制工具箱、小波工具箱、图像处理工具箱、通信工具箱以及本书主要讨论的财务工具箱等。

概括起来，MATLAB 具有以下主要特点：

（1）使用方便。MATLAB 的使用有两种方式：第一种是交互式或者命令式；第二种是程序式或者批命令式。交互式可以使用户很方便地在 MATLAB 的专用命令窗口中以输入命令的方式交互地、一步一步地完成各种计算或其他任务。程序式是将要完成的任务按照一定的规范预先编好执行顺序存在一个称为 M 文件的文件中，然后用户就可以在命令窗口像调用标准命令那样调用自己的 M 文件，从而一次性地完成该任务的计算。两种方式都简单易用。

（2）运算符和库函数极其丰富，语言简洁，编程效率高。MATLAB 除了提供像 C 语言一样的运算符号外，还提供了广泛的矩阵和向量运算符号。利用其运算符号和库函数可使其程序相当简短，两三行语句就可实现几十行甚至几百行 C 或 FORTRAN 的程序功能。

（3）既具有结构化的控制语句（如 for 循环、while 循环、break 语句、if 语句和 switch 语句），又有面向对象的编程特性。

（4）图形功能强大。它既包括对二维和三维数据可视化、图像处理、动画制作等高层次的绘图命令，也包括可以修改图形及编制完整图形界面的、低层次的绘图命令。

（5）工具箱功能强大。工具箱既扩充了 MATLAB 的功能及应用范围，又是 MATLAB 的有机组成部分。

（6）易扩充性和开放性。除内部函数外，所有 MATLAB 的核心文件和工具箱文件都是可读可改的源文件，用户可修改源文件和加入自己的文件，它们可以与库函数一样被调用。易扩充性导致了它的开放性。事实上，工具箱就是在 MATLAB 的平台上开发出的针对不同应用学科和领域的一组函数文件。

2.1.2　MATLAB 的用户界面

MATLAB 的启用有三种常见方法：

（1）点击"开始"→"程序"→"MATLAB"→R2016a →MATLAB 2016a。

（2）MATLAB 系统启动程序 matlab. exe。

（3）运行桌面上的 MATLAB R2016a 快捷方式。

MATLAB 启动以后进入如图 2.1.1 所示的用户界面。

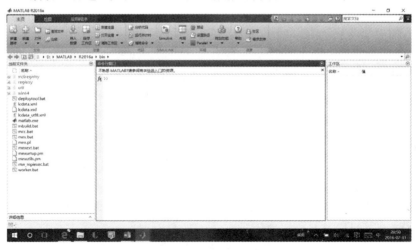

图 2.1.1　MATLAB 用户界面

在该界面中，我们可以看到几个独立的窗口。通过这些窗口用户可以使用 MATLAB 的各种功能，完成各种各样的操作。

1. 命令行窗口（Command Window）

命令行窗口简称为命令窗口，是对 MATLAB 进行操作的主要平台。在默认的情况下，启动 MATLAB 时就会打开命令窗口。一般来说，MATLAB 的所有函数和命令都可以在命令窗口中执行。在 MATLAB 命令窗口中，命令的实现不仅可以由菜单操作来实现，也可以由命令行操作来执行，下面就详细介绍 MALTAB 命令行操作。

实际上，掌握 MALAB 命令行操作是走入 MATLAB 世界的第一步，命令行操作实现了对程序设计而言简单而又重要的人机交互，通过对命令行操作，避免了编程序的麻烦，体现了 MATLAB 所特有的灵活性。

例如：在命令窗口中输入 exp（-5 * pi），然后单击回车键，则会得到该表达式的值。

$\gg \exp(-5*pi)$

ans =

　　1.507e-07

值得说明的是，符号"$\gg$"是 MATLAB 命令行提示符。在本书以后内容中，凡是遇到要在命令行中输入命令时，前面都要加上这一提示符。

ans =

　　1.507e-07

是 MATLAB 运行命令以后的结果，即 exp（-5 * pi）的结果是 1.507×10^{-7}。

事实上，为了让读者有更直观的印象，上面的 3 行是直接从 MATLAB 命令窗口拷贝下来的。在以后的章节中，我们也会经常这样做。

由上例可以看出，为求得表达式的值，只需按照 MALAB 语言规则将表达式输入即可，结果会自动返回，而不必编程序。当需要处理相当烦琐的计算时，如果在一行之内无法写完表达式，可以换行继续书写，不过此时需要使用续行符"…"，否则 MATLAB 将只计算一行的值，而不理会该行是否已输入完毕。

例如：

$\gg \sin(1/9*pi) + \sin(2/9*pi) + \sin(3/9*pi) + ...$
$\sin(4/9*pi) + \sin(5/9*pi) + \sin(6/9*pi) + ...$
$\sin(7/9*pi) + \sin(8/9*pi) + \sin(9/9*pi)$

ans =

　　　　5.6713

使用续行符之后，MATLAB 会自动将前一行保留而不加以计算，并与下一行衔接，等待完整输入后再计算整个输入的结果。

在 MATLAB 命令行操作中，有一些键盘按键可以提供特殊而方便的编辑操作。比如："↑"可用于调出前一个命令行，避免了重新输入的麻烦。"↓"与"↑"配合使用，可在以前输入的命令中反复滚动，从而方便选取。在下面即将讲到的命令历史记录窗口中双击某一行命令也具有此功能。

2. 命令历史记录窗口 (Command History)

命令历史记录窗口简称为命令历史窗口。R2012b 之前的版本在默认设置下就会出现，而 R2012b 以后的版本在默认设置下不会出现。如果需要，可以通过点击按钮"布局"，再点击"命令历史记录"，选中"停靠"，来让其出现，如图 2.1.2 所示。

图 2.1.2　命令历史记录窗口设置

命令历史记录窗口会保留自安装时起所有命令的历史记录，并标明使用时间，以方便使用者的查询。而且双击某一行命令，即在命令窗口中执行该命令。也可以像在 Word 中拷贝一样，将某一行命令拷贝到命令窗口，然后修改后执行。

3. 当前目录窗口 (Current Directory)

在当前目录窗口中可显示当前目录下的文件，包括文件名、文件类型、最后修改时间以及该文件的说明信息等。如果要将某个数据文件调入内存，也可在此窗口中双击该文件。

4. 工作区窗口 (Workspace)

工作区窗口也称为工作空间管理窗口，或者工作空间窗口。

工作空间管理窗口是 MATLAB 的重要组成部分。在工作空间管理窗口中将显示所有目前保存在内存中的 MATLAB 变量的变量名、数据结构、字节数以及类型，而不同的变量类型分别对应不同的变量名图标。用下面 2.2.2 节介绍的方法可以将这些变量的值保存在硬盘上以备将来重新使用。

2.1.3　MATLAB 帮助系统

MATLAB 提供了相当丰富、完善的帮助信息。获得帮助的方法很多：第一，可以点击主页中的"帮助"按钮获得帮助；第二，可以通过主页的"帮助"按钮下的帮助菜单来获得相应帮助；第三，按 F1 功能键；第四，MATLAB 也提供了在命令窗口中获得帮助的多种方法。例如，在命令行可以键入：

>> help exp

则在命令窗口中继续显示：

EXP　　　Exponential.

　　EXP(X) is the exponential of the elements of X, e to the X.

　　For complex Z = X + i * Y, EXP(Z) = EXP(X) * (COS(Y) + i * SIN(Y)).

　　See also expm1, log, log10, expm, expint.

<u>exp 的参考页</u>
<u>名为 exp 的其他函数</u>

这些内容显示的是在计算 exp 函数的 M 文件中包含的帮助信息。这些信息除了解释如何计算 exp 以外，也可能包含如何使用给定的函数，还包括与该函数有关联的函数，以及如何在帮助浏览器中找到该函数等信息。

此外，在命令窗口的第一行，默认情况下包含一行开始信息：

不熟悉 MATLAB？请参阅有关快速入门的资源。

在此信息中"快速入门"高亮显示（见图 2.1.1），通过点击它也可以很方便地进入帮助系统。

2.1.4　MATLAB 退出

有三种常见方法可以退出 MATLAB：

（1）在 MATLAB 命令窗口输入 Exit 命令。

（2）在 MATLAB 命令窗口输入 Quit 命令。

（3）单击 MATLAB 命令窗口的关闭按钮。

2.2　MATLAB 数据组织与计算

MATLAB 强大的数值计算功能使其在诸多数学计算软件中傲视群雄，是 MATLAB 软件的基础。本节将简要介绍 MATLAB 的数据类型、矩阵的建立及运算，为下一章财务建模做好准备。

2.2.1　MATLAB 数据类型

MATLAB 的数据类型主要包括数字、字符串、矩阵、单元型数据及结构型数据等，限于篇幅，我们将重点介绍其中几个常用类型。

1. 变量与常量

变量是任何程序设计语言的基本要素之一，MATLAB 语言当然也不例外。与常规的程序设计语言不同的是，MATLAB 并不要求事先对所使用的变量进行声明，也不需要指定变量类型，MATLAB 语言会自动依据所赋予变量的值或对变量所进行的操作来识别变量的类型。在赋值过程中，如果赋值变量已存在时，MATLAB 语言将使用新值代替旧值，并以新值类型代替旧值类型。

在 MATLAB 语言中，变量的命名应遵循如下规则：

（1）变量名区分大小写。

（2）变量名长度不超过 31 位，第三十一个字符之后的字符将被 MATLAB 语言所忽略。

（3）变量名以字母开头，可以由字母、数字、下划线组成，但不能使用标点。

与其他的程序设计语言相同，在 MATLAB 语言中也存在变量作用域的问题。在未加特殊说明的情况下，MATLAB 语言将所识别的一切变量视为局部变量，即仅在其使用的 M 文件内[①]有效。若要将变量定义为全局变量，则应当对变量进行说明，即在该变量前加关键字 global。一般来说，全局变量均用大写的英文字符表示。

MATLAB 语言本身也具有一些预定义的变量，这些特殊的变量称为常量。表 2.2.1 给出了 MATLAB 语言中经常使用的一些常量值。

表 2.2.1　　　　　　　　　　　　MATLAB 常用常量值

常　　量	表示数值
pi	圆周率
eps	浮点运算的相对精度
inf	正无穷大
NaN	表示不定值或称非数
realmax	最大的浮点数
realmin	最小的浮点数
i, j	虚数单位

在 MATLAB 语言中，定义变量时应避免与常量名重复，以防改变这些常量的值。如果已改变了某些常量的值，可以通过"clear + 常量名"命令恢复该常量的初始设定值。当然，如果重新启动 MATLAB 系统，则这些常量值也可恢复为原来的默认值。

2. 数字变量的运算及显示格式

MATLAB 是以矩阵为基本运算单元，而构成数值矩阵的基本单元是数字。为了更好地学习和掌握矩阵的运算，下面对数字的基本知识作简单的介绍。

对于简单的数字运算，可以直接在命令窗口中以平常惯用的形式输入，如计算 5 和 9 的平方根的和时，可以直接输入：

---

① 见本章 2.4 节"MATLAB 程序设计"。

$\gg 5 + \mathrm{sqrt}(9)$

ans =

　　　8

这里"ans"是指当前的计算结果，若计算时用户没有对表达式设定变量，系统就自动地将当前结果赋给"ans"变量。用户也可以输入：

$\gg a = 5 + \mathrm{sqrt}(9)$

a =

　　　8

此时，系统就把计算结果赋给指定的变量 a 了。

MATLAB 语言中数值有多种显示形式，在缺省情况下，若数据为整数，则就以整数表示；若数据为实数，则以保留小数点后 4 位的精度近似表示。MATLAB 语言提供了 10 种数据显示格式，常用的有下述几种格式：

- Short　　　　　　输出小数点后 4 位，最多 7 位。
- Long　　　　　　15 位有效数据形式。
- Short e　　　　　5 位有效数字科学计数形式。
- Long e　　　　　15 位有效数字科学计数形式。
- Short g　　　　　从 short 和 short e 中自动选择最佳形式输出。
- Long g　　　　　从 long 和 long e 中自动选择最佳形式输出。
- Hex　　　　　　十六进制表示式。
- Bank　　　　　　银行格式。
- Compact　　　　紧凑格式，输出变量间无空格。
- Loose　　　　　松散格式，输出变量间有空格。

有多种方法定义数据的显示格式。

在命令行里输入 format + 格式。如：

$\gg$ format short

$\gg 234.56789$

ans =

　　　　　　234.5679

$\gg$ format long e

$\gg 234.5678912345$

ans =

　　　　　$2.345678912345000e + 02$

在 M 文件中也可用同样的方法定义显示格式。

另外，也可以通过参数设置的方法定义显示格式。在 MATLAB 的主页页面中，点击"预设"按钮，选择命令行窗口，在右边的窗口中可定义显示格式和其他参数。

3. 字符串

字符和字符串运算是各种高级语言必不可少的部分，MATLAB 中的字符串是其进行符号运算表达式的基本构成单元。

在 MATLAB 中，字符串和字符数组基本上是等价的；所有的字符串都用英文单引号进行输入或赋值（当然也可以用函数 char 来生成）。字符串的每个字符（包括空格）都是字符数组的一个元素。例如：

>> s = 'matrix laboratory'　　　　　　% 单引号为英文的单引号

　s =

　matrix laboratory

>> size(s)　　　　　　　% size 查看数组的维数

　ans =

　　　1　　17

注意：

- 在命令行中，跟在命令之后以%开头的字符串是该命令行的注释语句。
- MATLAB 对注释语句不加解释，也不去执行。
- 注释语句可以用在命令行中，也可以用在 M 文件中。

本书经常使用注释语句说明一个命令的用法或者含义。对于这些注释，读者在练习 MATLAB 的使用时不必将其连同命令一块输入，只输入命令本身即可。

2.2.2　矩阵及其运算

矩阵是 MATLAB 数据存储的基本单元，而矩阵的运算是 MATLAB 语言的核心，在 MATLAB 语言系统中几乎一切运算均是以对矩阵的操作为基础。下面重点介绍矩阵的生成、矩阵的基本运算和矩阵的数组运算。

1. 矩阵的生成

（1）直接输入法

从键盘上直接输入矩阵是最方便、最常用的创建数值矩阵的方法，尤其适合较小的简单矩阵。在用此方法创建矩阵时，应当注意以下几点：

- 输入矩阵时要以"〔　〕"为其标识符号，矩阵的所有元素必须都在括号内。
- 矩阵同行元素之间由空格或逗号分隔，行与行之间用分号或回车键分隔。
- 矩阵大小不需要预先定义。
- 矩阵元素可以是运算表达式。
- 若"〔　〕"中无元素则表示空矩阵。

另外，在 MATLAB 语言中冒号的作用是最为丰富的。

第一，可以用冒号来定义行向量。

例如：

>> a = 1:0.5:4　　　% 以 0.5 为步长从 1 到 4 生成一个行向量

a =

　　　1　　1.5　　2　　2.5　　3　　3.5　　4

第二，通过使用冒号，我们可以截取指定矩阵中的部分。

例如：

>> A = [1　2　3；4　5　6；7　8　9]　%生成一个 3 行 3 列的矩阵

A =

1	2	3
4	5	6
7	8	9

>> B = A（1:2，:）　%截取 A 矩阵中 1 到 2 行,所有列的部分

B =

1	2	3
4	5	6

通过上例可以看到，B 是由矩阵 A 的 1 到 2 行和相应的所有列的元素构成的一个新的矩阵。在这里，冒号代替了矩阵 A 的所有列。

再例如：

>> m = [1,2,3;4,5,6;7,8,9]　　　%生成与上例 A 一样的矩阵

m =

1	2	3
4	5	6
7	8	9

>> n = m（:）　　　　　%将矩阵 m 的所有元素排成一列

n =

1
4
7
2
5
8
3
6
9

（2）外部文件读入法

MATLAB 语言也允许用户调用在 MATLAB 环境之外定义的矩阵。可以利用任意的文本编辑器编辑所要使用的矩阵，矩阵元素之间以特定分断符分开，并按行列布置。然后可以用 load 函数对其调用，其调用方法为：

Load + 文件名［参数］

例如：

事先在记事本中建立文件：　　1　　1　　1

（并以 data1. txt 保存）　　　1　　2　　3

21

$$\begin{matrix} 1 & 3 & 6 \end{matrix}$$

在 MATLAB 命令窗口中输入：

```
>> load data1. txt
>> data1
   data1 =
         1    1    1
         1    2    3
         1    3    6
```

Load 函数将会从文件名所指定的文件中读取数据，并将输入的数据赋给以文件名命名的变量。

另外，Load 也可以调用以 mat 为扩展名的数据文件。以 mat 为扩展名的数据文件是 MATLAB 特有的数据格式，可以用本节下面介绍的方式来产生。在用 Load 调用数据时，如果不给定文件名，则系统自动将 matlab. mat 文件作为操作对象，如果该文件在 MAT-LAB 搜索路径中不存在时，系统将会报错。

MATLAB 特有的以 mat 为扩展名的数据文件称为 MATLAB 标准数据格式。标准数据格式可以使用 Save 命令来创建。使用 Save 命令可以将工作空间管理窗口中目前保存在内存中的 MATLAB 变量有选择地保存为 MATLAB 标准数据文件。

例如，可通过以下方法进行数据的存取：

- 建立用户目录，并使之成为当前目录，然后保存数据。

在命令行输入：

```
>> clear              % 清除工作区中的所有变量
>> clc                % 清除命令窗口中的所有内容
>> A = 5;       % 命令行后加";"，表示该命令执行但不显示执行结果。
>> B = [12 3 4;5 6 7];
>> X = 78;
>> Y = 1:0. 5:4;
>> mkdir('D:\','matlab _ try')       % 在 D 盘上创建目录 matlab _ try
>> cd d:\matlab _ try                % 使 d:\matlab _ try 成为当前目录
>> save exampl B Y   % 选择内存中的 B,Y 变量保存为 exampl. mat 文件
>> dir                % 显示当前目录中的文件
.           ..                exampl. mat
```

- 首先清空内存，然后从 exampl. mat 文件向内存装载变量 Y。

```
>> clear              % 清除工作区中的所有变量
>> load exampl Y      % 把 exampl. mat 文件中的 Y 变量装入内存
>> who                % 用于检查 MATLAB 内存变量
```

您的变量为：

Y

```
>> whos          % 用于检查 MATLAB 内存变量的详细情况
   Name     Size      Bytes     Class        Attributes
   Y        1x7       56        double
```

注意：Save 命令后如果只跟文件名而不指定变量，则内存中所有的变量都将存入指定的变量名中；Load 命令后如果只跟文件名而不指定变量，则包含在文件中的所有变量都将被调入内存。

内存中存放的数据包括所有输入数据，也包括所有经过长时间复杂计算后获得的中间结果和最终结果。不管是什么数据，只要认为将来还有用，那么就可以使用 save 加以保存。此后，每当需要，都可通过 load 重新获取这组数据。这种方法在实践中经常被采用。

另外，MATLAB 也提供了将其他格式的数据导入 MATLAB 的功能。使用方法：点击 MATLAB 主页中的"导入数据"按钮，然后选择要导入的数据，最后按照提示完成数据的导入。详细例子及说明可参见 8.2.3 节。

（3）特殊矩阵的生成

对于一些比较特殊的矩阵，由于其具有特殊的结构，MATLAB 提供了一些函数用于生成这些矩阵。常用的特殊矩阵生成函数有：

zeros(m, n)　　生成 m×n 全零矩阵，m、n 相等时，生成 n 阶方阵，下同

ones(m, n)　　生成 m×n 全 1 矩阵

rand(m, n)　　生成 m×n 均匀分布的随机矩阵

randn(m, n)　　成 m×n 正态分布的随机矩阵

eye(m)　　　　生成 m 阶单位矩阵

例如：

```
>> A = zeros(2,4);        % 创建 (2×4) 的全零矩阵
>> A(:) = 1:8             % 将 1 到 8 个数依次赋予 A 的 8 个元素
A =
    1    3    5    7
    2    4    6    8
>> B = 1:8               % 产生一个包含 8 个元素的一维向量,注意与上一命令的区别
B =
    1    2    3    4    5    6    7    8
>> A(:, [2 3]) = ones(2) % 把 A 的第二列、第三列元素全赋为 1,ones(2) 等价于
                           ones(2,2)
A =
    1    1    1    7
    2    1    1    8

>> rfactor = [ones(2,3) 2 * ones(2,3)]        % 生成 2×3 阶全 1 矩阵再与 2×3 阶
```

全 2 矩阵组成一个 2×6 阶矩阵

rfactor =

1	1	1	2	2	2
1	1	1	2	2	2

>> cfactor = [ones(2,3); 2 * ones(2,3)]　　%生成 2×3 阶全 1 矩阵再与 2×3 阶全 2 矩阵组成一个 4×3 阶矩阵,注意此处";"号的作用

cfactor =

1	1	1
1	1	1
2	2	2
2	2	2

>> D = eye(3)　　　　%产生一个 3×3 阶的单位阵

D =

1	0	0
0	1	0
0	0	1

>> repmat(D, 1, 3)　　　%在水平方向"铺放"3 个 D 阵

ans =

1	0	0	1	0	0	1	0	0
0	1	0	0	1	0	0	1	0
0	0	1	0	0	1	0	0	1

>> repmat(D, 2, 3)　　　%"铺放"2×3 个 D 阵

ans =

1	0	0	1	0	0	1	0	0
0	1	0	0	1	0	0	1	0
0	0	1	0	0	1	0	0	1
1	0	0	1	0	0	1	0	0
0	1	0	0	1	0	0	1	0
0	0	1	0	0	1	0	0	1

2. 矩阵的基本数学运算

矩阵的基本数学运算包括矩阵的四则运算、与常数的运算、逆运算、行列式运算、秩运算、特征值运算等基本函数运算。

（1）四则运算

矩阵的加、减、乘运算符分别为" +、-、×",用法与数字运算几乎相同,但计算时要满足其数学要求（如,同型矩阵才可以加、减,矩阵乘法要满足行、列要求）。

在 MATLAB 中矩阵的除法有两种形式：左除"＼"和右除"／"。左除 A＼B 等价于 INV(A)×B，INV(A) 表示 A 的逆矩阵。如果 A 是一个 n 乘 n 矩阵，B 是一个 n 阶列向量，则 X＝A＼B 就是方程 A×X＝B 的解。右除 A/B 等价于 A×INV（B），INV（B）表示 B 的逆矩阵。

（2）与常数的运算

常数与矩阵的运算即是同该矩阵的每一元素进行运算。但需注意进行数除时，常数通常只能做除数。

（3）基本函数运算

矩阵的函数运算是矩阵运算中最实用的部分，常用的主要有以下几个：

det(a)　　　　　　　　求矩阵 a 的行列式
eig(a)　　　　　　　　求矩阵 a 的特征值和特征向量
inv(a)或 a＾（－1）　　求矩阵 a 的逆矩阵
rank(a)　　　　　　　求矩阵 a 的秩
trace(a)　　　　　　　求矩阵 a 的迹

下面举例说明这些运算：

```
>> a = [2  1  -3  -1;3  1  0  7;-1  2  4  -2;1  0  -1  5];
>> A1 = inv(a);        % 求 a 的逆矩阵
>> A = a * A1          % 将 a 的逆右乘 a
A =
             1    9.7145e-17   -8.3267e-17   -1.6653e-16
             0            1    -5.5511e-17    4.4409e-16
   -8.3267e-17  -2.7756e-17            1    -1.1102e-16
             0   -5.5511e-17            0             1
>> B = A1 * a          % 将 a 的逆左乘 a
B =
             1            0            0   -8.8818e-16
             0            1    1.1102e-16    4.4409e-16
   -5.5511e-17   1.3878e-17            1             0
    5.5511e-17            0            0             1
>> B = round(A1 * a)   % 求整,可见求整后 a 乘 a 的逆为单位阵
B =
       1    0    0    0
       0    1    0    0
       0    0    1    0
       0    0    0    1
>> a1 = det(a);
>> a2 = det(inv(a));
```

```
>> a1 * a2
```

ans =

                            1

3. 矩阵的数组运算

我们在进行财务建模时常常遇到矩阵对应元素之间的运算。这种运算不同于前面讲的数学运算，为有所区别，我们称之为数组运算。

（1）基本数学运算

数组的加、减与矩阵的加、减运算完全相同。而乘除法运算有相当大的区别，数组的乘除法是指两同维数组对应元素之间的乘除法，它们的运算符为"·*"和"./"或"·\"。前面讲过常数与矩阵的除法运算中常数只能做除数。在数组运算中有了"对应关系"的规定，数组与常数之间的除法运算没有任何限制。

另外，矩阵的数组运算中还有幂运算（运算符为 .^）、指数运算（exp）、对数运算（log）和开方运算（sqrt）等。有了"对应元素"的规定，数组的运算实质上就是针对数组内部的每个元素进行的运算。

例如：

```
>> a = [2 1  -3  -1;3 1 0 7;-1 2 4  -2;1 0  -1 5];
>> a^3        % 三个 a 相乘
```

ans =

32	-28	-101	34
99	-12	-151	239
-1	49	93	8
51	-17	-98	139

```
>> X = a * a * a
```

X =

32	-28	-101	34
99	-12	-151	239
-1	49	93	8
51	-17	-98	139

```
>> a.^3        % a 的每一个元素都求三次方
```

ans =

8	1	-27	-1
27	1	0	343
-1	8	64	-8
1	0	-1	125

由上例可见矩阵的幂运算与数组的幂运算有很大的区别。

（2）逻辑关系运算

逻辑运算是 MATLAB 中数组运算所特有的一种运算形式，也是几乎所有的高级语言普遍适用的一种运算。它们的具体符号、功能及用法见表 2.2.2。

表 2.2.2　　　　　　　　　　　矩阵的逻辑运算

符号运算符	功能	函数名
= =	等于	eq
~ =	不等于	ne
<	小于	lt
>	大于	gt
< =	小于等于	le
> =	大于等于	ge
&	逻辑与	and
l	逻辑或	or
~	逻辑非	not

说明：

● 在关系比较中，若比较的双方为同维数组，则比较的结果也是同维数组。它的元素值由 0 和 1 组成。当比较双方对应位置上的元素值满足比较关系时，它的对应值为 1，否则为 0。

● 当比较的双方中一方为常数，另一方为一数组，则比较的结果与数组同维。

● 在算术运算、比较运算和逻辑与、逻辑或、逻辑非运算中，它们的优先级关系先后为比较运算、算术运算、逻辑与、逻辑或、逻辑非运算。

例如：

```
≫a = [1  2  3;4  5  6;7  8  9];
≫ x = 5;
≫ y = ones(3) * 5;
≫xa = x < = a
  xa =
        0    0    0
        0    1    1
        1    1    1
≫ b = [0  1  0;1  0  1;0  0  1];
≫ab = a&b
  ab =
        0    1    0
        1    0    1
        0    0    1
```

2.3 MATLAB 图形功能

MATLAB 的图形可视能力在所有数学软件中是首屈一指的。MATLAB 的图形系统由高层和低层两个部分组成。高层指令友善、简便；低层指令细腻、丰富、灵活。一般来说，不管二元函数多么复杂，它的三维图形，仅需 10 条左右指令，就能得到富于感染力的表现。数据和函数的图形可视手段包括线的勾画、色图使用、浓淡处理、视角选择、透视和裁剪。MATLAB 有比较完备的图形标识指令，它们可标注图名、轴名、解释文字和绘画图例。

MATLAB 的图形通常显示在一个特定的图形窗中。图形窗除了具有单纯的显示功能以外，还具有可编辑功能。在图形窗里，只需点动工具图标或菜单选项，就可直接对显示图形的各种"对象属性"进行随心所欲地设置，可交互式地改变线条形式、粗细、颜色，可动态地变换观察视角，可在图形窗随意位置标识文字或子图。因此，图形特性的定义可通过图形命令来完成，也可以通过图形窗来完成。

MATLAB 还开发了功能强大的图形用户界面制作工具 GUI。GUI 可以制作位置固定的用户菜单 uimenu，也可以制作位置不固定的"现场"菜单（Context menu）；有 10 种用户控件 uicontrol 可供使用；不管是菜单，还是控件，都可以进行"使能"和"可见性"控制。MATLAB 向用户提供两种制作 GUI 的途径：一种是依靠指令制作 GUI；另一种是借助交互式工具 guide 制作 GUI。这两种方法各有优缺点：前者灵活、细致；后者直观、全局性强。用户交替运用这两种制作手段，可高效地制作 GUI，开发出各种生动活泼的应用程序。

本节只简要讨论一些常用的图形命令。图形窗的功能使用请读者根据帮助信息自行体会。图形用户界面制作工具 GUI 将放在本书第 9 章讨论。

2.3.1 二维图形的绘制

1. 基本形式

二维图形的绘制是 MATLAB 语言图形处理的基础，MATLAB 最常用的画二维图形的命令是 plot。先看两个简单的例子：

在命令行中输入：

>> Y = [0 0.5 0.8 0.34 0.45 0.26 0.9 0.38];

>> plot(Y)

生成的图形如图 2.3.1 所示。该图显示在图形窗中，是以序号 1，2…8 为横坐标、数组 y 的数值为纵坐标画出的折线。

>> x = 0:pi/15:2 * pi;　　　% 生成一组从 0 到 2π 每隔 $\frac{1}{15}\pi$ 一个点的线性等距的

一组数值

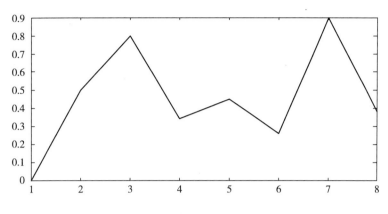

图 2.3.1　简单 plot 图形

>> y = cos(2 * x);

>> plot(x,y)

生成的图形如图 2.3.2 所示。该图显示在图形窗中，是以 x 为横坐标、函数 y 的数值为纵坐标画出的曲线。

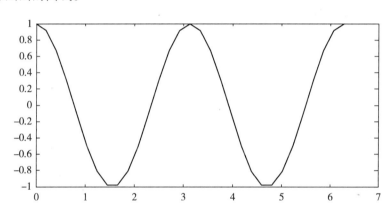

图 2.3.2　cos（2x）的 plot 图形

2. 多重线

在同一个画面上可以画许多条曲线，只需多给出几个数组，例如：

在命令行中输入：

>> x = linspace(0, 2 * pi, 30);　% 函数 linspace 用来产生一组线性等距的数值，本例中产生从 0 到 2π 的 30 个等距点

>> y1 = sin(x); y2 = cos(x);　　% 两个命令可以放在同一行,用分号隔开

>> plot(x, y1, x, y2)

则可以产生图 2.3.3。

多重线的另一种画法是利用 hold 命令。在已经画好的图形上，若设置 hold on,

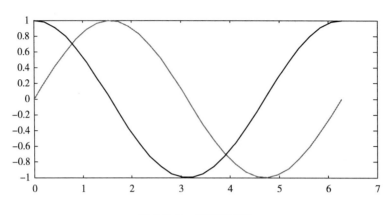

图 2.3.3　多重线图形

MATLAB 将把新的 plot 命令产生的图形画在原来的图形上。而命令 hold off 将结束这个过程。例如，在命令行中先输入：

>> x = linspace(0,2 * pi,30) ; y1 = sin(x) ; plot(x,y1)

画出图 2.3.4，然后用下述命令增加 cos（x）的图形，也可将 sin（x）和 cos（x）两幅图画到一块儿，如图 2.3.5 所示。

>> hold on

>> y2 = cos(x) ; plot(x,y2)

>> hold off

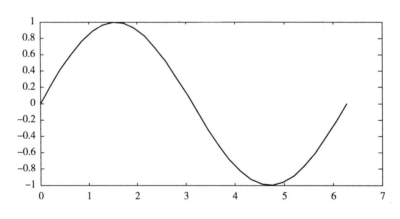

图 2.3.4　sin（x）的 plot 图形

3. 线形和颜色

MATLAB 对曲线的线形和颜色有许多选择，标注的方法是在每一对数组后加一个字符串参数，说明如下：

线形　线方式：　－实线　　：点线　　－. 虚点线　——破折线等。

线形　点方式：　. 圆点　　+加号　　* 星号　　x x形　　o 小圆等。

颜色：y 黄；r 红；g 绿；b 蓝；w 白；k 黑；m 紫；c 青等。

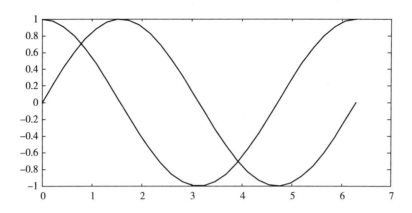

图 2.3.5　sin（x）与 cos（x）的多重线图

以下面的例子说明用法：

在命令行输入：

>> x = 0 : pi/15 : 2 * pi;

>> y = sin(x) ; z = cos(x) ;

>> plot(x, y, 'b:o', x, z, 'r-. * ')

sin 用蓝色点线加小圆点表示，cos 用红色虚点线加星号表示，如图 2.3.6 所示。

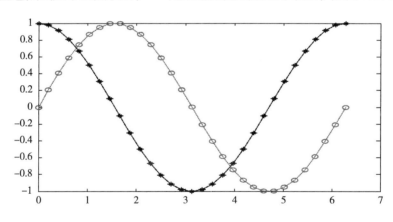

图 2.3.6　带线形和颜色的 plot 图形

4. 网格和标记

在一个图形上可以加网格、标题、x 轴标记、y 轴标记，用下列命令完成这些工作。

>> x = linspace(0 , 2 * pi, 30) ; y = sin(x) ; z = cos(x) ;

>> plot(x, y, x, z)

>> grid　　　% 在图形上加网格

>> xlabel('Independent Variable X')　　　% x 轴标记。注意:字符串引号应为英文单
　　　　　　　　　　　　　　　　　　　　　　　　引号

>> ylabel('Dependent Variables Y and Z')　　% y 轴标记

>> title('Sine and Cosine Curves ')　　% 图形标题

则得到如图 2.3.7 所示的图形。

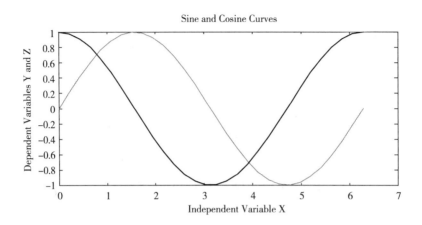

图 2.3.7　带有网格的图形

也可以在图形的任何位置加上一个字符串，例如：

>> text(2.5,0.7, 'sinx ')

表示在坐标 x = 2.5，y = 0.7 处加上字符串 sinx。更方便的是用鼠标来确定字符串的位置，方法是输入命令：

>> gtext('sinx ')

在图形窗口十字线的交点是字符串的位置，用鼠标点一下就可以将字符串放在那里。

5. 坐标系的控制

在缺省情况下，MATLAB 自动选择图形的横、纵坐标的比例。如果对默认比例不满意，可以用 axis 命令控制，常用的用法如下：

axis([xmin xmax ymin ymax])　　[ ]中分别给出 x 轴和 y 轴的最大值、最小值；

axis equal 或 axis('equal ')　　x 轴和 y 轴的单位长度相同；

axis square 或 axis('square ')　　图框呈方形；

axis off 或 axis('off ')　　清除坐标轴及刻度。

还有 axis auto, axis image, axis xy, axis ij, axis normal, axis on, axis（axis）的用法，详细情况可参考在线帮助系统。

6. 多幅图形

可以在同一个画面上建立几个坐标系，用 subplot（m, n, p）命令；把一个画面分成 m × n 个图形区域，p 代表当前的区域号，在每个区域中分别画一幅图。请看下面的例子。

>> x = linspace(0,2 * pi,30); y = sin(x); z = cos(x);

>> u = 2 * sin(x). * cos(x); v = sin(x)./cos(x);

$\gg$ subplot$(2,2,1)$, plot(x,y),axis$([0\ 2*pi-1\ 1])$,title$(\,'sin(x)'\,)$

$\gg$ subplot$(2,2,2)$, plot(x,z),axis$([0\ 2*pi-1\ 1])$,title$(\,'cos(x)'\,)$

$\gg$ subplot$(2,2,3)$, plot(x,u),axis$([0\ 2*pi-1\ 1])$,title$(\,'2sin(x)cos(x)'\,)$

$\gg$ subplot$(2,2,4)$, plot(x,v),axis$([0\ 2*pi-20\ 20])$,title$(\,'sin(x)/cos(x)'\,)$

则在一个图形窗口中共得到 4 幅图形，如图 2.3.8 所示。

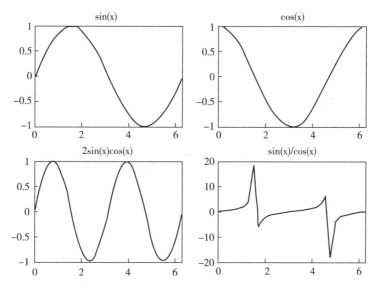

图 2.3.8　多幅图形

2.3.2　三维图形

三维图形常用命令有 plot3、mesh、surf 等。

plot3 用来作出三维曲线图，请看下例：

$\gg$ clf % 清空图形窗口

$\gg$ t $=(0{:}0.02{:}2)*$pi; x $=\sin(t)$; y $=\cos(t)$; z $=\cos(2*t)$;

$\gg$ plot3$(x,y,z,'b-',x,y,z,'bd')$,view$([-82,58])$,box on, legend$(\,'链',\,'宝石'\,)$

view（azi, ele）是给三维图形指定观察点的命令，azi 是方位角，ele 是仰角。缺省时 azi $=-37.5°$，ele $=30°$。

Box on 用于打开三维边框，box off 关掉边框。

Legend 用于说明图形中各种符号或数据所代表的意义。

Mesh 和 surf 用来画出三维曲面图。请看下例：

作曲面 z = f (x, y) 的图形，其中：

$$z = \frac{\sin\sqrt{x^2+y^2}}{\sqrt{x^2+y^2}},\ -7.5 \leqslant x \leqslant 7.5,\ \ -7.5 \leqslant y \leqslant 7.5$$

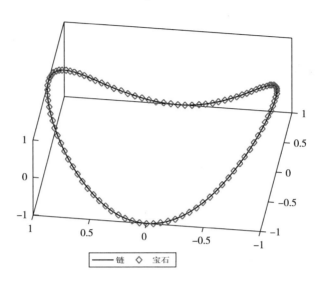

图 2.3.9　项链图

在命令行里输入：

$\gg$　x = -7.5:0.5:7.5;

$\gg$　y = x;

$\gg$　[X,Y] = meshgrid(x,y);　　　% 三维图形的 X,Y 数组

$\gg$　R = sqrt(X.^2 + Y.^2) + eps;　% 加 eps 是防止出现 0/0

$\gg$　Z = sin(R)./R;

$\gg$　surf(X, Y, Z)　　　　　　　% 画出三维网格表面

画出的图形如图 2.3.10 所示。surf 命令也可以改为 mesh，只是图形效果有所不同，读者可以自己上机查看结果。

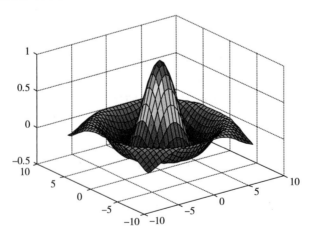

图 2.3.10　三维曲面图

2.3.3　简捷绘图指令

这组指令的特点是"指令的前两个字母是 ez"，英文含义是"Easy to"。这组指令有两个功能：一是直接表现用字符串描写的函数图形；二是与符号计算配套使用，作为符号计算结果的图形可视工具。

这组指令与普通"数值型"绘图指令起着互为补充的作用。假若就方便易用排序，简捷指令最方便，普通"数值型"绘图指令次之，低层指令最繁；假若就绘图的细致和个性化能力排序，那么低层指令最强，简捷指令最弱。

这种指令的使用方法极其简单。

例如：使用一条指令

$\gg$ ezplot('cos(2 * x)')

就可以画出函数 cos（2x）的图形。

用命令

$\gg$ ezsurf('y/(1 + x^2 + y^2)')

就可以绘制二元函数 $z = \dfrac{y}{1 + x^2 + y^2}$ 的曲面。

2.3.4　特殊图形

1. 面域图 area

该指令的特点是：在图上绘制多条曲线时，每条曲线（除第一条外）都是把"前"条曲线作基线，再取值绘制而成。因此，该指令所画的图形，能醒目地反映各因素对最终结果的贡献份额。

函数 area 的基本使用为：AREA（X，Y，LEVEL）

其中：area 的第一输入变量 X 是单调变化的自变量。第二输入变量 Y 是"各因素"的函数值矩阵，且每个"因素"的数据取列向量形式排放。第三输入变量 LEVEL 是可选项，规定绘图的基准线值，只能取标量。默认值为 0。当基准值为 0 时，表示以 x 轴为基准线。

请看下例：

$\gg$ clf;x = -2:2

x =

　　 -2　　 -1　　　0　　　1　　　2

$\gg$ Y = [3,5,2,4,1;3,4,5,2,1;5,4,3,2,5]

Y =

　　　3　　　5　　　2　　　4　　　1

　　　3　　　4　　　5　　　2　　　1

　　　5　　　4　　　3　　　2　　　5

$\gg$ Cum _ Sum = cumsum(Y)　　　　　% 各曲线在图上的绝对坐标

Cum _ Sum =

3	5	2	4	1
6	9	7	6	2
11	13	10	8	7

```
>> area(x',Y',0)                    %注意,x,Y均取列向量的形式
>> legend('因素A','因素B','因素C'),grid on,colormap(spring)
```
得到的图形如图 2.3.11 所示。

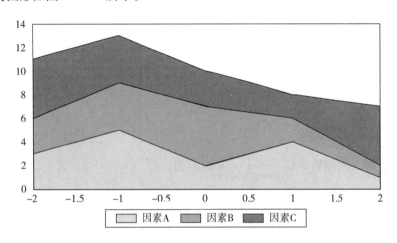

图 2.3.11　面域图

2. 各种直方图 bar, barh, bar3, bar3h

二维直方图有两种图形:垂直直方图和水平直方图。而每种图形又有两种表现模式:累计式和分组式。以下以 bar 图和 barh 图为例说明此类图形的画法。

```
>> clf; x = -2:2;                              %设定自变量
>> Y = [3,5,2,4,1;3,4,5,2,1;5,4,3,2,5];        %各因素的相对贡献份额
>> subplot(1,2,1),bar(x',Y','stacked')         %"累计式"直方图
>> xlabel('x'),ylabel('\Sigma y'),colormap(cool)   %控制直方图的用色
>> legend('因素A','因素B','因素C')              %"分组式"水平直方图
>> subplot(1,2,2),barh(x',Y','grouped')
>> xlabel('y'),ylabel('x')
```

在另外弹出的图形窗口中得到如图 2.3.12 所示的图形。

如用三维直方图表现上例数据,则在命令行输入:

```
>> clf;x = -2:2;
>> Y = [3,5,2,4,1;3,4,5,2,1;5,4,3,2,5];
>> subplot(1,2,1),bar3(x',Y',1)                %"队列式"直方图
>> xlabel('因素ABC'),ylabel('x'),zlabel('y')
```

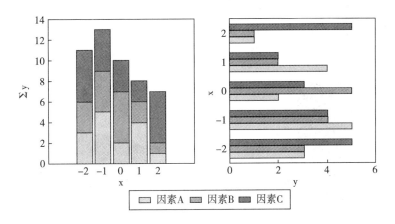

图 2.3.12　直方图

≫ colormap(summer)
≫ subplot(1,2,2),bar3h(x',Y','grouped')　% "分组式"水平直方图
≫ ylabel('y'),zlabel('x')

则在图形窗口得到如图 2.3.13 所示的图形。

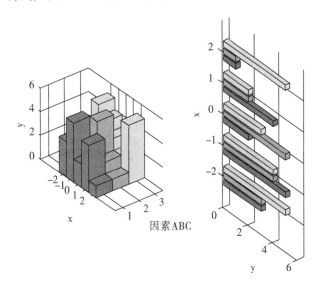

图 2.3.13　三维直方图

3. 饼图 pie、pie3

饼图指令 pie、pie3 用来表示各元素占总和的百分数。该指令第一输入变量是包括要表示的各元素的向量；第二输入变量是与第一变量同长的 0 - 1 向量，1 表示使对应扇块突出。

请看下例：

≫ a = [1,1.6,1.2,0.8,2.1];

≫subplot(1,2,1),pie(a,[1 0 1 0 0]),legend({'1','2','3','4','5'})

≫subplot(1,2,2),pie3(a,[1 0 1 0 0]),colormap(cool)

则得到如图 2.3.14 所示的图形。

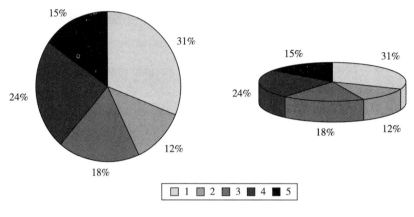

图 2.3.14　饼图

2.3.5　图形的输出

在财务建模中，往往需要将产生的图形输出到 Word 文档中。通常可采用下述两种方法：

一种方法是，在 MATLAB 图形窗口中选择"文件"菜单中的"导出设置"选项，在打开的窗口中可对图形进行定义。然后点"另存为"选项，在打开的图形输出对话框中输入要保存的文件名称，再选择格式，选择路径，最后图形将以 emf、bmp、jpg、pgm 等选定格式保存。然后，再打开相应的 Word 文档，并在该文档中选择"插入"菜单中的"图片"选项插入相应的图片即可。

另一种方法是，在图形窗口的"编辑"菜单中点"复制图形"，然后在打开的 Word 文件中点"粘贴"即可。用这种方法，图形没有被单独保存。

2.4　MATLAB 程序设计

MATLAB 作为一种高级语言，它不仅可以如前几节所介绍的那样，以一种人机交互式的命令行的方式工作，还可以像 BASIC、FORTRAN、C 等其他高级计算机语言一样进行控制流的程序设计，即编制一种以".m"为扩展名的 MATLAB 程序。这种以".m"为扩展名的 MATLAB 程序就是本节要讨论的 M 文件。

2.4.1　M 文件

所谓 M 文件就是由 MATLAB 语言编写的可在 MATLAB 语言环境下运行的程序源代

码文件。由于商用的 MATLAB 软件是用 C 语言编写而成，因此，M 文件的语法与 C 语言十分相似。

M 文件可以分为脚本文件（Script）和函数文件（Function）两种。这两种文件的主要区别是：

（1）脚本文件没有输入参数，也不返回输出参数；而函数文件可以有输入参数也可以返回输出参数。

（2）脚本文件从 MATLAB 工作区得到变量进行操作，其执行结果也返回到工作区中；而函数文件所定义的变量为局部变量，函数文件执行完后，变量被清除。

（3）脚本文件可以直接运行；而函数文件则不能，只能调用。

M 文件不仅可以在 MATLAB 的程序编辑器中编写，也可以在其他的文本编辑器中编写，但要以".m"为扩展名。

应用 MATLAB 的程序编辑器建立 M 文件的方式有如下四种：

（1）单击 MATLAB 主页的"新建脚本"按钮，进入 MATLAB 程序编辑器直接编辑脚本文件；

（2）单击 MATLAB 主页的"新建"按钮，在随后弹出的菜单中可以选择"脚本"、"函数"、"类"等，然后进入 MATLAB 程序编辑器对已选的"脚本"、"函数"或者"类"进行编辑；

（3）将鼠标放在"当前文件夹"，点右键，在弹出的菜单中选择"新建文件"，在弹出的子菜单中可以选择"脚本"、"函数"、"类"等建立"脚本"、"函数"或者"类"文件。双击建立的文件，就可以在 MATLAB 程序编辑器打开已建立的文件进行编辑。

（4）鼠标放在命令历史窗口，点右键，在弹出的菜单中选择"创建脚本"。

1. 脚本文件

脚本文件类似于 DOS 下的批处理文件，不需要在其中输入参数，也不需要给出输出变量来接受处理结果。脚本文件就好像是将若干命令或函数放到一块，用于完成特定的功能。脚本的操作对象为 MATLAB 工作区内的变量，并且在脚本执行结束后，脚本中对变量的操作结果均会保留在工作区中。在 MATLAB 语言中也可以在脚本内部定义变量，并且该变量将会自动地被加入到当前的 MATLAB 工作区中。当然，存在工作区中的变量也可以被其他的脚本或函数引用，直到 MATLAB 被关闭或采用一定的命令将其删除。

以下用实例说明脚本文件的建立。

例 2.4.1　建立一个脚本文件将变量 a、b 的值互换，然后运行该脚本文件。

（1）M 文件建立步骤

● 点击 MATLAB 主页窗口中的"新建脚本"按钮，进入 MATLAB 程序编辑器，如图 2.4.1 所示，其窗口名为 untitled 。

● 接下来用户即可在空白窗口中编写程序，比如输入如下一段程序：

```
clear;
a = 1:10; b = [11,12,13,14;15,16,17,18];
c = a; a = b; b = c;
```

a

b

图 2.4.1　M 文件编辑调试器

·　点击编辑器窗口中的"保存"按钮，直接将文件保存为 untitled. m。点击编辑器窗口中的"保存"菜单，选择"保存为"选项，选择保存文件夹，键入新编文件名（如 exch），点击"保存"键，就完成了文件 exch. m 的保存。

（2）运行文件

·　使 exch . m 所在目录成为当前目录，或让该目录处在 MATLAB 的搜索路径上。如果文件存在默认路径中，则无须作任何设置即可运行程序。

·　然后运行以下指令，便可得到结果。

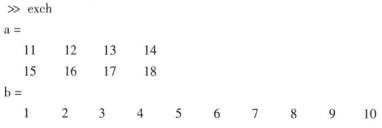

2. 函数文件

MATLAB 语言中，相对于脚本文件而言，函数文件是较为复杂的。函数文件一般需要给定输入参数，并能够对输入变量进行若干操作，最后给出一定的输出结果（变量值或图形等）。函数文件的操作对象为函数的输入变量和函数内的局部变量等。

MATLAB 语言的函数文件包含如下 5 个部分。

（1）函数题头：指函数的定义行，是函数语句的第一行，在该行中将定义函数名、输入变量列表及输出变量列表等。

（2）HI 行：指函数帮助文本的第一行，为该函数文件的帮助主题，当使用 lookfor

检索命令时，可以查看到该行信息。

（3）帮助信息：这部分提供了函数的完整的帮助信息，包括 HI 行之后至第一个可执行行或空行为止的所有注释语句，通过 MATLAB 语言的帮助系统查看函数的帮助信息时，将显示该部分。

（4）函数体：指函数代码段，是函数的主体部分，也是实现编程目的的核心所在，它可以包括所有可执行的一切 MATLAB 语言代码。

（5）注释部分：指对函数体中各语句的解释和说明文本，注释语句是以%引导的。

函数文件的建立与脚本文件大致相同。此处，仅以例 2.4.2 予以说明。

例 2.4.2　建立一个函数文件将变量 a、b 的值互换，然后在命令窗口调用该函数文件。

- 首先，用建立脚本文件类似的方法建立函数文件 fexch. m：

```
function [output1,output2] = fexch(input1,input2)      % 函数题头
% This is function to exchange two matrices              % HI 行
% input1,input2 are input variables                      % 帮助信息
% output1,output2 are output variables                   % 帮助信息
output1 = input2;                                        % 函数体
output2 = input1;                                        % 函数体
% The end of this example function
```

- 然后，在 MATLAB 的命令窗口调用该函数文件：

```
>> clear;
>> x = 1:10; y = [11,12,13,14;15,16,17,18];
>> [x,y] = fexch(x,y)
```

运行结果如下：

```
x =
    11    12    13    14
    15    16    17    18


y =
     1     2     3     4     5     6     7     8     9    10
```

可以看到：通过使用函数 fexch 可以和例 2.4.1 一样使矩阵 x、y 进行相互交换。在该函数题头中，"function" 为 MATLAB 语言中函数的标示符，而 fexch 为函数名，input1、input2 为输入变量，而 output1、output2 为输出变量，在实际调用过程中，可以用有意义的变量替代使用。输出变量由中括号标识，而输入变量由小括号标识，各变量间用逗号间隔。

在函数体中 "%" 后的部分为注释语句，注释语句主要是对程序代码进行说明解

释，使程序易于理解，也有利于程序的维护。MATLAB 语言中，将一行内百分号后所有文本均视为注释部分，在程序的执行过程中不被解释，并且百分号出现的位置也没有明确的规定，可以是一行的首位，这样，整行文本均为注释语句；也可以是在行中的某个位置，这样其后所有文本将被视为注释语句，这也展示了 MATLAB 语言在编程中的灵活性。

尽管在上文中介绍了函数文件的 5 个组成部分，但是并不是所有的函数文件都需要全部的这 5 个部分。实际上，5 个部分中只有函数题头是一个函数文件所必需的，而其他的 4 个部分均可省略。当然，如果没有函数体则为一空函数，不能产生任何作用。

在 MATLAB 语言中，存储 M 文件时文件名最好与文件内主函数名相一致。如果两者不一致，则调用函数时依据的是文件名而不是文件中的函数名。为了避免混淆，建议在存储 M 文件时，应将文件名与主函数名统一起来。

3. 编辑已有的 M 文件

对于已经建立好的文件，如果意欲重新编辑或修改，则可用如下方法：

（1）单击 MATLAB 主页的"打开"按钮，在随后弹出的菜单中选择要打开的文件夹以及文件。

（2）单击 MATLAB 主页的"打开"菜单，系统显示最近使用的文件，可从中选择要打开的文件。

（3）在当前文件夹中，双击要打开的文件。

2.4.2　M 文件流程控制

同其他的程序设计语言一样，MATLAB 语言也给出了丰富的流程控制语句，以满足许多复杂程序设计的要求。在命令窗口中的操作虽然可以实现人机交互，但是所能实现的功能却相对简单。而在 M 文件中，通过对流程控制语句的组合使用，可以实现多种更复杂的功能。MATLAB 语言的流程控制语句主要有 for、while、if – else – end 及 switch – case 等语句。

1. for 语句

for 循环语句是基本的流程控制语句，使用 for 循环语句可以以指定的次数重复执行循环体内的语句。

for 循环语句的调用形式为：

for 循环控制变量 = 〈循环次数设定〉

　　循环体

end

循环次数可由数组来设定。设定循环次数的数组可以是已定义的数组，也可以在 for 循环语句中定义。在 for 语句中定义的格式为：

〈初始值〉:〈步长〉:〈终值〉

初始值为循环变量的初始设定值，每执行循环体一次，循环控制变量将按步长增加，直至循环控制变量的值大于终值时循环结束。有些情况下步长也可以为负。在 for

循环语句中，循环体内不能出现对循环控制变量的重新设置，否则将会出错。另外，for 循环允许嵌套使用。

例 2.4.3　将循环变量的值依次赋予数组 x 的每个元素。

```
for i = 1:10;        %i 为循环变量,取值依次为 1,2…10,步长默认为 1
x(i) = i;           % 对循环变量的每个取值,执行由该指令构成的循环体,
end;                % 循环结束
x                   % 要求显示运行后数组 x 的值
```

执行以后，程序输出：

```
x =
      1     2     3     4     5     6     7     8     9     10
```

例 2.4.4　求 1，3，5，7，9，11 的和。

```
s = 0;              % 首先为变量 s 赋初值
for i = 1:2:12      % 循环变量 i 依次取值 1,3,…,11。当 i = 13 时,i 大于终值,循环
                       结束
    s = s + i;      % 每次将循环变量的值累加到变量 s 中
end
s                   % 输出变量 s 的值
```
执行以后,程序输出：

```
s =
    36
```

2. while 语句

while 循环语句与 for 循环语句不同的是，前者是以条件的满足与否来判断循环是否结束的，而后者则是以执行次数是否达到指定值来判断的。while 循环语句的一般形式为：

while 〈循环判断语句〉

　　循环体

end

其中：循环判断语句为某种形式的逻辑判断表达式，当该表达式的值为"真"时，就执行循环体内的语句；当表达式的值为"假"时，就退出当前的循环体。

在 while 循环语句中，在语句内必须有可以修改循环控制变量的命令，否则该循环语言将陷入死循环中，除非循环语句中有控制退出循环的命令，如 break 语句。当程序流程运行至 break 语句时，则不论循环控制变量是否满足循环判断语句均将退出当前循环，执行循环后的其他语句。

与 break 语句对应，MATLAB 还提供了 continue 命令用于控制循环。当程序流运行至 continue 语句时，会忽略其后的循环体操作转而执行下一层次的循环。

例 2.4.5 Fibonacci 数组的元素满足 Fibonacci 规则：$a_{k+2} = a_k + a_{k+1}$ ($k = 1,2\cdots$)；且 $a_1 = a_2 = 1$。请编制求该数组中第一个大于10000的元素的程序。

```
a(1) = 1;a(2) = 1;i = 2;
while   a(i) < = 10000;          % 当现有的元素仍小于10000时,求解下一个元素
    i = i + 1;
    a(i) = a(i - 1) + a(i - 2);
end;
i
a(i)
```

运行后得到如下结果：

```
i =
    21
ans =
    10946
```

3. if – else – end 语句

条件判断语句是程序设计语言中非常重要的流程控制语句。使用该语句,可以选择执行指定的命令。MATLAB 语言中基本的条件判断语句是 if – else – end 语句。

if – else – end 语句的一般形式为：

```
if〈逻辑判断语句〉
    逻辑值为"真"时执行的语句
else
    逻辑值为"假"时执行的语句
end
```

当逻辑判断表达式为"真"时,将执行 if 与 else 语句间的命令,否则将执行 else 与 end 语句间的命令。

在 MATLAB 语言的 if – else – end 语句中的 else 子句是可选项,即语句中可以不包括 else 子句的条件判断。此时,当逻辑判断表达式为"真"时,将执行 if 与 end 语句间的命令,否则将跳出条件语句,执行 end 下面的命令。

在程序设计中,也经常碰到需要进行多重逻辑选择的问题,这时可以采用 if – else – end 语句的嵌套形式：

```
if〈逻辑判断语句1〉
    逻辑值1为"真"时的执行语句
elseif〈逻辑判断语句2〉
    逻辑值2为"真"时的执行语句
elseif〈逻辑判断语句3〉
```

……
else
　　当以上所有的逻辑值均为"假"时的执行语句
end

在以上各层次的逻辑判断中，若其中任意一层逻辑判断为"真"，则将执行对应的语句，并跳出该条件判断语句，其后的逻辑判断语句均不进行检查。

例 2.4.6　求解一元二次方程 $ax^2 + bx + c = 0$。

首先建立函数 li246. m：

```
function [x1 x2] = li246(a,b,c)        % 输入三个系数 a、b、c,输出为两个根 x1 和 x2
d = b^2 - 4 * a * c;                    % 计算判别式
if a = = 0                             % 判断二次项系数是否为 0
    msgbox('此方程不是一元二次方程,请重新输入')   % 如果 a = 0,则输出此信息
elseif d > 0                           % 当判别式大于 0 时,求两个不相等实根
    d = sqrt(d);
    x1 = ( - b + d)/2/a;
    x2 = ( - b - d)/2/a;
elseif d = = 0                         % 当判别式等于 0 时,求两个相等实根
    x1 = - b/2/a;
    x2 = - b/2/a;
else
    msgbox('此方程无实数根')            % 当判别式小于 0 时,原方程无实根
end
```

然后在命令行输入：

```
>> [x1 x2] = li246(1,4,2)              % 求解方程 x^2 + 4x + 2 = 0
x1 =
    - 0.58579
x2 =
    - 3.4142
```

4. switch – case 语句

if – else – end 语句所对应的是多重判断选择，而有时也会遇到多分支判断选择的问题。MATLAB 语言为解决多分支判断选择提供了 switch – case 语句。

switch – case 语句的一般表达形式为：

```
switch 〈选择判断量〉
Case 选择判断值 1
    执行语句组 1
Case 选择判断值 2
```

执行语句组 2

......

otherwise

其他都不成立时执行的语句组

end

值得说明的是，在 switch – case 语句中，当其中一个 case 语句后的条件为 "真"时，switch – case 语句不对其后的 case 语句进行判断，也就是说，即使有多条 case 判断语句为 "真"，也只执行所遇到的第一条为 "真" 的语句。

以下用实例说明 switch – case 语句的用法。

例 2.4.7 商场过节实行优惠。优惠条件为：

- 购物 300 元以下，优惠 5% ；
- 购物 300 元以上到 500 元，优惠 10% ；
- 购物 500 元以上，优惠 15% 。

编写程序，输入购物金额，计算并输出顾客应付款。

```
w = input（'购物金额'）；
if w < 300
    x = 0；
elseif（w > = 300&w < 500）
    x = 1；
else
    x = 2；
end
switch x
    case 0
        y = w * （1 - 0.05）；
    case 1
        y = w * （1 - 0.1）；
    case 2
        y = w * （1 - 0.15）；
end，y
```

该程序运行时，首先从屏幕上输入购物金额，然后程序根据购物金额的大小计算顾客应付款的多少。

例如，在命令行输入：

```
>> li247          % 假设本例程序已经存为 li247. m 文件
购物金额:456 元  %456 是从屏幕上输入的购物金额,后面是程序计算出的顾客应付款
y =
        410.4
```

练习题

1. 输入矩阵：

A =

11	25	−3
14	−5	46
−17	81	95

2. 把矩阵 A 的第二列、第三列元素全赋为 3。

3. 生成一个 3×4 的正态分布随机矩阵。

4. 生成 2×3 阶全 1 矩阵再与 2×3 阶全 2 矩阵组成一个 4×3 阶矩阵。

5. 将矩阵 A 的所有元素排成一列，形如：

1

2

3

4

⋮

6. 求 A 的逆矩阵。

7. 检查 MATLAB 内存变量的详细情况。

8. 将内存变量存起来。

9. Clear 内存变量。

10. 调出刚刚存起来的数据。

11. 画出函数 $z = f(x, y)$ 的图形。

$$z = \frac{\sin \sqrt{x^2 + y^2}}{\sqrt{x^2 + y^2}}, \quad -7.5 \leqslant x \leqslant 7.5, \quad -7.5 \leqslant y \leqslant 7.5$$

12. 已知 $y = \dfrac{1}{1^2} + \dfrac{1}{2^2} + \cdots + \dfrac{1}{n^2}$，当 $n = 100$ 时，求 y 的值。

13. 编一个程序求给定数组的最大值和最小值。

第3章

现金流量模型

MATLAB 财务工具箱提供了许多计算利率、回报率、现值、终值、折旧、摊销、年金等与现金流量有关的财务函数。本章首先讨论这些函数的使用，讨论现金流量模型建立的方法，最后以实例说明现金流量模型的应用。

本章内容包括：

3.1 现值与终值模型
3.2 内部收益率模型
3.3 投资分析模型
3.4 年金计算模型
3.5 折旧计算
3.6 会计核算建模

3.1 现值与终值模型

将一个将来的利润、成本或者现金流用现在的价值来表示，就是现值。由将来值求现值，关键是贴现率的确定。例如，如果年贴现率是 10%，那么一年以后的 100 元钱，在现在看来就是 $100 / (1 + 10\%)$ = 90.91 元。90.91 元钱是一年后 100 元钱的现值。如果年贴现率变为 15%，那么一年以后的 100 元钱的现值将变为

$$\frac{100}{1 + 15\%} = 86.96(元)$$

在实际的投资分析中，贴现率的选取依据投资人所要求的投资回报率来确定。当然，银行利率或者企业的资本成本也是重要的参考因素。

从数学上讲，在已知贴现率的情况下，将来值和现值的关系可用如下公式来表示：

$$PV = \frac{FV}{(1 + r)^n}$$

其中：FV——将来值；

PV——现值；

n——年数。

一般情况下，对一个现金流序列，我们也可以根据上面的一般关系，求得现值或终值。例如，如果某项目可以使企业每年获得 55 万元的现金流入，此项目的生命周期为 5 年，所要求的投资回报率为 10%，那么此项目的收益现值为

$$NPV = \frac{55}{1 + 10\%} + \frac{55}{(1 + 10\%)^2} + \frac{55}{(1 + 10\%)^3} + \frac{55}{(1 + 10\%)^4} + \frac{55}{(1 + 10\%)^5}$$
$$= 208.49(万元)$$

在考虑投资决策时，一个常用的指标是净现值。

净现值（NPV）可以定义为每年现金流现值超过初始投资的部分，用公式表示，即为

$$NPV = \sum_{t=1}^{n} \frac{CF_t}{(1 + r)^t} - I$$

其中：CF_t—— t 年的净现金流；

　　　r—— 所要求的投资回报率；

　　　I—— 初始投资。

决策规则如下：

如果 NPV > 0，那么接受项目；

如果 NPV < 0，那么拒绝项目。

净现值 NPV 就是项目所带来的现金流序列（包括初始投资）在给定贴现率的情况下的现值。

MATLAB 提供了多个计算现金流序列的现值和终值的函数。利用这些函数不仅可以很容易地计算上面所说的有规则现金流序列的现值和终值，也可以计算无规则现金流的现值和终值。

1. PVFIX

PVFIX 可用来计算固定期间而且每个期间的现金流相同的现金流序列的现值。其语法结构为：

PV = PVFIX（RATE, NPER, P, FV, DUE）

输入变量为：

RATE——期间贴现率；

NPER——期间数；

　P——每个期间的现金流；

　FV—— 最后一个期间收到的除 P 以外的现金流，默认为 FV = 0；

　DUE——开关变量，规定了每个期间现金流是发生在期初还是期末。如果 DUE = 1，那么表示期初；如果 DUE = 0，表示期末。默认为 DUE = 0。

输出变量为：

PV——所定义现金流的现值。

对于前面的例子，将 RATE = 0.1，NPER = 5，P = 55，FV = 0，DUE = 0 代入函数，在命令窗口中输入

　　≫pvfix(0.1,5,55,0,0)

得到结果：

ans =

　　　　208.49

与我们先前的计算结果相同。

再举一例。假设每月往一个活期账户中存入 200 元，连存 5 年。在年利率为 6% 的情况下，可以用函数 pvfix 计算这样的存款序列的现值。在命令窗口中输入：

　　≫pvfix(0.06/12,5*12,200,0,0)

ans =

　　　　10345

2. FVFIX

FVFIX 可用来计算固定期间而且每个期间的现金流相同的现金流序列的终值。其语法结构为：

FV = FVFIX（RATE，NPER，P，PV，DUE）

输入变量为：

RATE——期间贴现率；

NPER——期间数；

　　P——每个期间的现金流；

　PV——初始值，默认为 0；

　DUE——开关变量，规定了每个期间现金流是发生在期初还是期末。如果 DUE = 1，那么表示期初；如果 DUE = 0，表示期末。默认为 DUE = 0。

　输出变量为：

FV——所定义现金流的终值。

再举前面的例子。假设每月往一个活期账户中存入 200 元，连存 5 年。在年利率为 6% 的情况下，可以用函数 fvfix 计算这样的存款序列的终值，也就是 5 年后该账户中应为多少钱。在命令窗口中输入：

　　≫fvfix(0.06/12,5*12,200,0,0)

ans =

　　　　13954

3. PVVAR

PVVAR 用来计算不规则现金流序列的现值。

对于不规则现金流，其不规则可以表现在两方面：第一，每个期间现金流的数值是可变的，但发生时点是固定的；第二，现金流的数值和发生时点都是不规则的。不管哪种情况，我们都假定每个期间的利率或者贴现率是相同的。

第一种情况，每个期间现金流的数值是可变的，但发生时点是固定的。

PVVAR 语法结构为：

PV = pvvar（CF，RATE）

输入变量：

CF——现金流序列向量，其中初始投资（负值）作为向量的第一个分量；

RATE——利率或贴现率标量或向量，以小数形式输入。

输出变量：

PV——给定现金流序列的现值。

例如，假设初始投资为 10000 元，以下的现金流序列表示每年年末由该项投资产生的现金流。年贴现率为 8%。

第一年	2000 元
第二年	1500 元
第三年	3000 元
第四年	3800 元
第五年	5000 元

要计算该现金流序列的现值，在命令行里输入：

>> CF = [-10000 2000 1500 3000 3800 5000]； %定义现金流序列向量

>> PV = pvvar(CF，0.08) %调用 pvvar 函数

PV =

　　1715.4

当然，也可以直接输入

>> pv = pvvar([-10000 2000 1500 3000 3800 5000]，0.08)

得到同样结果。

第二种情况，现金流的数值和发生时点都是不规则的。

PVVAR 语法结构为：

PV = pvvar（CF，RATE，DF）

其中，输入变量 CF 和 RATE 与第一种情况相同。

DF 是一个向量，其分量对应于 CF 中每个现金流发生的日期。如果 DF 缺省，表明 CF 中的现金流序列是规则的；如果 DF 指明了 CF 中每个现金流发生的日期，表明此现金流序列是不规则的。

输出变量：

PV——给定现金流序列的现值。

例如，假设初始投资 10000 元产生的现金流序列如下：

现金流（元）	日期
-10000	1987 年 1 月 12 日
2500	1988 年 2 月 14 日

2000	1988 年 3 月 3 日
3000	1988 年 6 月 14 日
4000	1988 年 12 月 1 日

如果贴现率为 9%，那么可在命令行里输入：

```
>> cf = [ -10000; 2500; 2000; 3000; 4000 ];     % 定义现金流序列向量
>> df = { '01/12/1987'
          '02/14/1988'
          '03/03/1988'
          '06/14/1988'
          '12/01/1988' };     % 定义对应的日期向量
>> pv = pvvar( cf, 0.09, df)     % 将 cf 和 df 代入函数 pvvar
pv =
      142.16
```

4. FVVAR

FVVAR 的使用与 PVVAR 完全相同，因此其语法结构以及输入、输出等不再赘述。仅举下面的例子予以说明。

例如，假设初始投资为 10000 元，以下的现金流序列表示每年年末由该项投资产生的现金流。年贴现率为 8%。

第一年	2000 元
第二年	1500 元
第三年	3000 元
第四年	3800 元
第五年	5000 元

要计算该现金流序列的终值，在命令行里输入

```
>> fv = fvvar( [ -10000 2000 1500 3000 3800 5000 ], 0.08 )
```

得到如下结果：

```
fv =
      2520.5
```

又例如，假设初始投资 10000 元产生的现金流序列如下：

现金流（元）	日期
-10000	1987 年 1 月 12 日
2500	1988 年 2 月 14 日
2000	1988 年 3 月 3 日
3000	1988 年 6 月 14 日
4000	1988 年 12 月 1 日

如果贴现率为 9% ，那么可在命令行里输入：

≫ cf = [− 10000 ; 2500 ; 2000 ; 3000 ; 4000] ;

≫ df = { '01/12/1987'

　　　　'02/14/1988'

　　　　'03/03/1988'

　　　　'06/14/1988'

　　　　'12/01/1988' } ;

≫ fv = fvvar(cf, 0. 09, df)

fv =

　　　　167. 28

3.2　内部收益率模型

MATLAB 财务工具箱提供了许多计算利率和回报率的函数。其中，最有用的就是内部收益率计算函数 IRR、修正的 MIRR 和用于不规则现金流的 XIRR。

1. IRR

内部收益率是指项目投资实际可望达到的收益率，简记为 IRR。用公式来表示：

IRR 使得

$$I = \sum_{t=1}^{n} \frac{CF_t}{(1 + IRR)^t}$$

其中：

CF_t —— t 年的净现金流；

I —— 初始投资。

决策规则如下：

如果 IRR > 所要求的回报率，那么接受项目；

如果 IRR < 所要求的回报率，那么拒绝项目。

用内部收益率法做投资分析，一个最关键的问题就是内部收益率的计算。MATLAB 提供的内部收益率计算函数使计算问题迎刃而解。

IRR 语法结构为：

R = IRR （CF）

输入变量 CF 是现金流序列向量，其中，初始投资（负值）作为向量的第一个分量；输出 R 即为所对应的内部收益率。

例如，假设初始投资为 10000 元，以下的现金流序列表示每年年末由该项投资产生的现金流。

　　　　第一年　　　　　　　　2000 元

　　　　第二年　　　　　　　　1500 元

第三年	3000 元
第四年	3800 元
第五年	5000 元

在命令行里输入：

>> CF = [-10000 2000 1500 3000 3800 5000]； % 定义现金流序列向量

>> IRR = irr(CF)   % 调用 irr 函数

IRR =

      0. 13233

可见，对于给定的投资项目，其内部收益率约为13% 。

如果所要求的投资回报率为10% ，那么 IRR 大于10% ，因此接受该项目。

在使用内部收益率时，另一个问题就是唯一性问题。

如果对所有的 t，CF_t 都是正数，那么多项式方程只有唯一解；

但如果 CF_t 中有负值，那么就有可能出现两个解的情况。在一般情况下，如果出现两个解，我们也可以判断哪个解有意义，哪个解没有意义。但也有很难判断的情况[①]。

2. 修正的内部收益率 MIRR

MIRR 用于计算一个现金流序列的修正的内部收益率。此修正主要体现在：对正的现金流加入再投资利率，对负的现金流加入融资利率。

MIRR 的语法结构为：

MR = MIRR（CF, SRATE, RRATE）

其中：输入变量 CF 是现金流序列向量或矩阵，如果是矩阵，那么每个列代表一个现金流序列。SRATE 是对应负现金流的融资利率。RRATE 是正现金流的再投资利率。这两项输入可为向量（对应于 CF 的每一列），也可以为标量（表示所有列都取同一值）。

输出 MR 即为所对应的修正的内部收益率。

例如，假设初始投资为10000 元，以下的现金流序列表示每年年末由该项投资产生的现金流。

第一年	2000 元
第二年	-1000 元
第三年	3000 元
第四年	3800 元
第五年	5000 元

假设该项目的融资利率为9% ，现金流的再投资利率为12% 。

在命令行里输入：

>> CF = [-10000 2000 -1000 3000 3800 5000]； % 定义现金流序列向量

---

① Richard A. Brealey, Stewart C. Myers. Principles of Corporate Finance, McGraw – Hill, Inc. Fourth Edition, Chapter 5.

```
>> MIRR = mirr(CF,0.09,0.12)    % 调用 mirr 函数
MIRR =
        0.083185
```

计算结果显示：该项目的修正内部收益率为 8.3%。

3. 不规则现金流的内部收益率 XIRR

XIRR 用于计算不规则现金流序列的内部收益率。

XIRR 的语法结构为：

R = xirr（CF, DF）或者

R = xirr（CF, DF, GUESS, MAXITER, BASIS）

其中：输入变量 CF、DF 是必选项；GUESS、MAXITER、BASIS 是可选项。

CF 是现金流序列向量或矩阵，如果是矩阵，那么每个列代表一个现金流序列。初始投资以负数形式作为每一现金流序列的第一个数。

DF 是一个向量或矩阵，其分量对应于 CF 中每个现金流发生的日期。

GUESS 是对内部收益率的初始估计，默认为 0.1。

MAXITER 是用牛顿迭代法计算内部收益率时的迭代次数，默认为 50。

BASIS 是计算基数日期，默认为 0。

输出变量 R 是计算出的内部收益率，可为标量（对应于 CF 是向量的情况）或者向量（对应于 CF 是矩阵的情况）。如果计算出的值为 NaN（非数），表明内部收益率不存在。

例如，假设初始投资 10000 元产生的现金流序列如下：

现金流（元）	日期
–10000	1987 年 1 月 12 日
2500	1988 年 2 月 14 日
2000	1988 年 3 月 3 日
3000	1988 年 6 月 14 日
4000	1988 年 12 月 1 日

在命令行里输入：

```
>> cf = [ –10000；2500；2000；3000；4000]；  % 定义现金流序列向量
>> df = { '01/12/1987'
         '02/14/1988'
         '03/03/1988'
         '06/14/1988'
         '12/01/1988' }；  % 定义对应的日期向量
>> r = xirr( cf, df)    % 将 cf 和 df 代入函数 xirr
r =
        0.10064
```

计算结果显示：该项目的内部收益率约为10%。

4. EFFRR 和 NOMRR

当利息在一年内要复利多次时，给出的年利率叫名义利率（Nominal Rate）或者年百分比利率，简称为APR（Annual Percentage Rate）。当利息在一年内要复利多次，实际计算出的利率叫作实际利率或有效利率（Effective Rate of Return）。如果名义利率用APR表示，实际利率用R表示，复利次数用m表示，则名义利率与实际利率的关系为

$$R = (1 + \frac{APR}{m})^m - 1$$

MATLAB财务工具箱提供了计算实际利率的函数EFFRR。其语法结构为：

R = EFFRR（APR，PER）

其中：

APR——名义利率；

PER——复利次数；

R——计算出的实际利率。

例如，如果名义利率为9%，按月复利，则实际利率可计算为：

≫ R = effrr(0.09, 12)

R =

    0.093807

因此，实际利率约为9.38%。

财务工具箱也提供了相反的函数，即由实际利率求名义利率的函数NOMRR。NOMRR的语法结构为：

APR = NOMRR（ER，PER）

其中：

ER——实际利率；

PER——复利次数；

APR——计算出的名义利率。

例如，如果实际利率为9.38%，按月复利，则名义利率可计算为：

≫ APR = nomrr(0.0938, 12)

APR =

    0.089994

因此，名义利率约为9%。

3.3　投资分析模型

有了前几节介绍的现值、终值和内部报酬率等函数，我们就可以很容易地进行投资项目的评价。此处仅举一例说明净现值和内部报酬率的计算。

例 3. 3. 1①　投资项目贴现现金流分析

假设有三项投资方案 A、B、C，有关数据如表 3. 3. 1 所示。

表 3. 3. 1	投资项目贴现现金流		单位：元
期间	A 方案	B 方案	C 方案
0	(20000)	(9000)	(12000)
1	11800	1200	4600
2	13240	6000	4600
3		6000	4600

如果贴现率为 10%，那么首先可以用函数 pvvar 求得各方案所对应的净现值如下。在命令行输入：

　≫　A = [− 20000 11800 13240];

　≫　B = [− 9000 1200 6000 6000];

　≫　C = [− 12000 4600 4600 4600];

　≫　NPV _ A = pvvar(A, 0. 1)

NPV _ A =

　　　1669. 4

　≫　NPV _ B = pvvar(B, 0. 1)

NPV _ B =

　　　1557. 5

　≫　NPV _ C = pvvar(C, 0. 1)

NPV _ C =

　　　− 560. 48

继续用函数 IRR 求得三个方案的内部报酬率：

　≫　IRR _ A = irr(A)

IRR _ A =

　　　0. 16046

　≫　IRR _ B = irr(B)

IRR _ B =

　　　0. 17873

　≫　IRR _ C = irr(C)

IRR _ C =

　　　0. 073274

---

① 　本例选自中注协的 CPA2005 年辅导教材，《财务成本管理》，第 138 页，经济科学出版社，2005。

3.4 年金计算模型

年金是指一个间隔相等、金额相同的现金流序列。

MATLAB 财务工具箱提供了多个年金计算的函数，以下分别加以讨论。

3.4.1 年金现值和终值的计算

本章 3.1 节讨论的函数 pvfix 和 fvfix 可用于年金现值和终值的计算。

仅举两例予以说明。

例 3.4.1[①] 普通年金

企业打算连续 5 年在每年年末取出 100000 元，问在年利率为 10% 的情况下，最初（第一年年初）应一次存入多少钱？

在命令行输入：

>> format bank

>> PA = pvfix(0.1, 5, 100000, 0, 0)

PA =

　　　　379078.68

因此，企业应在第一年年初存入约 379078.68 元。

例 3.4.2[②] 预付年金

某人按 10 年期分期付款购房，每年年初付 5000 元。设银行存款利率为 10%。该项分期付款相当于一次现金支付的购房价是多少？

在命令行输入：

>> PA = pvfix(0.1, 10, 5000, 0, 1)

PA =

　　　　33795.12

因此，该项分期付款相当于一次现金支付的购房价 33795.12 元。

3.4.2 年金金额的计算

有时，在已知年金现值或终值的情况下，需要求年金金额，即每个期间要付或者可得到的现金流。年偿债基金和年回收额的计算就属于这一类计算。这一类计算可通过函数 PAYPER 来完成。

PAYPER 的语法结构为：

P = PAYPER（RATE, NPER, PV, FV, DUE）

---

① 本例选自李晶：《财务管理》，第 26 页，四川大学出版社，1996。
② 本例选自李晶：《财务管理》，第 28 页，四川大学出版社，1996。

输入变量为：

RATE——期间贴现率；

NPER——期间数；

PV——年金现值或初始值；

FV——年金终值或者余额，默认为 0；

DUE——开关变量，规定了每个期间现金流是发生在期初还是期末。如果 DUE = 1，那么表示期初；如果 DUE = 0，表示期末。默认为 DUE = 0。

输出变量为：

P——每个期间的现金流，或年金金额。

例 3.4.3[①]　年偿债基金的计算

拟在 3 年后还清 10000 元债务，从现在起每年要等额存入银行一笔款项，假设银行存款利率为 10%，每年需要存入多少钱？

在命令行里输入：

$\gg$ A = payper(0.1, 3, 0, 10000, 0)

A =

　　　　3021.15

因此，每年需要存入约 3021.15 元。

例 3.4.4[②]　年回收额的计算

假设某企业以 10% 的利率借得 10000 元，投资于某个投资期间为 10 年的项目，每年至少要收回多少现金才有利？

在命令行里输入：

$\gg$ A = payper(0.1, 10, 10000, 0, 0)

A =

　　　　1627.45

因此，每年至少收回约 1627.45 元现金才有利。

3.4.3　年金利率

对于一项贷款，如果已知每个期间的还款额和本金，那么我们可以用函数 ANNU-RATE 求得每个期间的利率。

ANNURATE 的语法结构为：

R = ANNURATE（NPER, P, PV, FV, DUE）

输入变量为：

NPER——期间数；

P——每个期间的现金流；

[①]　本例选自李晶：《财务管理》，第 26 页，四川大学出版社，1996。

[②]　同①。

PV—— 年金现值或者初始值；

FV——年金终值或者余额，默认为 0；

DUE ——开关变量，规定了每个期间现金流是发生在期初还是期末。如果 DUE = 1，那么表示期初；如果 DUE = 0，表示期末。默认为 DUE = 0。

输出变量为：

R——每个期间的利率。

例 3.4.5 贷款利率计算

某人从银行贷款 5000 元，预计 4 年还清，每月还款额为 130 元。问该笔贷款实际贷款利率是多少？

在命令行里输入：

```
≫ R = annurate(4 * 12, 130, 5000, 0, 0)
R =
        0. 01
≫ R * 12
ans =
        0. 11
```

因此，实际贷款利率约为每月 1%，或者每年 11%。

```
≫ pvfix(R, 4 * 12, 130, 0, 0)
ans =
        5000. 00
```

将 R 代回 pvfix，可算得 4 年，每月 130 元的现金流序列的现值约等于 5000 元，证明我们的计算正确。

3.4.4 年金期限

函数 ANNUTERM 用于求年金期限，即为了得到某个现值或终值需要多少个期限。其语法结构为：

NPER = ANNUTERM （RATE，P，PV，FV，DUE）

输入变量为：

RATE——每个期间的利率；

P——每个期间的现金流；

PV——年金现值或者初始值；

FV——年金终值或者余额，默认为 0；

DUE——开关变量，规定了每个期间现金流是发生在期初还是期末。如果 DUE = 1，那么表示期初；如果 DUE = 0，表示期末。默认为 DUE = 0。

输出变量为：

NPER——期间数。

例如，假设在一个储蓄账户中开始余额为 1500 元。现在每月月末存入 200 元，年利率 9%，按月复利。问经过多少年该账户的余额才能达到 5000 元？

在命令行输入：

```
>> nper = annuterm(0.09/12, 200, 1500, 5000, 0)
nper =
        15.68
>> nper/12
ans =
        1.31
```

结果表明：经过 15.68 个月或者 1.31 年，该账户的余额就可以达到 5000 元。

3.4.5 偿债计划

假设我们现在贷款 100 元，分 4 年等额偿还，年利率为 10%，那么我们可以很容易地用函数 payper 算出每年的偿还额。

```
>> format short g
>> p = payper(0.1, 4, 100, 0, 0)
p =
        31.547
```

每年偿还额为 31.547 元。4 年后 100 元贷款全部还清。为了验证这一点，在命令行继续输入：

```
>> pvfix(0.1, 4, p, 0, 0)
ans =
    100
```

现在的问题是：在 31.547 元的偿还额中有多少是利息，有多少是本金？

为了回答这个问题，我们可以通过表 3.4.1 逐项计算。

表 3.4.1 　　　　　　　　　　　　　　偿债计划表　　　　　　　　　　　　单位：元

	1	2	3	4
每年偿还额	31.547	31.547	31.547	31.547
利息偿还	10	7.8453	5.4751	2.8679
本金偿还	21.547	23.702	26.072	28.679
剩余本金	78.453	54.751	28.679	0

例如，第一年本金 100 元，利息就为 $100 \times 10\% = 10$ 元，偿还额 31.547 元，因此本金偿还 $31.547 - 10 = 21.547$ 元，剩余本金 $100 - 21.547 = 78.453$ 元；第二年本金 78.453 元，利息 7.8453 元，偿还额 31.547 元，因此本金偿还 $31.547 - 7.8453 = 23.702$ 元，依次类推。

MATLAB 提供了另一个函数 AMORTIZE 可将所有这些量一次求出。

AMORTIZE 的语法结构为：

[PRINP, INTP, BAL, P] = AMORTIZE（RATE, NPER, PV, FV, DUE）

输入变量为：

RATE——利息率；

NPER——期间数；

PV——年金现值或者初始值；

FV——年金终值或者余额，默认为 0；

DUE——开关变量，规定了每个期间现金流是发生在期初还是期末。如果 DUE = 1，那么表示期初；如果 DUE = 0，表示期末。默认为 DUE = 0。

输出变量为：

PRINP ——每个期间应偿还的本金；

INTP——每个期间应偿还的利息；

BAL——每个期间的剩余本金额；

P— 每个期间的应偿还总额。

例如，在我们上面的例子中，可在命令行中输入：

```
>> [prinp, intp, bal, p] = amortize(0.1, 4, 100)
prinp =
        21.547      23.702      26.072      28.679
intp =
            10      7.8453      5.4751      2.8679
bal =
        78.453      54.751      28.679    1.4211e - 13
p =
        31.547
```

所得到的结果与表 3.4.1 中的结果完全相同。

3.4.6　等价年金

对一个不规则的现金流序列，有时需要考虑这样的问题：是否存在一个规则的现金流序列或者年金与它等价？

MATLAB 财务工具箱为我们提供了一个函数 PAYUNI。该函数可用来求出与一个不规则现金流序列等价的规则现金流序列。

PAYUNI 的语法结构为：

US = PAYUNI（CF, RATE）

其中：输入变量 CF 是不规则现金流序列向量，RATE 是期间利率；输出变量 US 是与现金流序列 CF 等价的规则现金流每个期间的值。

可以形象地说，函数 PAYUNI 的作用是将一个不规则现金流"消平"。

例如，假设初始投资为 10000 元，以下的现金流序列表示每年年末由该项投资产生的现金流，年贴现率为 8%。

第一年	2000 元
第二年	1500 元
第三年	3000 元
第四年	3800 元
第五年	5000 元

要计算此现金流序列的等价现金流，在命令行中输入：

>> CF = [− 10000 2000 1500 3000 3800 5000]; %定义现金流序列向量

>> US = payuni(CF, 0.08) %计算等价现金流

US =

429.63

要验证现金流序列 CF 与 5 年期的、每年现金流 429.63 的现金流序列是否等价，在命令行中键入：

>> A = pvvar(CF, 0.08)

A =

1715.4

>> B = pvfix(0.08, 5, US, 0, 0)

B =

1715.4

可见，A = B，说明两现金流序列等价。

例 3.4.6[①] 固定资产更新决策的现金流量分析

某企业有一旧设备，工程技术人员提出更新要求，有关数据如下：

	旧设备	新设备
原值（元）	2200	2400
预计使用年限（年）	10	10
已经使用年限（年）	4	0
最终残值（元）	200	300
变现价值（元）	600	2400
年运行成本（元）	700	400

假设该企业要求的最低报酬率为 15%，那么企业是否要更新该旧设备？

该问题的分析采用年平均成本法。事实上，年平均成本可用等价年金函数来求。表 3.4.2 给出了继续使用旧设备和更换新设备所对应的成本流序列。

---

① 本例选自中注协的 CPA2005 年辅导教材，《财务成本管理》，第 146 页，经济科学出版社，2005。

表 3. 4. 2　　　　　　　　　　　　新旧设备成本流对照表　　　　　　　　　单位：元

	0	1	2	3	4	5	6	7	8	9	10
继续使用旧设备	600	700	700	700	700	700	700 −200				
更换新设备	2400	400	400	400	400	400	400	400	400	400	400 −300

在命令行输入：

>> jiu = [600 700 700 700 700 700 700 −200];

>> xin = [2400 400 400 400 400 400 400 400 400 400 400 −300];

>> jiu _ US = payuni(jiu, 0. 15)

jiu _ US =

　　　835. 69

>> xin _ US = payuni(xin, 0. 15)

xin _ US =

　　　863. 43

由此计算可知：继续使用旧设备的平均年成本较低，因此，不宜进行设备更新。

3.5　折旧计算

折旧是固定资产使用中的费用摊销。如果固定资产的购买价为 100 元，残值为 10元，使用年限为 3 年，那么采用平均分配的方法，将购买价减去残值后的 90 元平均分配到 3 年，每年 30 元。30 元就是该固定资产每年的折旧。

很显然，折旧并不发生现金流的流入和流出，因此，折旧并非现金流序列。但是从数值上来看，折旧类似于现金流序列，因此，我们将如何计算折旧的问题归到本章来讨论。

折旧方法分为两类：直线折旧法和加速折旧法。加速折旧法又有余额递减法、年数总和法等。MATLAB 财务工具箱提供了所有这些折旧方法的计算模型。

3.5.1　直线折旧法

直线折旧法是将固定资产的使用费用按固定资产的使用年限平均分配的方法。

MATLAB 函数 DEPSTLN 的语法结构为：

SL = DEPSTLN（COST, SALVAGE, LIFE）

其中：

COST——固定资产的原值；

SALVAGE——残值；

LIFE——使用年限。

函数输出 SL 是固定资产每年的折旧额。

例如，假设固定资产的原值为 13000 元，残值 1300 元，使用年限 10 年，那么调用函数 depstln 可求得每年折旧额如下：

```
>> d = depstln(13000, 1300, 10)
d =
        1170
```

3.5.2 余额递减法

余额递减法用一个固定的折旧率乘以每年年初的账面价值来计算每年的折旧额。随着折旧的进行，每年年初的账面价值逐渐递减，因此，该法称为余额递减法。

在计算余额递减法时，残值不予考虑。残值只在计算最后一年的折旧额时作为一个判断标准，即最后一年的折旧应使账面价值等于残值。

固定折旧率 = 折旧因子 × 直线折旧率

直线折旧率是采用直线折旧法时的折旧率。折旧因子可取任何大于 1 的数。当因子取 2 时就是最常用的双倍余额折旧法。

MATLAB 提供了两个采用余额递减法计算折旧的函数，即 DEPGENDB 和 DEPFIX-DB。

DEPGENDB 的语法结构为：

D = DEPGENDB（COST, SALVAGE, LIFE, FACTOR）

其中：

COST——固定资产的原值；

SALVAGE——残值；

LIFE——使用年限。

FACTOR— 折旧因子，如果因子为 2，那么所用方法就是双倍余额递减法。

函数输出 D 是一个向量，表示固定资产每年的折旧额。

例如，如果一项资产原值 13000 元，残值 1000 元，使用年限 5 年，那么取折旧因子分别为 1.5、2 和 2.5 时的每年折旧额可计算为

```
>> D = depgendb(13000, 1000, 5, 1.5)
D =
        3900        2730        1911        1337.7        2121.3
>> D = depgendb(13000, 1000, 5, 2)
D =
        5200        3120        1872        1123.2        684.8
>> D = depgendb(13000, 1000, 5, 2.5)
D =
        6500        3250        1625        625        0
```

当固定折旧率用下式计算时，我们可以用函数 DEPFIXDB 求得每年的折旧额。此时的折旧方法称为固定余额递减法。

$$固定折旧率 = 1 - \left(\frac{残值}{原值}\right)^{\frac{1}{年限}}$$

DEPFIXDB 的语法结构为：

D = DEPFIXDB（COST，SALVAGE，LIFE，PERIOD，MONTH）

其中：

COST——固定资产的原值；

SALVAGE——残值；

LIFE——使用年限；

FERIOD——需要计算折旧的期间数；

MONTH——资产使用第一年的月数，默认值为 12。

函数输出 D 是一个向量，表示固定资产在 PERIOD 中每年的折旧额。

例如，假设一项资产的购买价是 11000 元，残值 1500 元，使用年限 8 年。要计算头 5 年的折旧额，可在命令行里输入：

```
>> d = depfixdb(11000, 1500, 8, 5)
d =
        2425.1       1890.4        1473.7        1148.8        895.52
```

3.5.3 年数总和法

年数总和法是将固定资产的原值减去残值后的净额乘以一个用下式定义的折旧率得到每年的折旧额。

$$年折旧率 = \frac{尚可使用年数}{预计使用年限的年数总和}$$

或者

$$年折旧率 = \frac{预计使用年限 - 已使用年限}{预计使用年限 \times（预计使用年限 + 1）\div 2}$$

函数 DEPSOYD 用于求基于年数总和法的折旧额。

DEPSOYD 的语法结构为：

SD = DEPSOYD（COST，SALVAGE，LIFE）

其中：

COST——固定资产的原值；

SALVAGE——残值；

LIFE——使用年限。

函数输出 SD 是一个向量，表示固定资产每年的折旧额。

例如[1]，假设某项固定资产的原值为 20000 元，残值为 2000 元，使用年限为 5 年，则采用年数总和法可计算如下：

>> sd = depsoyd(20000, 2000, 5)

sd =

6000	4800	3600	2400	1200

3.6　会　计　核　算　建　模

本节以实例讨论现金流量模型在会计核算中的应用，称为会计核算建模。

3.6.1　预计负债

例 3.6.1[2]　预计负债（provision）的计算

假设第一年年初，某公司 A 与另一家公司 B 签订了一份 5 年期的租赁合同。合同规定：A 公司可以在 5 年内使用 B 公司的一个两层楼，但在第五年年末合同结束时，A 公司要原封不动地照原样将这个两层楼退还给 B 公司。A 公司签订合同以后，1 年内将该建筑改造成一个电影院使用。因此，如果 5 年后 A 公司要退还该楼给 B 公司，那么 A 公司就必须将该楼改造成原来的样子，肯定会发生一笔改造费用。根据 IAS 37 的规定，此笔费用应该计提预计负债。假设根据专家估计，第五年年末的改造费用为 1.3 万元，无风险利率为 6%，则第一年年末的预计负债可用下列公式计算：

$$P_1 = \frac{13000}{(1 + 6\%)^4} = 10296（元）$$

因此，第一年年末的会计分录为：

借：改造费用　　　　　　　　　　　10296

　贷：预计负债　　　　　　　　　　　　10296

由于利息因素的考虑，每年年末应该对预计负债作出调资。每年的调整可以计算为

第二年年末：10296×6% =618（元）

第三年年末：（10296 +618）×6% =655（元）

第四年年末：（10296 +618 +655）×6% =694（元）

第五年年末：（10296 +618 +655 +694）×6% =736（元）

因此，第二年年末的会计分录为：

借：利息费用　　　　　　　　　　　618

　贷：预计负债　　　　　　　　　　　　618

---

[1]　本例选自朱小平，徐泓：《工商企业会计学》，第 134 页，中国人民大学出版社，1995。

[2]　本例改编自：Lynne Chow and etc.，Advanced Financial Accounting in Hong Kong，Longman Hong Kong Education，2006，p. 386（Example 3）。

依次类推，第五年年末的会计分录为：

借：利息费用　　　　　　　　　　　736

　贷：预计负债　　　　　　　　　　　736

假设第五年年末真正发生的改造费用为 1.1 万元。那么第五年年末还应作如下分录：

借：预计负债　　　　　　　　13000

　贷：应付账款　　　　　　　　11000

　　　改造费用　　　　　　　　2000

对于这样的预计负债计提的问题，用 MATLAB 可以很容易地完成各种计算。

要用 MATLAB 计算每年的预计负债，可以建立如下的模型。

建立计算每年预计负债的 M 文件：

```
function [x p K] = provision(Y,n,r)
p = pvfix(r, n - 1, 0, Y, 0);
x(1) = p;
for i = 2:1:n
  K = 0;
  for m = 1:1:i - 1
     K = K + x(m);
  end
  x(i) = K × r;
end
K = 0;
for i = 1:1:n
   K = K + x(i);
end
```

函数 provision 的输入变量为：

Y——专家所估计的 n 年年末的改造费用；

n——年数；

r ——无风险利率或贴现率。

输出变量分别为：

x——n 维向量，表示从第一年到第 n 年的预计负债；

p——第一年的预计负债；

K——n 年预计负债的和。

在命令窗口中键入，则得到每年要入账的预计负债。

```
>> x = provision(13000,5,0.06)
x =
        10297       617.83        654.9        694.2       735.85
```

如果验证每年要入账的预计负债的和，在命令窗口中键入：

$\gg [x\ p\ k] = \mathrm{provision}(13000,5,0.06)$

x =

10297	617.83	654.9	694.2	735.85

p =

10297

k =

13000

可见，5 年的和正好等于专家最初的估计。

3.6.2   员工福利计划

例 3.6.2[①]   员工福利计划（Employee Benefit）

《国际会计准则》第 19 条（IAS 19）对员工福利作出了许多规定。对于员工退休或离开公司以后的福利，IAS 19 将其分为两个大类：一类是既定提成计划（Defined Distribution Plan），另一类是既定收益计划（Defined Benefit Plan）。本例讨论既定收益计划。

设某员工在第一年年初开始在 A 公司工作，年薪为 10000 元。如果遇到通货膨胀等情况，还会作相应调整。当然该员工也可能被提职，提职以后工资也将作相应提升。如果该员工退休或离开公司，那么公司将按如下公式计算出对该员工的一次性补偿：

最终的年薪 × 1% × 服务年限

我们首先需要考虑的问题是：A 公司如何计量与该员工有关的福利成本，如何将该福利成本分配到该员工服务的各工作年限内，如何计算公司每年因该员工福利引起的负债。

假设该员工的工资从第二年起每年增加 7%（通货膨胀的因素考虑在内），预计该员工 5 年后离开公司。那么该员工最后的福利可计算为

$$10000 \times (1 + 7\%)^4 \times 1\% \times 5 = 131 \times 5 = 655(元)$$

表 3.6.1 将 655 元分到该员工工作的 5 年内，而且计算出 A 公司每年因该员工福利引起的负债（假设利率为 10%）。

655 元平分到 5 年，每年服务成本应为 655/5 = 131 元。考虑到时间价值，

第一年服务成本应为 131/（1 + 0.1）^4 = 89 元

第二年服务成本应为 131/（1 + 0.1）^3 = 98 元

第三年服务成本应为 131/（1 + 0.1）^2 = 108 元

第四年服务成本应为 131/（1 + 0.1）^1 = 119 元

第五年服务成本应为 131/（1 + 0.1）^0 = 131 元

---

① 本例选自：Lynne Chow and etc., Advanced Financial Accounting in Hong Kong, Longman Hong Kong Education, 2006, p. 386（Example 3）。

表 3.6.1	员工福利累计负债表			单位：元	
	1	2	3	4	5
累计负债初始值	—	89	196	324	476
利息	—	9	20	33	48
服务成本	89	98	108	119	131
累计负债终值	89	196	324	476	655

依据这样的预估和假设，每年的会计分录应为：

第一年：

借：员工福利费用   89

 贷：员工福利负债   89

第二年：

借：员工福利费用   98

 利息费用   9

 贷：员工福利负债   107

依次类推。

用 MATLAB 解决这一问题，可以建立如下的模型：

```
function [P I C PV R] = dbplan(Y,r1,r2,n,f)
x1 = fvfix(r1, n-1, 0, Y, 0);
x2 = x1 * f * n;
for i = 1:1:n
    C(i) = (x2/n)/(1+r2)^(n-i);
end
P(1) = 0;
I(1) = 0;
PV(1) = C(1);
R(1) = PV(1);
for i = 2:1:n
    P(i) = PV(i-1);
    I(i) = P(i) * r2;
    R(i) = C(i) + I(i);
    PV(i) = P(i) + R(i);
end
```

函数 dbplan 的输入变量为：

Y——员工初始工资；

r1——预计员工工资增长率；

r2——无风险利率或贴现率；

n——员工服务年限；

f——补偿因子。

输出变量分别为：

C——n 维向量，员工每年服务成本；

P——累计负债初始值；

PV——累计负债终值；

I——每年利息费用；

R——每年负债记账值。

在命令窗口中键入如下命令，则得到上面表格中的所有数字。

>> ［P I C PV R］= dbplan（10000,0.07,0.1,5,0.01）

P =

0	89.529	196.96	324.99	476.65

I =

0	8.9529	19.696	32.499	47.665

C =

89.529	98.482	108.33	119.16	131.08

PV =

89.529	196.96	324.99	476.65	655.4

R =

89.529	107.43	128.03	151.66	178.74

仔细阅读上面的模型也有助于了解既定收益计划所用的计算原理。

假设在第二年，员工工资真正增加了 15%，而且假设从第二年起以后每年都按 15%
增加。那么用上面的模型可以重新计算如下：

>> ［P I C PV R］= dbplan（10000,0.15,0.1,5,0.01）

P =

0	119.46	262.81	433.64	636

I =

0	11.946	26.281	43.364	63.6

C =

119.46	131.41	144.55	159	174.9

PV =

119.46	262.81	433.64	636	874.5

R =

119.46	143.35	170.83	202.36	238.5

因此，在第二年年末入账时，应作如下的分录：

第二年：

借：员工福利费用   131

    利息费用   12

  贷：员工福利负债   143

但是，如果这样入账，那么员工福利负债账户的余额为

$$89(第一年) + 143(第二年) = 232(元)$$

而基于新假设，第二年的员工福利负债应为 263 元，因此，产生了所谓的精算损失（Actuarial）31 元。

本书不打算继续讨论如何处理精算损失。为简化起见，采用立即确认原则，作如下分录：

借：员工福利费用（精算损失）   31

  贷：员工福利负债   31

如果到第三年我们的假设和预计又发生了变化，那么仍然需要利用该模型重新计算，然后作出相应调整。

假设在第三年，该公司把补偿计算公式调整为：

$$最终的年薪 \times 1.8\% \times 服务年限$$

那么，用函数 dbplan 重新计算如下：

```
>> [P I C PV R] = dbplan(10000,0.15,0.1,5,0.018)
P =
          0      215.03      473.06      780.55      1144.8
I =
          0      21.503      47.306      78.055      114.48
C =
     215.03      236.53      260.18       286.2      314.82
PV =
     215.03      473.06      780.55      1144.8      1574.1
R =
     215.03      258.03      307.49      364.26       429.3
```

在此情况下，我们需要考虑过去服务成本（Past Service Cost）的确认问题。在此不再赘述。

3.6.3 金融工具

例 3.6.3 金融工具（Financial Instruments）

《国际会计准则》第 32 条和第 39 条（IAS 32，IAS 39）对金融工具的确认、计量和披露等作出了许多规定。我国新会计准则第 23 号、第 24 号以及第 37 号也对金融资产和

金融负债的确认、计量和列报作出了规范性规定。本例①讨论金融资产和金融负债的确认和计量。

假设公司 A 购买了一个 5 年期的债券。该债券的公允价值（包括交易成本）为 1000元。该债券的本金为 1250 元，年利息率 4.7%。因此，每年的现金利息收入就为 1250 × 4.7% = 59 元。假设该债券可以作为持有到期日投资（Held – to – maturity investment）来确认。

首先，需要根据该债券的现金流情况计算有效等价利率。用 MATLAB 的 IRR 函数可以完成计算。

在 MATLAB 命令行中输入：

$\gg$ str $= [-1000 \ 59 \ 59 \ 59 \ 59 \ 59 + 1250]$

str =

　　　 – 1000　59　　　59　　　　59　　　　59　　　1309

$\gg$ EffInterest $=$ irr(str)

EffInterest =

　　　 0.099953

然后，取有效等价利率为 10%，则可以计算得到每年的利息收入以及每年的摊销成本（Amortised Cost），如表 3.6.2 所示。

表 3.6.2　　　　　　　　　　利息收入与摊销成本　　　　　　　　　　单位：元

A. 年	B. 年初摊销成本	C. 利息收入 （B×10%）	D. 现金流	E. 年末摊销成本 （B + C – D）
Y1	1000	100	59	1041
Y2	1041	104	59	1086
Y3	1086	109	59	1136
Y4	1136	113	59	1190
Y5	1190	119	59 + 1250	—

因此，最初的确认及后续的确认分别为：

Y1 初始确认：

借：持有到期日投资　　　　　　　　　1000

　贷：现金　　　　　　　　　　　　　　　1000

Y1 利息确认：

借：持有到期日投资　　　　　　　　　41

　　现金　　　　　　　　　　　　　　　59

---

① 本例选自：Keith Alfredson and etc. , Applying International Accounting Standards, John Wiley & Sons Australia, Ltd. , 2005, p. 172（Example 5.1）。在下列书中也有类似例题。财政部会计司：《企业会计准则讲解（2006）》，第344 页，人民出版社，2007。

贷：利息收入	100

Y2 利息确认：

借：持有到期日投资	45
现金	59
贷：利息收入	104

Y3 利息确认：

借：持有到期日投资	50
现金	59
贷：利息收入	109

Y4 利息确认：

借：持有到期日投资	54
现金	59
贷：利息收入	113

Y5 利息确认：

借：持有到期日投资	60
现金	59
贷：利息收入	119

Y5 投资终止：

借：现金	1250
贷：持有到期日投资	1250

用 MATLAB 计算每年的利息收入和摊销成本，可以建立如下的模型：

```
function [AB Income Cashflow AE] = AmortCost(str)
format long g
r = irr(str);
n = length(str) - 1;
for i = 1:1:n
    Cashflow(i) = str(1, i + 1);
end
AB(1) = - str(1, 1);
for i = 1:1:n
    Income(i) = round(AB(i) * r);
    AE(i) = round(AB(i) + Income(i) - Cashflow(i));
    if i ~ = n
    AB(i + 1) = AE(i);
    end
end
```

函数 AmortCost 的输入变量为：

str——金融工具所产生的现金流向量，其中第一个元素为初始投资，即金融工具的公允价值加上交易成本；第二个元素以后的元素是每个期间金融工具产生的现金流。

函数 AmortCost 的输出变量分别为

AB——期初摊销成本；

Income——每个期间的利息收入；

Cashflow——每个期间的现金流入；

AE——期末摊销成本。

在命令行里输入 AmortCost 函数，即可得到本例所要求的结果。

```
>> str = [ -1000 59 59 59 59 59 +1250 ]
str =
      -1000    59       59       59       59       1309
>> [ AB Income Cashflow AE ] = AmortCost( str )
AB =
       1000     1041     1086     1136     1191
Income =
        100      104      109      114      119
Cashflow =
         59       59       59       59     1309
AE =
       1041     1086     1136     1191        1
```

可见，除了精度问题以外，所求的结果与手工计算的结果完全相同。

再举一个金融负债的例子[①]。

假设公司 B 与公司 L 达成一项协议：公司 B 将向公司 L 于第一年 1 月 1 日借款 1000000 元，交易成本 25000 元。要付的利息头两年按 5% 计算，后两年按 7% 计算。整个贷款必须在 4 年后偿还完。根据 IAS 39，公司 B 将以公允价值确认这笔贷款为金融负债，然后每年计提摊销成本。

用本节提供的模型 AmortCost 可以很容易地解决这个问题。

```
>> stream = [ 975000 -50000 -50000 -70000 -70000 -1000000 ]
stream =
      975000    -50000    -50000    -70000   -1070000
>> [ AB Income Cashflow AE ] = AmortCost( stream )
AB =
      -975000   -990014  -1006029  -1003112
Income =
```

---

① 本例选自：Keith Alfredson and etc. , Applying International Accounting Standards, John Wiley & Sons Australia, Ltd. , 2005, p. 174（Example 5. 2）。

− 65014	− 66015	− 67083	− 66888

Cashflow =

− 50000	− 50000	− 70000	− 1070000

AE =

− 990014	− 1006029	− 1003112	0

或者将现金流的符号全部反转，得到的结果除符号以外是一样的。

```
>> stream2 = − stream
```

stream2 =

− 975000	50000	50000	70000	1070000

```
>> [AB Income Cashflow AE] = AmortCost(stream2)
```

AB =

975000	990014	1006029	1003112

Income =

65014	66015	67083	66888

Cashflow =

50000	50000	70000	1070000

AE =

990014	1006029	1003112	0

据此，可写出初始确认和后续确认的会计分录如下：

Y1 初始确认：

借：现金   975000
　　贷款负债   25000
　贷：贷款负债   1000000

Y1 利息确认：

借：利息费用   65014
　贷：现金   50000
　　贷款负债   15014

Y2 利息确认：

借：利息费用   66015
　贷：现金   50000
　　贷款负债   16015

Y3 利息确认：

借：利息费用   67083
　　贷款负债   2917
　贷：现金   70000

Y4 利息确认：

借：利息费用   66888

贷款负债	3112
贷：现金	70000
Y4 负债终止：	
借：贷款负债	1000000
贷：现金	1000000

练习题

1. 某公司购置了一台新机器。预计该台机器在未来的 10 年内，每年将花费 2000 元维护费。若贴现率是 4%，请计算 10 年维护费的总现值是多少？

2. 某保险具有如下条款：要求你在随后的 8 年内，每年年末交款 2000 元，然后从第九年年末起以后的 8 年里，每年年末返还你 2500 元，在年利率 5% 不变的情况下，请问你是否愿意购买此保险？

3. 某人购房申请了 30 万元 15 年按月分期等额偿还的房屋抵押贷款。假设年利率为 4%，请计算每月贷款偿还额。

4. ABC 公司于本年年初购入一台价值 50000 元的机器设备，预计该设备的使用寿命为 8 年，残值为原值的 10%，请分别用直线折旧法、双倍余额递减法计算该机器每年应提折旧额。

5. 假设有两个互斥项目 P1 和 P2，其现金流量分别为：

单位：万元

年	0	1	2	3	4	5	6
P1	− 35	15	15	15	—	—	—
P2	− 40	8	10	10	12	12	12

如果所要求的最低回报率为 10%，则：

（1）请分别对两个项目求其净现值、内部收益率。

（2）用等值年金法作出投资决策。

第4章

财务最优化模型

在工程设计、经济管理和科学研究等诸多领域中，人们常常会遇到这样的问题：如何从一切可能的方案中选择最好、最优的方案，在数学上把这类问题称为最优化问题。这类问题很多。例如，在安排生产时，如何在现有的人力、设备的条件下，合理安排生产，使其产品的总产值最高；在确定库存时，如何在保证销售量的前提下，使库存成本最小；在物资调配时，如何组织运输使运输费用最少。这些都属于最优化问题所研究的对象。

在财务管理领域中，也有很多最优化问题。其中下一章所讨论的投资组合问题就是一类非常典型的最优化问题。因此，投资组合问题的求解可以借助于 MATLAB 优化工具箱所提供的功能。

另外，由于投资组合问题在财务管理领域中非常重要，而且与一般的最优化问题相比又有其特殊性，因此 MATLAB 在财务工具箱中又开发了专门求解这类问题的若干函数。本书将在第5章专门讨论这些函数的使用。

本章内容包括：

4.1 财务最优化问题

4.2 财务线性最优化模型

4.3 财务非线性最优化模型

4.4 0－1线性规划与混合整数线性规划模型

4.5 二次规划模型

4.6 投资组合模型的最优化求解

4.1 财务最优化问题

MATLAB 的优化工具箱被放在 toolbox 目录下的 optim 子目录中，其中包括有若干个求解最优化问题的工具。本章将讨论一些常用的优化程序的使用方法。

谈到财务最优化问题，实际上，在财务与会计领域有许多问题可归结为最优化问题。例如，在资源有限的情况下，如何安排生产的问题；在资金有限的情况下，如何投资的问题；为了保证融资成本最低，如何选择融资渠道的问题等。下面举例说明这些财务最优化问题。

例 4.1.1　某工厂生产甲、乙两种产品，每个产品销售后的利润分别为 5000 元与 2000 元。生产甲产品需用 A、B 两种机器加工，加工时间分别为每个 2 小时和 3 小时；生产乙产品需用 A、B、C 三种机器加工，加工时间为每个各 1 小时。若每天可用于加工的机器时数分别为 A 机器 8 小时、B 机器 10 小时和 C 机器 7 小时，问该厂应如何安排甲、乙产品的生产才能使总利润最大？

该例是典型的在资源有限的情况下如何安排生产的问题。此例中，有限资源是机器小时，机器不能昼夜 24 小时运转，还需要保养和维护时间，因此，每天用于生产的时间总是有限的。在有限的机器时间的限制下，如何通过合理安排两种产品的生产才可以使工厂的利润达到最大，是每一个生产企业必须解决的问题。

例 4.1.2[①]　某宾馆现有客房 450 间，分普通、豪华和超豪华三个等级。各等级客房房价及入住情况如表 4.1.1 所示。

表 4.1.1　　　　　　　　　　　宾馆客房房价及入住情况

客房等级	房价（美元）	每天平均入住数	收入（美元）
普通型	85	250	21250
豪华型	98	100	9800
超豪华型	139	50	6950
		总收入	38000

该宾馆想通过调整房价提高收入。但是房价提高所带来的影响必定是入住率减低。根据估计，该客房的市场价格或需求弹性如表 4.1.2 所示。

表 4.1.2　　　　　　　　　　　　　需求价格弹性

客房等级	需求价格弹性
普通型	−1.5
豪华型	−2.0
超豪华型	−1.0

那么在这种情况下，如何调整房价才能使宾馆收入达到最大？

该问题是一个典型的产品定价问题。在本例中，有限的资源是客房数。在客房数一定的情况下，如何调整房价，选择不同的客房类型和入住率组合，使宾馆总收益达到最大。对于这样的问题，仅靠决策者的个人经验，采用主观的方法去解决显然是不科学的，也是盲目的。因此，需要我们根据对市场的充分了解，建立科学的决策模型，依靠现代化的工具，最后得出符合实际的、科学的定价方案。

---

① 该例选自：詹姆斯等著，杜本峰译，《数据、模型与决策》，第 392 页，中国人民大学出版社，2006。

例 4.1.3 假设有两项资产 a 和 b。其期望回报分别为 E（a）=0.2，E（b）=0.1；风险分别为 σ（a）=0.2，σ（b）=0.1。相关系数 k_{ab} = −0.5。现在要由 a 和 b 构成投资组合 p。问题是如何选取投资比例 x_1 和 x_2，使得在投资组合期望回报 E（p）一定的情况下，风险 σ（p）最小？

该问题是典型的投资组合问题。投资组合的选取是当今证券投资的热点，也是难点，最优化理论与最优化工具的研究为投资组合问题的求解提供了科学的方法。

对于一个实际问题，如何将其抽象为一个最优化数学模型呢？一般来讲，应遵循下面的原则：

（1）确定备选方案。通过收集与问题有关的资料和数据，在全面熟悉问题的基础上，确认什么是问题的备选方案，并将备选方案用一组变量来表示。

（2）提出要追求的目标。在充分分析资料的基础上，根据实际需要，提出要追求的目标，即某个变量的最小值或最大值。并且，运用各种科学和技术原理，将其与备选方案中的变量联系起来，用数学关系式把它表示出来。

（3）确定价值标准。在提出要追求的目标之后，就需要确立所考虑目标的"好"与"坏"的价值标准，并用某种数量形式来描述它。

（4）充分考虑限制条件。由于所追求的目标一般都要在一定的条件下取得最大值或最小值，因此还需要寻找出问题的所有限制条件，这些条件通常用变量之间的一些不等式或等式来表示。

4.2 财务线性最优化模型

4.2.1 线性最优化问题

线性最优化模型是最优化理论发展最成熟、应用最广泛的一个分支。上节的例 4.1.1 实际上就是一个线性最优化问题。线性最优化问题也称为线性规划问题。

例 4.1.1 的数学模型可以表述如下：

设该厂生产 x_1 个甲产品和 x_2 个乙产品时总利润最大，则 x_1, x_2 应满足

$$\max z = 5000x_1 + 2000x_2 \tag{1}$$

$$s.t. \begin{cases} 2x_1 + x_2 \leqslant 8 \\ 3x_1 + x_2 \leqslant 10 \\ x_2 \leqslant 7 \\ x_1, x_2 \geqslant 0 \end{cases} \tag{2}$$

此处变量 x_1, x_2 称为决策变量，式（1）称为问题的目标函数，式（2）中的几个不等式称为问题的约束条件，记为 s.t.（subject to）。决策变量、目标函数和约束条件称为最优化问题数学模型的三要素。由于上面的目标函数及约束条件均为线性函数，故称为线性

最优化问题或者线性规划问题。

总之, 线性规划问题是在一组线性约束条件的限制下, 求一线性目标函数的最大值或最小值的问题。

在解决实际问题时, 把问题归结成一个线性规划数学模型是很重要的一步, 但往往也是困难的一步, 模型建立得是否恰当, 直接影响到求解。而选取适当的决策变量, 是我们建立有效模型的关键之一。

4.2.2 MATLAB 线性规划问题的求解

在 MATLAB 的优化工具箱中, 假设要求解的线性规划问题具有如下标准形式:

$$\min z = cx$$

$$s.t. \begin{cases} Ax \leq b & (1) \\ A_1 x = b_1 & (2) \\ LB \leq x \leq UB & (3) \end{cases}$$

其中:

式 (1) 为线性不等式约束;

式 (2) 为线性等式约束;

式 (3) 为有界约束。

求解线性规划标准形式的函数是 linprog , 其主要格式为:

[x, fval, exitflag, output, lambda] = linprog(c, A, b, A1, b1 , LB, UB, x0, options)

其中, linprog 为函数名, 中括号及小括号中所含的参数都是输入变量或输出变量, 这些参数的主要用法及说明如下:

(1) c, A 和 b 是不可缺省的输入变量; x 是不可缺省的输出变量, 它是问题的解。

(2) 当 x 无下界时, 在 LB 处放置 [ ]。当无上界时, 在 UB 处放置 [ ]。如果 x 的某个分量 x_i 无下界, 则置 LB (i) = - inf. ; 如果 x_i 无上界, 则置 UB (i) = inf. 。如果无线性不等式约束, 则在 A 和 b 处都放置 [ ]。

(3) x0 是解的初始近似值。

(4) options 是用来控制算法的选项参数向量。

(5) 输出变量 fval 是目标函数在解 x 处的值。

(6) 输出变量 exitflag 的值描述了程序的运行情况。如果 exitflag 的值大于 0, 则程序收敛于解 x; 如果 exitflag 的值等于 0, 则函数的计算达到了最大次数; 如果 exitflag 的值小于 0, 则问题无可行解, 或程序运行失败。

(7) 输出变量 output 输出程序运行的某些信息。

(8) 输出变量 Lambda 为在解 x 处的 Lagrange 乘子。

用 MATLAB 求解例 4.1.1 的步骤如下所示:

在命令行输入:

≫ c = [- 5000, - 2000]; a = [2,1; 3,1;0,1]; b = [8; 10;7]; a1 = [ ]; b1 = [ ];lb = [0 0];ub = [inf inf];

$\gg [x,z] = \text{linprog}(c,a,b,a1,b1,lb,ub)$

Optimization terminated.

x =

$\qquad$ 2

$\qquad$ 4

z =

$\qquad$ -18000

此问题的最优解为：

$$\begin{cases} x_1 = 2 \\ x_2 = 4 \end{cases}$$

最优值为 18000。因为 MATLAB 的标准型是求目标函数的最小值，为此 c 向量已经取为原目标函数系数矩阵的相反数，因此最优值也应取结果 z 的相反数。

4.2.3 求解实例

再看几个例题：

例 4.2.1 求解线性规划问题。

$$\max z = 2x_1 + 3x_2 - 5x_3$$

$$\begin{cases} x_1 + x_2 + x_3 = 7 \\ 2x_1 - 5x_2 + x_3 \geqslant 10 \\ x_1, x_2, x_3 \geqslant 0 \end{cases}$$

解 在命令行里输入：

$\gg c = [2;3;-5]$

c =

$\qquad$ 2

$\qquad$ 3

$\qquad$ -5

$\gg a = [-2,5,-1]$

a =

$\qquad$ -2 $\qquad$ 5 $\qquad$ -1

$\gg b = -10;$

$\gg \text{aeq} = [1,1,1]$

aeq =

$\qquad$ 1 $\qquad$ 1 $\qquad$ 1

$\gg \text{beq} = 7;$

$\gg x = \text{linprog}(-c,a,b,\text{aeq},\text{beq},\text{zeros}(3,1))$

Optimization terminated.

x =

$\qquad$ 6.4286

$\qquad$ 0.57143

$\quad$ 4.0601e – 13

≫ value = c' * x

value =

$\qquad$ 14.571

≫ [x f] = linprog(– c,a,b,aeq,beq,zeros(3,1))

Optimization terminated.

x =

$\qquad$ 6.4286

$\qquad$ 0.57143

$\quad$ 4.0601e – 013

f =

$\qquad$ – 14.571

例 4.2.2 求解线性规划问题。

$$\min z = -2x_1 - 2x_2 + 3x_3$$

$$s.t. \begin{cases} x_1 - x_2 - 2x_2 = 5 \\ x_1 + 3x_2 - x_3 \leqslant 4 \\ x_1 - 2x_2 + x_3 \leqslant 10 \\ x_1 \geqslant 0; x_2 \geqslant 0; x_3 \leqslant 6 \end{cases}$$

解 在命令窗口中键入:

≫ c = [– 2, – 2,3]; a = [1,3, – 1; 1, – 2,1]; b = [4; 10]; a1 = [1, – 1, – 2]; b1 = 5;

≫ lb = [0; 0; – inf]; ub = [inf; inf; 6];

≫ [x, z] = linprog(c,a,b,a1,b1,lb,ub)

Optimization terminated.

x =

$\qquad$ 0.29597

$\qquad$ 0.38629

$\qquad$ – 2.5452

z =

$\qquad$ – 9

例 4.2.3 求解线性规划问题。

$$\min z = 2x_1 + 3x_2 + x_3$$

$$s.t. \begin{cases} x_1 + 4x_2 + 2x_3 \geqslant 8 \\ 3x_1 + 2x_2 \geqslant 6 \\ x_1, x_2, x_3 \geqslant 0 \end{cases}$$

解 （1）编写 Matlab 程序如下：

```
c = [2;3;1];
a = [1,4,2;3,2,0];
b = [8;6];
[x,y] = linprog(c, -a, -b,[],[],zeros(3,1))
```

（2）将该程序存为 lp_example；

（3）在命令窗口中输入 lp_example，得到如下结果：

```
>> lp_example
Optimization terminated.

x =

      0.80664

          1.79

      0.01661

y =

          7
```

4.3 财务非线性最优化模型

4.3.1 非线性最优化问题

如果目标函数或约束条件中包含非线性函数，就称这种规划问题为非线性规划。

下面通过实例归纳出非线性规划数学模型的一般形式，介绍有关非线性规划的基本概念和求解。

在例 4.1.2 中，我们考虑的问题是在总客房数一定的情况下，如何选择房价，从而预期客房类型以及入住率，使宾馆总收益最大。

在已知市场价格需求弹性的基础上，预期房间入住数与调整后的价格之间具有如下关系：

预期房间入住数 = 当前平均入住数 + 需求弹性 ×（新价格 - 现行价格）× 当前平均入住数 ÷ 现行价格

定义 S 为普通标准间的价格，G 为豪华间的价格，P 为超豪华间的价格，则有，

对普通标准间：

预期房间入住数 $= 250 - 1.5 \times (S - 85) \times (250/85) = 625 - 4.41176S$

对豪华间：

预期房间入住数 $= 100 - 2.0 \times (G - 98) \times (100/98) = 300 - 2.04082G$

对超豪华间：

预期房间入住数 $= 50 - 1.0 \times (P - 139) \times (50/139) = 100 - 0.35971P$

总收益等于价格乘以预期房间入住数并将三种房间类型的值求和，因此

总收益 $= S(625 - 4.41176S) + G(300 - 2.04082G) + P(100 - 0.35971P)$

$\quad\quad\quad = 625S + 300G + 100P - 4.41176S^2 - 2.04082G^2 - 0.35971P^2$

预期房间入住总数不能超过450，因此

$(625 - 4.41176S) + (300 - 2.04082G) + (100 - 0.35971P) \leqslant 450$

或者 $-4.41176S - 2.04082G - 0.35971P \leqslant -575$

宾馆管理者还希望将各档次房间的价格保持在以下范围：

$70 \leqslant S \leqslant 90$；

$90 \leqslant G \leqslant 110$；

$120 \leqslant P \leqslant 149$。

因此该问题的数学模型为：

$$\max 625S + 300G + 100P - 4.41176S^2 - 2.04082G^2 - 0.35971P^2$$

$$s.t. \begin{cases} -4.41176S - 2.04082G - 0.35971P \leqslant -575 \\ 70 \leqslant S \leqslant 90 \\ 90 \leqslant G \leqslant 110 \\ 120 \leqslant P \leqslant 149 \end{cases}$$

该问题是在一组等式或不等式的约束下，求一个函数的最大值（或最小值）问题，其中目标函数或约束条件中至少有一个非线性函数，这类问题称之为非线性规划问题，简记为（NP）。其一般形式为：

$$\min f(x)$$

$$s.t. \begin{cases} h_j(\mathrm{x}) \leqslant 0, j = 1, \cdots, q \\ g_i(x) = 0, i = 1, \cdots, p \end{cases} \cdots\cdots\cdots\cdots\cdots\cdots (NP)$$

其中 $x = [x_1, \cdots, x_n]^T$ 称为模型（NP）的决策变量，f 称为目标函数，g_i（$i = 1, \cdots, p$）和 h_j（$j = 1, \cdots, q$）称为约束函数。另外，$g_i(x) = 0$（$i = 1, \cdots, p$）称为等式约束，$h_j(x) \leqslant 0$（$j = 1, \cdots, q$）称为不等式约束。

4.3.2 MATLAB 非线性规划问题的求解

在 MATLAB 的优化工具箱中，假设要求解的非线性规划问题具有如下标准形式：

$$\min f(x)$$

$$s.t. \begin{cases} Ax \leqslant b & (1) \\ A_1\mathrm{x} = b_1 & (2) \\ C(x) \leqslant 0 & (3) \\ C_1(x) = 0 & (4) \\ LB \leqslant x \leqslant UB & (5) \end{cases}$$

其中：

式（1）为线性不等式约束；

式（2）为线性等式约束；

式（3）为非线性不等式约束；

式（4）为非线性等式约束；

式（5）为有界约束。

求解上述非线性规划问题的函数是 fmincon，其主要格式为：

$[x, fval, exitflag, output, lambda, grad, hessian] = fmincon('fun', x0, A, b, A1, b1, LB, UB, 'nonlcon', options, p1, p2,\cdots)$

其中，fmincon 为函数名，参数的主要用法有的与线性规划中的相同，不再赘述。以下是几个非线性规划特有的参数：

（1）'fun' 和 x0 是不可缺省的输入变量。fun 是给出目标函数的 M 文件的名称，x0 是极小值点的初始近似值。x 是不可缺省的输出变量，它是问题的解。

（2）'nonlcon' 是给出非线性约束函数 $C(x)$ 和 $C_1(x)$ 的 M 文件的文件名。

（3）变量 p1，p2…是向目标函数传送的参数的值。

（4）输出变量 grad 为目标函数在解 x 处的梯度。

（5）输出变量 hessian 为目标函数在解 x 处的 Hessian 矩阵。

对于例 4.1.2，首先建立目标函数的 M 文件：

function y = li412(x)

$y = -625 * x(1) - 300 * x(2) - 100 * x(3) + 4.41176 * x(1)\verb|^|2 + 2.04082 * x(2)\verb|^|2 + 0.35971 * x(3)\verb|^|2;$

再建立非线性约束函数的 M 文件：

function [c1,c2] = li412n(x)

c1 = 0;

c2 = 0;

由于本例所求的是最大值，为了将其变为最小值，将原目标函数加一个负号。

又由于本例无非线性约束，因此将其设为 0。

然后，就可以在命令行输入：

≫ x0 = [85 98 139];

≫ a = [-4.41176 -2.04082 -0.35971]; b = -575;

≫ lb = [70 90 120]; ub = [90 110 149];

≫ [x, f] = fmincon('li412', x0, a, b, [], [], lb, ub, 'li412n')

Local minimum found that satisfies the constraints.

Optimization completed because the objective function is non-decreasing in feasible directions, to within the default value of the optimality tolerance, and constraints are satisfied to within the default value of the constraint tolerance.

<stopping criteria details>

x =

$$f =$$
| 76.875 | 90 | 145.04 |

$$-39381$$

可见，最优解为 $\begin{cases} S = 76.875 \\ G = 90 \\ P = 145.04 \end{cases}$

最优值为 \$ 39381，比原来增加 $39381 - 38000 = 1381$，增加了 $1381/38000 = 3.6342\%$。

当然，此处的解不是整数，这与我们的实际问题不相符。要想得到整数解，必须使用更加复杂的整数规划。不过，与最优解最靠近的一个解是

$\begin{cases} S = 77 \\ G = 90 \\ P = 145 \end{cases}$

可以计算该解对应的目标函数值。在命令行输入：

```
>> x1 = [77 90 145];
>> con1 = a * x1'
con1 =
        -575.54
>> f1 = li412(x1)
f1 =
        -39374
```

可见，该解满足约束条件，且对应的目标函数值为 \$ 39374，比原来增加 $39374 - 38000 = 1374$，增加了 $1374/38000 = 3.6158\%$。该解可以作为本例的一个满意解。

4.3.3 求解实例

例 4.3.1 求解非线性规划问题。

$$min \quad f(x) = e^{x_1}(4x_1^2 + 2x_2^2 + 4x_1x_2 + 2x_2 + 1)$$

$$s.t. \begin{cases} x_1 - x_2 \leqslant 1 \\ x_1 + x_2 = 0 \\ 1.5 + x_1x_2 - x_1 - x_2 \leqslant 0 \\ -x_1x_2 - 10 \leqslant 0 \end{cases}$$

解 建立目标函数的 M 文件：

```
function y = nline (x)
y = exp(x(1)) * (4 * x(1)^2 + 2 * x(2)^2 + 4 * x(1) * x(2) + 2 * x(2) + 1);
```

建立非线性约束条件的 M 文件：

```
function[c1, c2] = nyueshu (x)
c1 = [1.5 + x(1) * x(2) - x(1) - x(2); -x(1) * x(2) - 10];
```

$c2 = 0$；

在命令窗口中键入：

>> $x0 = [-1,1]$； $a = [1,-1]$；$b = 1$；$a1 = [1,1]$；$b1 = 0$；

>> $[x,f] = \text{fmincon}('nline',x0,a,b,a1,b1,[\ ],[\ ],'nyueshu')$

Local minimum found that satisfies the constraints.

Optimization completed because the objective function is non – decreasing in feasible directions, to within the default value of the optimality tolerance, and constraints are satisfied to within the default value of the constraint tolerance.

< stopping criteria details >

$x =$

$\quad\quad -3.1623\quad\quad\quad 3.1623$

$f =$

$\quad\quad 1.1566$

例 4.3.2 求非线性规划问题。

$$\min f(x) = x_1^{\ 2} + x_2^{\ 2} + 8$$

$$s.t. \begin{cases} x_1^2 - x_2 \geqslant 0 \\ -x_1 - x_2^{\ 2} + 2 = 0 \\ x_1, x_2 \geqslant 0 \end{cases}$$

（i）编写 M 文件 fun1.m：

function $f = \text{fun1}(x)$

$f = x(1)\hat{}2 + x(2)\hat{}2 + 8$；

编写 M 文件 fun2.m：

function $[g,h] = \text{fun2}(x)$；

$g = -x(1)\hat{}2 + x(2)$；   % 非线性不等式约束

$h = -x(1) - x(2)\hat{}2 + 2$；% 非线性等式约束

（ii）在 Matlab 的命令窗口依次输入：

$[x,y] = \text{fmincon}('fun1',\text{rand}(2,1),[\ ],[\ ],[\ ],[\ ],\text{zeros}(2,1),[\ ],'fun2')$

就可以求得，当 $x_1 = 1, x_2 = 1$ 时，最小值 $y = 10$。

注意：也可以用符号"@"来定义一个函数。

>> $\text{fun} = @(x)x(1)\hat{}2 + x(2)\hat{}2 + 8$；   % @(x)后面的内容是具体的函数

>> $[x,y] = \text{fmincon}(\text{fun},\text{rand}(2,1),[\ ],[\ ],[\ ],[\ ],\text{zeros}(2,1),[\ ],@\text{fun2})$ % 用 @定义的函数引用时不用加单引号。对于 fun2 函数也可用@而不是单引号引用。

Local minimum found that satisfies the constraints.

Optimization completed because the objective function is non – decreasing in feasible directions, to within the default value of the optimality tolerance, and constraints are satisfied to within the default value of the constraint tolerance.

< stopping criteria details >

x =

　　　　1

　　　　1

y =

　　　　10

4.3.4　非线性规划求解问题进一步讨论[①]

为了使大家了解更多非线性规划求解的内容，下面再举一例。

例 4.3.3　某企业有 5 个投资项目可供选择，并且至少要对其中一个项目投资。已知该企业可用于投资的总资金为 1000 万元，每个项目的投资额以及预计收益见表 4.3.1。请问如何选择投资方案，可以使总收益达到最大，所需投资达到最小。

表 4.3.1	项目投资额以及预计收益	单位：万元
项目	投资额	预计收益
A	500	1200
B	600	1500
C	300	700
D	700	1000
E	400	800

该问题是一个典型的投资决策问题。在本例中，有限的资源是总资金。在总资金一定的情况下，如何选择不同的投资项目，才能使总收益最大而且所需投资最小是摆在所有企业面前的难题。

首先将该问题抽象为：设某企业有 n 个投资项目可供选择，并且至少要对其中一个项目投资。已知该企业拥有总资金 A 元，投资于第 $i(i = 1, \cdots, n)$ 个项目需花资金 a_i 元，预计收益 b_i 元。投资决策变量可设为

$$x_i = \begin{cases} 1, \text{决定投资第 } i \text{ 个项目} \\ 0, \text{决定不投资第 } i \text{ 个项目} \end{cases}, i = 1, \cdots, n$$

则投资总额为 $\sum_{i=1}^{n} a_i x_i$，投资总收益为 $\sum_{i=1}^{n} b_i x_i$。因为该公司至少要对一个项目投资，并且总的投资金额不能超过总资金 A，故有限制条件：

$$0 < \sum_{i=1}^{n} a_i x_i \leq A$$

另外，由于 $x_i(i = 1, \cdots, n)$ 只取值 0 或 1，因此还应满足：

$$x_i(1 - x_i) = 0, \ i = 1, \cdots, n$$

[①]　初学者可以跳过本小节而不影响学习的连贯性。

因此，该投资决策问题可归结为：在总资金不超过 A 以及决策变量取 0 或 1 的限制条件下，求一个最佳投资方案使得投资额最小而总收益最大，也就是说，使总收益和总投资之比达到最大。其数学模型为

$$\max \ Q = \frac{\sum_{i=1}^{n} b_i x_i}{\sum_{i=1}^{n} a_i x_i}$$

$$s.t. \begin{cases} 0 < \sum_{i=1}^{n} a_i x_i \leq A \\ x_i(1 - x_i) = 0, i = 1, \cdots, n \end{cases}$$

对于本例，因为有 5 个项目，所以决策变量为 x_1, x_2, x_3, x_4, x_5，每个变量定义为：

$$x_i = \begin{cases} 1, 决定投资第 i 个项目 \\ 0, 决定不投资第 i 个项目 \end{cases} (i = 1, \cdots, 5)$$

又投资总额为 1000 万元，各项目的投资额和预计收益如表 4.3.1 所示，所以约束条件为

$$0 < \sum_{i=1}^{n} a_i x_i = 500x_1 + 600x_2 + 300x_3 + 700x_4 + 400x_5 \leq A$$

$$x_i(1 - x_i) = 0, \ i = 1, \cdots, 5$$

目标函数为

$$\max \ Q = \frac{\sum_{i=1}^{n} b_i x_i}{\sum_{i=1}^{n} a_i x_i} = \frac{1200x_1 + 1500x_2 + 700x_3 + 1000x_4 + 800x_5}{500x_1 + 600x_2 + 300x_3 + 700x_4 + 400x_5}$$

因此，例 4.3.3 的数学模型为

$$\min \ Q = -\frac{1200x_1 + 1500x_2 + 700x_3 + 1000x_4 + 800x_5}{500x_1 + 600x_2 + 300x_3 + 700x_4 + 400x_5}$$

$$s.t. \begin{cases} 500x_1 + 600x_2 + 300x_3 + 700x_4 + 400x_5 \leq 1000 \\ -500x_1 - 600x_2 - 300x_3 - 700x_4 - 400x_5 < 0 \\ x_i(1 - x_i) = 0, i = 1, \cdots, 5 \end{cases}$$

要求解该问题，首先建立目标函数的 M 文件：

```
function y = li433(x)
y = -(1200*x(1) +1500*x(2) +700*x(3) +1000*x(4) +800*x(5))/(500*x(1) +600*x(2) +300*x(3) +700*x(4) +400*x(5));
```

再建立约束条件的 M 文件：

```
function [c1,c2] = li433n(x)
c1 = 0;
c2 = [x(1) -x(1)^2;x(2) -x(2)^2;x(3) -x(3)^2;x(4) -x(4)^2;x(5) -x(5)^2];
```

然后就可以运行，在命令行输入：

```
>> x0 = [0 0 0 0 0];
>> a = [500,600,300,700,400; -500, -600, -300, -700, -400]; b = [1000,0];
a1 = [ ]; b1 = [ ];
>> lb = [0 0 0 0 0];ub = [1 1 1 1 1];
>> [x, f] = fmincon ('li433', x0, a, b, a1, b1, lb, ub, 'li433n')
```

Local minimum possible. Constraints satisfied.

fmincon stopped because the size of the current step is less than the default value of the step size tolerance and constraints are satisfied to within the default value of the constraint tolerance.

< stopping criteria details >

```
x =
    1.4063e - 12   1.4063e - 12   1.4063e - 12   1.4063c - 12   1.4063e - 12
f =
          - 2.08
```

再选 x0 = [1 1 1 1 1]

```
>> x0 = [1 1 1 1 1];
>> [x, f] = fmincon ('li433', x0, a, b, a1, b1, lb, ub, 'li433n')
```

Local minimum possible. Constraints satisfied.

fmincon stopped because the size of the current step is less than the default value of the step size tolerance and constraints are satisfied to within the default value of the constraint tolerance.

< stopping criteria details >

```
x =
    2.2271e - 11   8.3553e - 11           1   1.0345e - 11   8.5134e - 12
f =
          - 2.3333
```

再取 x0 = rand(5,1),连续运行三次,结果发现三次的最优解都不同。

第一次:

```
>> x0 = rand(5,1)
x0 =
        0.81472
        0.90579
        0.12699
        0.91338
        0.63236
>> [x, f] = fmincon ('li433', x0, a, b, a1, b1, lb, ub, 'li433n')
```

Converged to an infeasible point.

fmincon stopped because the size of the current step is less than the default value of the step size tolerance but constraints are not satisfied to within the default value of the constraint tolerance.

< stopping criteria details >

x =

0. 60311

0. 65185

2. 2928e − 11

0. 6171

0. 46312

f =

− 2. 0529

第二次：

>> x0 = rand(5,1)

x0 =

0. 09754

0. 2785

0. 54688

0. 95751

0. 96489

>> [x, f] = fmincon ('li433', x0, a, b, a1, b1, lb, ub, 'li433n')

Converged to an infeasible point.

fmincon stopped because the size of the current step is less than the default value of the step size tolerance but constraints are notsatisfied to within the default value of the constraint tolerance.

< stopping criteria details >

x =

5. 6588e − 11

0. 052949

0. 0011291

0. 94454

0. 95804

f =

− 1. 6639

第三次：

>> x0 = rand(5,1)

x0 =

    0. 15761

    0. 97059

    0. 95717

    0. 48538

    0. 80028

>> [x, f] = fmincon ('li433', x0, a, b, a1, b1, lb, ub, 'li433n')

Converged to an infeasible point.

fmincon stopped because the size of the current step is less than the default value of the step size tolerance but constraints are not satisfied to within the default value of the constraint tolerance.

< stopping criteria details >

x =

    0. 058228

    0. 98537

    0. 98

    $1. 6342e - 10$

    0. 9326

f =

    $- 2. 3148$

第一次和第二次找到了一个局部最优解。后三次没有找到最优解。

五次结果完全不同，说明非线性规划问题的最优解依赖于初始值的选取。不仅如此，也依赖于上下界的选取。

一般来说，解非线性规划要比解线性规划问题困难得多。如果线性规划的最优解存在，其最优解只能在其可行域的边界上，或者可行域的顶点上达到；如果非线性规划的最优解存在，则最优解可能在其可行域的任意一点达到。而且，解线性规划有单纯形法这一通用方法，而解非线性规划目前还没有适用于各种问题的通用算法，已有方法都有自己特定的适用范围。

因此，MATLAB 求解非线性规划的函数 fmincon 也不能适用于所有问题。

4.4　0 - 1 线性规划与混合整数线性规划模型

在上一节的投资决策问题中，每一个决策变量的取值只能为 0 或者 1，像这样的变量只能取 0 或者 1 的规划问题称为 0 - 1 规划问题。

并非所有的 0 - 1 规划问题都有通用解法。事实上，当目标函数或者约束条件为非线性函数时，此时的 0 - 1 规划问题没有通用解法。一般来讲，非线性整数规划问题的求解非常困难，目前还没有有效的通用解法。但是，对于线性整数规划问题，虽然与一般的线性规划相比，求解比较困难，但是已经发展出可以求解的通用算法。

0－1线性规划是一般整数线性规划的特例。MATLAB开发了求解0－1线性规划问题的函数，即bintprog。不过，该函数在R2014b版本中被取消。该函数的功能由函数intlinprog来完成。

函数intlinprog用来求解混合整数线性规划问题（Mixed－Integer Linear Programming）。

MATLAB混合整数线性规划问题的标准格式为：

$$\min z = cx$$

$$s.t. \begin{cases} Ax \leq b & (1) \\ A_1 x = b_1 & (2) \\ lb \leq x \leq ub & (3) \\ x(incon) \text{ 是整数} & (4) \end{cases}$$

其中：

式（1）为线性不等式约束；

式（2）为线性等式约束；

x为决策变量，某些分量或者全部分量可以取整数或者0－1变量。

求解混合整数线性规划标准形式的函数是intlinprog，其语法格式为：

[x, fval, exitflag, output] = intlinprog (c, incon, A, b, A1, b1, lb, ub, options)

其中，intlinprog为函数名，等式左边中括号中所含的参数是输出变量，等式右边小括号中所含的参数是输入变量，这些参数的主要用法及说明如下：

（1）c是不可缺省的输入变量；x是不可缺省的输出变量，它是问题的解。

（2）A，b，A_1，b_1，lb，ub与前面线性规划问题含义相同。

（3）x的incon中的分量是整数。

（4）options是用来控制算法的选项参数向量。

（5）输出变量fval是目标函数在解x处的值。

（6）输出变量exitflag的值描述了程序的运行情况。如果exitflag的值为1，则程序收敛于解x；如果exitflag的值等于0，则函数的计算达到了最大次数；如果exitflag的值小于0（－2，－4，－5，－6），则问题无可行解，或程序运行失败。

（7）输出变量output输出程序运行的某些信息。

例4.4.1[①] 对以下混合整数线性规划问题求解。

$$\min z = 8x_1 + x_2$$

---

① 该例取自MATLAB R2016a帮助系统。

$$s.t. \begin{cases} x_1 + 2x_2 \geqslant -14 \\ -4x_1 - x_2 \leqslant -33 \\ 2x_1 + x_2 \leqslant 20 \\ x_2 \text{ 是整数} \end{cases}$$

在命令行输入：

```
>> c = [8 1]
c =
        8    1
>> incon = 2;
>> A = [-1, -2; -4, -1; 2, 1]; b = [14; -33; 20];
>> x = intlinprog(c, incon, A, b)
LP:    Optimal objective value is 59.000000.
Optimal solution found.
```

Intlinprog stopped at the root node because the objective value is within a gap tolerance of the optimal value, options. AbsoluteGapTolerance = 0 (the default value). The intcon variables are integer within tolerance, options. IntegerTolerance = 1e − 05 (the default value).

```
x =
        6.5
          7
```

最优解已找到。$x_1 = 6.5, x_2 = 7$ 是最优解，最优值为 59。

例 4.4.2[①] 求解以下混合整数线性规划问题。

$$\min z = -3x_1 - 2x_2 - x_3$$
$$s.t. \begin{cases} x_1 + x_2 + x_3 \leqslant 7 \\ 4x_1 + 2x_2 + x_3 = 12 \\ x_1 \geqslant 0; x_2 \geqslant 0; x_3 \text{ 是 } 0-1 \text{ 变量} \end{cases}$$

```
>> f = [-3; -2; -1];
>> intcon = 3;
>> A = [1, 1, 1];
>> b = 7;
>> Aeq = [4, 2, 1];
>> beq = 12;
>> lb = zeros(3, 1);
>> ub = [Inf; Inf; 1];      % 用上、下界保证 x(3) 是 0-1 变量。
>> [x f] = intlinprog(f, intcon, A, b, Aeq, beq, lb, ub)
```

---

① 该例取自 MATLAB R2016a 帮助系统。

LP：Optimal objective value is −12. 000000.

Optimal solution found.

Intlinprog stopped at the root node because the objective value is within a gap tolerance of the optimal value, options. AbsoluteGapTolerance = 0 (the default value). The intcon variables are integer within tolerance, options. IntegerTolerance = 1e − 05 (the default value).

x =

$$0$$
$$5.5$$
$$1$$

f =

$$-12$$

最优解已找到。$x_1 = 0, x_2 = 5.5$，$x_3 = 1$ 是最优解，最优值为 −12。

以下用上节的投资决策问题说明 0 − 1 线性规划问题的求解。修改以后的投资决策问题重新表述如下：

例4.4.3 某企业有 5 个投资项目可供选择，并且至少要对其中一个项目投资。已知该企业可用于投资的总资金为 1000 万元，每个项目的投资额以及预计收益见表 4.4.1。请问如何选择投资方案，可以使总收益达到最大。

表 4.4.1 项目投资额以及预计收益 单位：万元

项目	投资额	预计收益
A	500	1200
B	600	1500
C	300	700
D	700	1000
E	400	800

该问题的 0 − 1 线性规划模型为

$$\min Q = -1200x_1 - 1500x_2 - 700x_3 - 1000x_4 - 800x_5$$

$$s.t. \begin{cases} 500x_1 + 600x_2 + 300x_3 + 700x_4 + 400x_5 \leqslant 1000 \\ -500x_1 - 600x_2 - 300x_3 - 700x_4 - 400x_5 < 0 \\ x_i = 0 \text{ 或者 } x_i = 1, i = 1, \cdots, 5 \end{cases}$$

为求解此问题，在命令行输入：

```
>> f = [ -1200 -1500 -700 -1000 -800];
>> A = [500 600 300 700 400; -500 -600 -300 -700 -400];
>> b = [1000 0];
>> incon = [1 2 3 4 5];
>> lb = [0 0 0 0 0];
>> ub = [1 1 1 1 1];
```

$\gg [\,\text{x f1 e out}\,] = \text{intlinprog}(\text{f},\text{incon},\text{A},\text{b},[\ \ ],[\ \ ],\text{lb},\text{ub})$

LP：　　　　　　　　Optimal objective value is -2460.000000.

Cut Generation：　　Applied 1 clique cut, and 1 cover cut.

　　　　　　　　　　Lower bound is -2300.000000.

　　　　　　　　　　Relative gap is 0.00%.

Optimal solution found.

Intlinprog stopped at the root node because the objective value is within a gap tolerance of the optimal value, options. AbsoluteGapTolerance $=0$（the default value）. The intcon variables are integer within tolerance, options. IntegerTolerance $=1\text{e}-05$（the default value）.

x =

　　　　　0

　　　　　1

　　　　　0

　　　　　0

　　　　　1

f1 =

　　　-2300

e =

　　1

out =

　　　　　relativegap：0

　　　　　absolutegap：0

　　　numfeaspoints：1

　　　　　　numnodes：0

　　constrviolation：0

　　　　　　　message：'Optimal solution found. …'

$\gg$

因此，最优解为：

$$\begin{cases} x_1 = 0 \\ x_2 = 1 \\ x_3 = 0 \\ x_4 = 0 \\ x_5 = 1 \end{cases}$$

最优值为 2300。

4.5 二次规划模型

二次规划模型的一般形式为

$$\min \frac{1}{2}x^T H x + cx$$

$$s.t. \begin{cases} Ax \leq b \\ A_1 x = b_1 \\ LB \leq x \leq UB \end{cases}$$

其中 H 为对称矩阵，约束条件与线性规划相同。在 MATLAB 的优化工具箱中有一个求解上述规划问题的程序：

[x, fval, exitflag, output, lambda] = quadprog(H, c, A, b, A1, b1, LB, UB, x0, options)

其中，quadprog 为函数名，参数的主要用法及说明同线性规划，这里不再赘述。

例 4.5.1 求解二次优化问题。

$$\min f(x) = x_1^2 + x_2^2 - 8x_1 - 10x_2$$

$$s.t. \begin{cases} 3x_1 + 2x_2 \leq 6 \\ x_1, x_2 \geq 0 \end{cases}$$

解 将目标函数化为标准形式：

$$f(x) = \frac{1}{2}(x_1 \quad x_2)\begin{pmatrix} 2 & 0 \\ 0 & 2 \end{pmatrix}\begin{pmatrix} x_1 \\ x_2 \end{pmatrix} + (-8 \quad -10)\begin{pmatrix} x_1 \\ x_2 \end{pmatrix}$$

在命令窗口中键入：

```
>> H = [2, 0; 0, 2];  c = [-8, -10];  a = [3, 2];  b = 6;  lb = [0, 0];  x0 = [1, 1];
>> x = quadprog (H, c, a, b, [ ], [ ], lb, [ ], x0)
```

运行后得到：

```
x =
    0.30769
    2.5385
```

4.6 投资组合模型的最优化求解

本节将用实例说明投资组合问题的最优化求解。

前面例 4.1.3 给出了一个投资组合问题，为了便于阅读，此处重新叙述如下：

例 4.6.1 假设有两项资产 a 和 b。E（a）= 0.2，E（b）= 0.1。σ（a）= 0.2，

σ（b）$= 0.1$。$k_{ab} = -0.5$。现在要由 a 和 b 构成投资组合 p。假设投资比例分别为 x_1 和 x_2，那么问题就变成如何选取 x_1 和 x_2，使得在 E（p）一定的情况下，σ（p）最小。

由投资组合理论可知（参见第 5 章）：

$$E(p) = \sum_{i=1}^{k} x_i E(R_i) = x_1 E(a) + x_2 E(b)$$

$$\sigma^2(p) = \sum_{i=1}^{k}\sum_{j=1}^{k} x_i x_j \mathrm{cov}(R_i, R_j) = x_1{}^2 \sigma^2(a) + x_2{}^2 \sigma^2(b) + 2x_1 x_2 k_{ab}\sigma(a)\sigma(b)$$

由此，我们可以构造出如下的非线性规划（假设要使 E（p）$= 0.16$）：

$$\min 0.04 x_1{}^2 - 0.02 x_1 x_2 + 0.01 x_2{}^2$$

$$s.t. \begin{cases} 0.2 x_1 + 0.1 x_2 = 0.16 \\ x_1 + x_2 = 1 \\ x_1 \geq 0, x_2 \geq 0 \end{cases}$$

建立目标函数的 M 文件：

```
function y = portrisk（x）
y = 0.04 * x(1)^2 - 0.02 * x(1) * x(2) + 0.01 * x(2)^2;
```

在命令窗口中键入：

```
≫ A = [0.2 0.1;1 1];
≫ b = [0.16 1];
≫ x0 = [1 1];
≫ [x, f] = fmincon（'portrisk', x0, [ ], [ ], A, b, zeros(2, 1), [ ], [ ]）
```

运行以后得到：

```
x =
        0.6        0.4
f =
      0.0112
```

求 f 的平方根，得到：

```
≫ f^（0.5）
ans =
      0.10583
```

因此，如果投资 a 60%，b 40%，那么此时 E（p）$= 16\%$，σ（p）$= 10.583\%$。

当然，我们可以构造出如下的二次规划（假设要使 E（p）$= 0.16$）：

$$\min f(x) = \frac{1}{2}(x_1 \quad x_2)\begin{pmatrix} 0.08 & -0.02 \\ -0.02 & 0.02 \end{pmatrix}\begin{pmatrix} x_1 \\ x_2 \end{pmatrix}$$

$$s.t. \begin{cases} 0.2 x_1 + 0.1 x_2 = 0.16 \\ x_1 + x_2 = 1 \\ x_1 \geq 0, x_2 \geq 0 \end{cases}$$

在命令窗口中键入：

```
>> K = [1 -0.5; -0.5 1]          % 输入相关系数矩阵
K =
              1              -0.5
           -0.5                 1
>> Sig = [0.2 0.1]               % 输入 a 和 b 的标准差
Sig =
            0.2               0.1
>> Cov = corr2cov(Sig, K)        % 用函数 corr2cov 将相关矩阵转换为协方差阵
Cov =
           0.04             -0.01
          -0.01              0.01
>> C = 2 * Cov                   % 求二次规划标准形中的矩阵 H
C =
           0.08             -0.02
          -0.02              0.02
>> lb = [0 0];
>> x0 = [1 1];
>> [x,f] = quadprog (C, [ ], [ ], [ ], A, b, lb, [ ], x0)
```

运行后得到同样结果。

```
x =
            0.6
            0.4
f =
         0.0112
```

如果取 E（p）=0.18，那么同样可以用 quadprog 求解。

```
>> b = [0.18 1];
>> [x,f] = quadprog (C, [ ], [ ], [ ], A, b, lb, [ ], x0)
```

运行后得到如下结果。

```
x =
            0.8
            0.2
f =
         0.0228
```

事实上，如果取一组不同的 E（p），那可以得到如表 4.6.1 所示的一组结果。

表 4.6.1 期望回报与风险对应表

风险	期望回报
0.065574	0.13
0.072111	0.14
0.086603	0.15
0.10583	0.16
0.12767	0.17
0.151	0.18
0.17521	0.19
0.2	0.2

用 MATLAB 的 plot 命令就可以画出如图 4.6.1 所示的图形, 此即投资组合的有效边界。

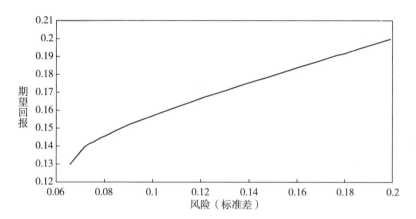

图 4.6.1 投资组合有效边界

当然, 读者也可以编写如下的 M 文件画出类似的图形。

```
clf;A = [0. 2 0. 1;1 1];
x0 = [1 1];
for e = 0. 13;0. 001;0. 2
b = [e;1];
[x, f] = fmincon ('portrisk', x0, [ ], [ ], A, b, zeros(2,1), [ ], [ ]);
holdon
plot(f^(0. 5),e,'b:o'),axis([0. 06 0. 2 0. 12 0. 21])
end
holdoff
```

将此 M 文件存为 porteffiline, 然后在命令窗口输入 porteffiline 即可得到如图 4.6.2 所示的图形。

101

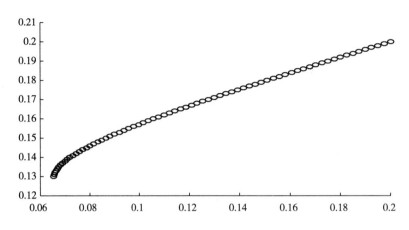

图4.6.2 投资组合有效边界

大家也可以编写如下的 M 文件画出如图 4.6.3 所示的图形。

```
clf;A = [0.2 0.1;1 1];
x0 = [1 1];
for i = 1:8
    e(i) = (0.2 - 0.13)/(8 - 1) * (i - 1) + 0.13;
    b = [e(i);1];
    [x, f] = fmincon ('portrisk', x0, [ ], [ ], A, b, zeros(2,1), [ ], [ ]);
    p(i) = f^(0.5);
end
plot(p,e),axis([0.06 0.2 0.12 0.21])
xlabel('风险')
ylabel('期望回报')
title('投资组合有效边界线')
```

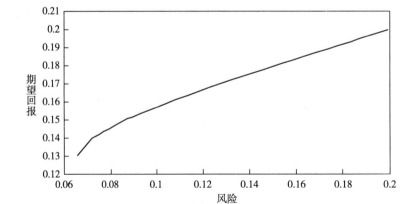

图4.6.3 投资组合有效边界

请大家思考是否还有其他方式?

事实上,用下章介绍的命令可以更快速地作出有效边界线。

练习题

1. 用 MATLAB 求解下列线性规划问题。

(1) min $x_1 - x_2 + x_3 + x_4 + x_5 - x_6$

$$\text{s. t} \begin{cases} x_1 + x_4 + 6x_6 = 9 \\ 3x_1 + x_2 - 4x_3 + 2x_6 = 2 \\ x_1 + 2x_3 + x_5 + 2x_6 = 9 \\ x_j \geq 0, j = 1 \cdots 6 \end{cases}$$

(2) max $3x_1 + 2x_2 + x_3 - x_4$

$$\text{s. t} \begin{cases} 3x_1 + 2x_2 + x_3 = 15 \\ 5x_1 + x_2 + 2x_3 = 20 \\ x_1 + 2x_3 + x_3 + x_4 = 10 \\ x_j \geq 0, j = 1 \cdots 4 \end{cases}$$

2. 用 MATLAB 求解非线性规划问题。

min $f(x) = x_1^2 + 4x_2^2$

$$\text{s. t} \begin{cases} 3x_1 + 4x_2 \geq 13 \\ x_1 \geq 0, x_2 \geq 0 \end{cases}$$

第 5 章

投资组合模型

在第 4 章我们讨论了财务最优化模型。其中本章所讨论的投资组合问题就是一类非常典型的最优化问题。因此投资组合问题的求解可以借助于 MATLAB 优化工具箱所提供的功能，正如第 4 章 4.6 节所讨论的那样。

另外，由于投资组合问题在财务管理领域中非常重要，而且与一般的最优化问题相比又有其特殊性，因此 MATLAB 在财务工具箱中又开发了专门求解这类问题的若干函数。本章就来专门讨论这些函数的使用。

本章内容包括：
5.1 投资组合分析模型
5.2 投资组合的有效边界
5.3 投资组合函数的进一步应用
5.4 投资组合的选取

5.1 投资组合分析模型

本节将简单回顾投资组合理论的基本内容。

5.1.1 期望回报与标准差

在投资组合理论中，具有如下基本假设：

- 资本市场是完全有效的；
- 个体投资者想最大化他们的期望效用；
- 个体投资者都是风险厌恶型的，即他们喜欢高回报、低风险；
- 回报服从正态分布。

因此，刻画回报的两个基本量是回报的期望值和方差或标准差。期望值表示回报的大小，而标准差表示回报的风险的大小。

如果资产的回报有 n 种可能性：R_1，$R_2 \cdots R_n$，每种可能性出现的频率分别为 p_1，

$p_2, \cdots, p_n$，则该回报的期望值为

$$E(R) = \sum_{i=1}^{n} p_i R_i$$

方差为

$$\sigma^2(R) = E\left[(R - E(R))^2\right] = \sum_{i=1}^{n} p_i (R_i - E(R))^2$$

标准差为

$$\sigma(R) = \sqrt{\sigma^2(R)} = \sqrt{E\left[(R - E(R))^2\right]} = \sqrt{\sum_{i=1}^{n} p_i (R_i - E(R))^2}$$

5.1.2 两项资产的协方差和相关系数

假设有两项资产 A 和 B，它们的期望回报和标准差分别为 $E(R_A), \sigma(R_A)$ 和 $E(R_B)$，$\sigma(R_B)$。

则 A 与 B 的协方差定义为

$$\mathrm{cov}(R_A, R_B) = E\left([R_A - E(R_A)] \times [R_B - E(R_B)]\right)$$

协方差反映了两项资产的回报共同移动的程度。如果协方差等于 0，说明 A 与 B 的回报是独立的，即回报的变化是彼此独立的；如果协方差大于 0，则两项资产沿同一方向一块儿移动，即一项资产回报增加，另一项资产回报也增加；如果协方差小于 0，则两项资产沿相反方向一块儿移动，即一项资产回报增加，另一项资产回报必减少。

两项资产的相关性还可以用相关系数来表示。

相关系数定义为

$$k_{AB} = \frac{\mathrm{cov}(R_A, R_B)}{\sigma(R_A) \times \sigma(R_B)}$$

k_{AB} 的取值范围为 $-1 \leqslant k_{AB} \leqslant 1$。

$k_{AB} = 0$，说明 A 与 B 独立；

$k_{AB} > 0$，则两项资产沿同一方向一块儿移动；

$k_{AB} < 0$，则两项资产沿相反方向一块儿移动。

特别是，当 $k_{AB} = 1$ 时，称做两项资产完全正相关；当 $k_{AB} = -1$ 时，称做两项资产完全负相关。

5.1.3 风险厌恶型投资者的效用函数

对于一个风险厌恶型的投资者而言，如果有两项资产 A 和 B 可供选择，那么，当期望回报相同时，将选风险较小的资产；当风险相同时，将选期望回报较高的资产。

有时候，投资者在 A 和 B 之间很难作出选择，A 可能回报较小，但风险也小；B 可能回报较大，但风险也大。在这种情况下，A 和 B 对该投资者来说不能作出选择。将所有不能作出选择的投资机会用曲线表示出来，称为无差别曲线或者效用函数，如图5.1.1 所示。

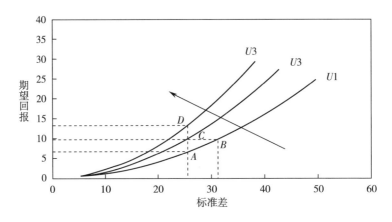

图 5.1.1　效用函数

图 5.1.1 画出了三条无差别曲线 $U1$、$U2$ 和 $U3$，同一条曲线上的点具有相同的效用。例如，A 点和 B 点处于同一条曲线上，因此 A 点和 B 点具有相同的效用。从 $U1$、$U2$ 到 $U3$ 效用越来越大。例如，B 点和 C 点具有相同的期望回报，但是 C 点的标准差小于 B 点，因此该投资者更喜欢 C 点，C 点的效用大于 B 点。C 点和 D 点相比，风险相同，但 D 点的期望回报大于 C 点，因此，投资者倾向于 D 点。

5.1.4　多项资产的投资组合

如果有 k 项资产 $R_1, R_2, \cdots, R_k$，投资于各项资产的比例分别为 $x_1, x_2, \cdots, x_k$，$\sum_{i=1}^{k} x_i = 1$，每项资产的期望回报和标准差分别为：

$$E(R_1), E(R_2), \cdots, E(R_k)$$
$$\sigma(R_1), \sigma(R_2), \cdots, \sigma(R_k)$$

相关系数矩阵为：

$$k = \begin{pmatrix} 1 & k_{12} & \cdots & k_{1k} \\ k_{21} & 1 & \cdots & k_{2k} \\ \cdots & \cdots & \ddots & \cdots \\ k_{k1} & k_{k2} & \cdots & 1 \end{pmatrix}$$

则该组合的期望回报和方差分别为

$$E(p) = \sum_{i=1}^{k} x_i E(R_i)$$

$$\sigma^2(p) = \sum_{i=1}^{k} \sum_{j=1}^{k} x_i x_j \mathrm{cov}(R_i, R_j) = \sum_{i=1}^{k} \sum_{j=1}^{k} x_i x_j k_{ij} \sigma(R_i) \sigma(R_j)，即$$

$$\sigma^2(p) = \sum_{i=1}^{k} x_i^2 \sigma^2(R_i) + \sum_{i=1}^{k} \sum_{\substack{j=1 \\ j \neq i}}^{k} x_i x_j k_{ij} \sigma(R_i) \sigma(R_j)$$

如果用矩阵来表示，则有：

$$E(p) = (x_1\ x_2\ \cdots\ x_k)\begin{pmatrix} E(R_1) \\ E(R_2) \\ \vdots \\ E(R_k) \end{pmatrix}$$

$$\sigma^2(p) = (x_1\ x_2\ \cdots\ x_k)\begin{pmatrix} \sigma^2(R_1) & k_{12}\sigma(R_1)\sigma(R_2) & \cdots & k_{1k}\sigma(R_1)\sigma(R_k) \\ k_{21}\sigma(R_2)\sigma(R_1) & \sigma^2(R_2) & \cdots & k_{2k}\sigma(R_2)\sigma(R_k) \\ \cdots & \cdots & \ddots & \cdots \\ k_{k1}\sigma(R_k)\sigma(R_1) & k_{k2}\sigma(R_k)\sigma(R_2) & \cdots & \sigma^2(R_k) \end{pmatrix}\begin{pmatrix} x_1 \\ x_2 \\ \vdots \\ x_k \end{pmatrix}$$

有了这些说明，第 4 章 4.6 节的讨论就更容易理解。为了便于阅读，将例 4.6.1 重新陈述如下：

例 5.1.1　假设有两项资产 a 和 b。E（a）= 0.2，E（b）= 0.1。σ（a）= 0.2，σ（b）= 0.1。k_{ab} = -0.5。现在要由 a 和 b 构成投资组合 p。假设投资比例分别为 x_1 和 x_2，那么问题就变成如何选取 x_1 和 x_2，使得在 E（p）一定的情况下，σ（p）最小。

由前面的介绍可知：

$$E(p) = \sum_{i=1}^{k} x_i E(R_i) = x_1 E(a) + x_2 E(b)$$

$$\sigma^2(p) = \sum_{i=1}^{k}\sum_{j=1}^{k} x_i x_j \mathrm{cov}(R_i, R_j) = x_1{}^2\sigma^2(a) + x_2{}^2\sigma^2(b) + 2x_1 x_2 k_{ab}\sigma(a)\sigma(b)$$

由此，我们可以构造出如下的非线性规划（假设要使 E（p）= 0.16）：

$$\min\ 0.04x_1{}^2 - 0.02x_1 x_2 + 0.01x_2{}^2$$

$$s.t.\ \begin{cases} 0.2x_1 + 0.1x_2 = 0.16 \\ x_1 + x_2 = 1 \\ x_1 \geqslant 0, x_2 \geqslant 0 \end{cases}$$

建立目标函数的 M 文件：

```
function y = portrisk（x）
y = 0.04 * x(1)^2 - 0.02 * x(1) * x(2) + 0.01 * x(2)^2
```

在命令窗口中键入：

```
≫ A = [0.2 0.1;1 1];
≫ b = [0.16 1];
≫ x0 = [1 1];
≫ [x, f] = fmincon（'portrisk', x0, [ ], [ ], A, b, zeros(2, 1), [ ], [ ]）
```

运行以后得到：

```
x =
        0.6          0.4
f =
```

0.0112

求 f 的平方根，得到：

>> f ^ (0.5)

ans =

0.10583

因此，如果投资 a 60%，b 40%，那么此时 E（p）=16%，σ（p）=10.583%。

当然，我们可以构造出如下的二次规划（假设要使 E（p）=0.16）：

$$\min f(x) = \frac{1}{2}(x_1 \quad x_2)\begin{pmatrix} 0.08 & -0.02 \\ -0.02 & 0.02 \end{pmatrix}\begin{pmatrix} x_1 \\ x_2 \end{pmatrix}$$

$$s.t. \begin{cases} 0.2x_1 + 0.1x_2 = 0.16 \\ x_1 + x_2 = 1 \\ x_1 \geqslant 0, x_2 \geqslant 0 \end{cases}$$

在命令窗口中键入：

>> K = [1 -0.5; -0.5 1]   % 输入相关系数矩阵

K =

        1   -0.5

    -0.5   1

>> Sig = [0.2 0.1]   % 输入 a 和 b 的标准差

Sig =

    0.2   0.1

>> Cov = corr2cov(Sig, K)   % 用函数 corr2cov 将相关系数矩阵转换为协方差矩阵

Cov =

    0.04   -0.01

   -0.01   0.01

>> C = 2 * Cov   % 求二次规划标准形中的矩阵 H

C =

    0.08   -0.02

   -0.02   0.02

>> lb = [0 0];

>> x0 = [1 1];

>> [x, f] = quadprog(C, [ ], [ ], [ ], A, b, lb, [ ], x0)

运行后得到同样结果：

x =

    0.6

    0.4

f =

0.0112

然后取不同的 $E(p)$，用同样的方法就可以求得多组期望回报和风险的不同组合。用 MATLAB 的作图命令就可以画出该投资组合的有效边界。此处不再详述，请参看第 4 章 4.6 节。

由于有效边界在投资组合理论中非常重要，MATLAB 开发出专门求解有效边界的函数。请看 5.2 节。

5.2　投资组合的有效边界

对于上节的例子，用本节介绍的函数可以很方便地作出投资组合的有效边界。

在 R2016a 之前的版本中，投资组合的有效边界用函数 frontcon 来完成。但是，在 R2016a 版本中，函数 frontcon 被函数 portfolio 所替代。

函数 portfolio 可以用来建立一个投资组合对象（portfolio object）。

在命令行输入：

>>　p = Portfolio

p =

Portfolio（具有属性）：

```
        BuyCost：[]
       SellCost：[]
   RiskFreeRate：[]
      AssetMean：[]
     AssetCovar：[]
  TrackingError：[]
   TrackingPort：[]
       Turnover：[]
    BuyTurnover：[]
   SellTurnover：[]
           Name：[]
      NumAssets：[]
      AssetList：[]
       InitPort：[]
     AInequality：[]
     bInequality：[]
       AEquality：[]
       bEquality：[]
     LowerBound：[]
```

UpperBound：[ ]

LowerBudget：[ ]

UpperBudget：[ ]

GroupMatrix：[ ]

LowerGroup：[ ]

UpperGroup：[ ]

GroupA：[ ]

GroupB：[ ]

LowerRatio：[ ]

UpperRatio：[ ]

不带任何输入的 portfolio 将产生一个空投资组合对象。由此可知，一个投资组合对象具有如上所示的 29 个属性。常用属性的具体含义为

AssetMean：每项资产的期望回报。

AssetCovar：各项资产的协方差阵。

NumAssets：组合中资产的数量。

LowerBound：投资于各项资产的下界。

UpperBound：投资于各项资产的上界。

LowerBudget：最小预算。

UpperBudget：最大预算。

GroupMatrix：假设 n 为资产的数目，m 为组的数目。GroupMatrix（简称 Groups）是 $m \times n$ 矩阵，规定了每项资产是否属于每个组。每行定义一个组：如果第 j 项资产属于第 i 个组，那么 Groups（i，j）=1；否则为 0。

LowerGroup：规定了每组投资的下限。缺省为 0。

UpperGroup：规定了每组投资的上限。缺省为 1。

一个投资组合对象也可以用如下方式定义：

p = Portfolio（'属性 1'，取值 1，'属性 2'，取值 2，…）；

如果已经定义过一个投资组合 p，那么通过以下方式也可以增加或者修改其属性：

p = Portfolio(p,'属性 1'，取值 1，'属性 2'，取值 2,…)；

将例 4.6.1 或者例 5.1.1 的例子重新陈述如下：

例 5.2.1 假设有两项资产 a 和 b。E（a）=0.2，E（b）=0.1。σ（a）=0.2，σ（b）=0.1。k_{ab} = -0.5。现在要由 a 和 b 构成投资组合 p。假设投资比例分别为 x_1 和 x_2，那么问题就变成如何选取 x_1 和 x_2，使得在 E（p）一定的情况下，σ（p）最小。

在命令行输入：

```
>> E = [0.2 0.1];
>> K = [1 -0.5; -0.5 1];
>> Sig = [0.2 0.1];
```

```
>> Cov = corr2cov(Sig, K);
>> p = Portfolio('assetmean', E, 'assetcovar', Cov, 'lowerbudget',
1, 'upperbudget',
```
1, 'lowerbound', 0);　　%构建期望回报为 E,协方差为 Cov 的投资组合 p

　　>> p. plotFrontier;　　　　%画出投资组合 p 的有效边界线

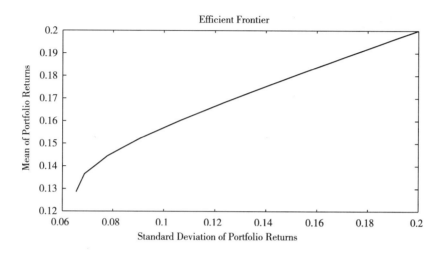

图 5.2.1　例 5.2.1 的投资组合有效边界

用于产生投资组合有效边界的期望回报和风险,默认有 10 组数。我们可以用命令 estimateFrontier 和 estimatePortMoments 求出这 10 组对应的期望回报和风险。

继续在命令行输入:

　　>> pwgt = estimateFrontier(p)　　　　%求出这 10 组数对应的投资比例

pwgt =

　　1 至 7 列

| 0.28571 | 0.36508 | 0.44444 | 0.52381 | 0.60317 | 0.68254 | 0.7619 |
| 0.71429 | 0.63492 | 0.55556 | 0.47619 | 0.39683 | 0.31746 | 0.2381 |

　　8 至 10 列

| 0.84127 | 0.92063 | 1 |
| 0.15873 | 0.079365 | 0 |

　　>> [prsk, pret] = estimatePortMoments(p, pwgt)　　　　%利用上面求出的投资比例计算出对应的期望回报和风险

prsk =

　　0.065465

　　0.068751

　　0.077778

　　0.090851

                0. 10649

                0. 12373

                0. 14198

                0. 16091

                0. 18029

                     0. 2

pret =

                0. 12857

                0. 13651

                0. 14444

                0. 15238

                0. 16032

                0. 16825

                0. 17619

                0. 18413

                0. 19206

                     0. 2

输出数据的每一行对应于一个投资组合。例如，在每个向量和矩阵的第二行对应的是第二个投资组合，这一组合的风险是 0.068751 或者 6.8751%，期望回报是 0.13651 或者 13.651%，而 a 和 b 在这个组合中的权重分别为 36.508% 和 63.492%。

通过 estimateFrontierByReturn 和 estimatePortMoments 的配合使用，我们也可以很方便地求出第 4 章 4.6 节作有效边界图所用的 8 组数据。

>> Er = [0. 13,0. 14,0. 15,0. 16,0. 17,0. 18,0. 19,0. 2];

>> pwgt = estimateFrontierByReturn(p,Er)

pwgt =

  1 至 7 列

0.3	0.4	0.5	0.6	0.7	0.8	0.9
0.7	0.6	0.5	0.4	0.3	0.2	0.1

   8 列

                     1

                     0

>> [prsk, pret] = estimatePortMoments(p, pwgt)

prsk =

        0. 065574

        0. 072111

        0. 086603

         0. 10583

$$0.12767$$
$$0.151$$
$$0.17521$$
$$0.2$$

pret =

$$0.13$$
$$0.14$$
$$0.15$$
$$0.16$$
$$0.17$$
$$0.18$$
$$0.19$$
$$0.2$$

可见，这组数与表 4.6.1 中的数完全一样。

对于有效边界线上的投资组合，我们可以用以下一组命令在已知其中一个量的前提下，求其他一些量。

1. estimateFrontier 求出有效边界线上若干组（默认 10 组）投资组合对应的投资比例。格式：

[pwgt, pbuy, psell] = estimateFrontier(obj) 或者

[pwgt, pbuy, psell] = estimateFrontier(obj, NumPorts)

2. estimatePortMoments 求出有效边界线上投资组合对应的期望回报和风险。

格式：

[prsk, pret] = estimatePortMoments(obj, pwgt)

3. estimatePortReturn 求出有效边界线上投资组合对应的期望回报。

格式：

pret = estimatePortReturn(obj, pwgt)

4. estimatePortRisk 求出有效边界线上投资组合对应的风险。

格式：

prsk = estimatePortRisk(obj, pwgt)

5. estimateFrontierByReturn 根据目标回报求出有效边界线上对应投资组合的投资比例。

格式：

[pwgt, pbuy, psell] = estimateFrontierByReturn(obj, TargetReturn)

6. estimateFrontierByRisk 根据目标风险求出有效边界线上对应投资组合的投资比例。

格式：

[pwgt, pbuy, psell] = estimateFrontierByRisk(obj, TargetRisk)

7. estimateFrontierLimits 求出有效边界线上两边端点对应投资组合的投资比例。

格式：

[pwgt, pbuy, psell] = estimateFrontierLimits(obj) 或者

[pwgt, pbuy, psell] = estimateFrontierLimits(obj, Choice)

例5.2.2 投资组合对象也可以通过本例中的逐项定义的方式来实现。假设有四项资产，期望回报为 m，协方差阵为 C。

```
>> m = [0.05; 0.1; 0.12; 0.18];
>> C = [0.0064      0.00408     0.00192          0;
         0.00408    0.0289      0.0204      0.0119;
         0.00192    0.0204      0.0576      0.0336;
              0     0.0119      0.0336      0.1225];


>> p = Portfolio;       % 构造空的投资组合对象 p
>> p.NumAssets = numel(m);  % 逐项定义 p 的各项属性,numel 求向量中元素的个数
>> p.AssetMean = m;
>> p.AssetCovar = C;
>> p.LowerBudget = 1;
>> p.UpperBudget = 1;
>> p.LowerBound = zeros(size(m));
>> plotFrontier(p);         % 画出 p 的有效边界线的另一种方式
```

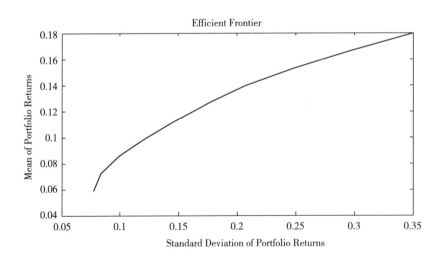

图5.2.2 例5.2.2 的投资组合有效边界

```
>> pwgt = estimateFrontier(p)        % 求有效边界线上 10 个投资组合对应的投资比例
pwgt =
  1 至 7 列
 0.88906    0.72155    0.55403    0.38652    0.21901    0.051498         0
```

0.036875	0.12887	0.22087	0.31286	0.40486	0.49686	0.40495
0.040425	0.05672	0.073014	0.089309	0.1056	0.1219	0.13203
0.03364	0.092862	0.15208	0.21131	0.27053	0.32975	0.46302

8 至 10 列

0	0	0
0.2314	0.057859	0
0.13944	0.14684	0
0.62916	0.7953	1

>> [prsk, pret] = estimatePortMoments(p, pwgt) % 求这 10 个组合对应的期望回报和风险

prsk =

```
    0.076929
    0.083106
    0.099359
     0.12172
     0.14743
     0.17502
     0.20678
     0.24867
     0.29683
        0.35
```

pret =

```
    0.059047
    0.072486
    0.085925
    0.099365
      0.1128
     0.12624
     0.13968
     0.15312
     0.16656
        0.18
```

以下用一个比较复杂的例子进一步说明投资组合最优化问题的解决。

例 5.2.3[①] 假设有三项资产 A、B、C、A、B、C 的期望回报和协方差矩阵分别为：

ExpReturn = [0.1 0.2 0.15]

---

① 本例选自：The Math Works, Financial Toolbox For Use with MATLAB, User's Guide, version 3, 2006。

ExpCovariance = $\begin{bmatrix} 0.005 & -0.010 & 0.004 ; \\ -0.010 & 0.040 & -0.002 ; \\ 0.004 & -0.002 & 0.023 \end{bmatrix}$

对三项资产另有如下的两个约束：

约束 1：投资组合中的任何资产允许买空卖空 10%，而任何资产的投资最多为110%。

约束 2：假设三项资产所在的行业分别为：

资产	A	B	C
行业	高新技术	能源	能源

而在能源行业的投资限定为80%，高新技术行业的投资限定为70%。

为表示第一个约束我们需对投资组合对象的下限和上限进行设定。

LowerBounds = $[-0.1, \ -0.1, \ -0.1]$；

UpperBounds = $[1.1, 1.1, 1.1]$；

为表示第二个约束，我们需要对投资组合对象的 GroupMatrix 进行设定。这个矩阵是0、1 矩阵，用来表示组。在这个矩阵中，行表示组，列表示资产。如果第 j 项资产属于第 i 个组，那么矩阵的 (i, j) 元素为1；否则为0。对上例而言，创建以下矩阵：

GroupMatrix = $\begin{bmatrix} 0 & 1 & 1 ; \\ 1 & 0 & 0 \end{bmatrix}$；

在以上矩阵中，第一行表示能源，第二行表示高新技术。

除此之外，还需对 LowerGroup 和 UpperGroup 进行设定，分别表示每组投资的上、下限。在本例中有两个组，能源和高新技术，能源限定为80%，高新技术限定为70%。

LowerGroup = $[0 \quad 0]$；

UpperGroup = $[0.8 \quad 0.7]$；

下面就用函数 portfolio 构建投资组合对象并计算任何组（比如说6 组、8 组）投资组合；或者计算任何投资比例的期望回报所对应的风险。

在命令行中键入：

$\gg$ ExpReturn = $[0.1 \ 0.2 \ 0.15]$；

ExpCovariance = $\begin{bmatrix} 0.005 & -0.010 & 0.004 ; \\ -0.010 & 0.040 & -0.002 ; \\ 0.004 & -0.002 & 0.023 \end{bmatrix}$；

$\gg$ LB = $[-0.1, \ -0.1, \ -0.1]$；

$\gg$ UB = $[1.1, 1.1, \ 1.1]$；

$\gg$ GM = $[0 1 \ 1 ; 1 \ 0 \ 0]$；

$\gg$ LG = $[0 \quad 0]$；

$\gg$ UG = $[0.8 \quad 0.7]$；

≫　p = Portfolio；　　　% 通过以下方法不断对空投资组合对象的属性进行增加和修改

≫　p = Portfolio（'assetmean'，ExpReturn，'assetcovar'，ExpCovariance，'lowerbudget'，1，'upperbudget'，1，'lowerbound'，0）；

≫　p = Portfolio（p，'lowerbound'，LB，'upperbound'，UB）；　　　% 可以对 lower-bound 进行修改

≫　p = Portfolio（p，'Groupmatrix'，GM，'lowergroup'，LG，'uppergroup'，UG）；

≫　plotFrontier（p）；

可画出如图 5.2.3 所示的有效边界线。

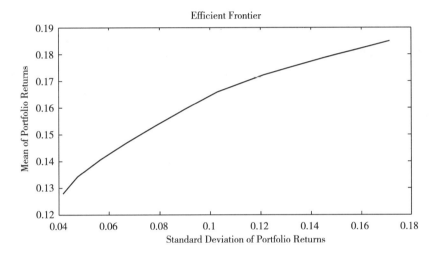

图 5.2.3　例 5.2.3 的投资组合有效边界线

≫ pwg = estimateFrontier（p，6）　　% 计算有效边界线上的 6 个点对应的投资比例

pwg =

0.7	0.5564	0.39299	0.22958	0.2	0.2
0.25821	0.34297	0.40791	0.47286	0.67164	0.9
0.041791	0.10063	0.1991	0.29756	0.12836	− 0.1

≫　［prsk，pret］= estimatePortMoments（p，pwg）　　% 计算这 6 个点对应的期望回报和风险

prsk =

　　0.041629
　　0.054582
　　0.07372
　　0.095165
　　0.12569
　　0.17155

pret =

  0. 12791

  0. 13933

  0. 15075

  0. 16216

  0. 17358

   0. 185

>> pwg = estimateFrontier(p,8) %计算有效边界线上的8个点对应的投资比例

pwg =

pwg =

 1 至 7 列

0. 7	0. 60309	0. 48637	0. 36964	0. 25292	0. 2	0. 2
0. 25821	0. 32441	0. 3708	0. 41719	0. 46358	0. 57377	0. 73689
0. 041791	0. 072497	0. 14283	0. 21316	0. 2835	0. 22623	0. 063113

 8 列

   0. 2

   0. 9

   − 0. 1

>> [prsk, pret] = estimatePortMoments(p, pwg) %计算这8个点对应的期望回报和风险

prsk =

  0. 041629

  0. 049919

   0. 06236

  0. 076685

   0. 09202

  0. 10997

  0. 13776

  0. 17155

pret =

  0. 12791

  0. 13607

  0. 14422

  0. 15238

  0. 16053

  0. 16869

  0. 17684

   0. 185

当然，读者也可以尝试使用第 4 章介绍的优化工具箱求解此问题，限于篇幅，在此不再赘述。

5.3 投资组合函数的进一步应用

在 R2016a 之前的版本中，带有约束条件的投资组合的构造用 portopt 来完成。但是，在 R2016a 版本中，函数 portopt 的大部分功能被函数 portfolio 所替代，而且 R2016a 发布公告中说将来 portopt 也要被彻底淘汰。

因此，本节将不再讨论投资组合函数 portopt，需要的读者可以参考本书第一版的 4.3 节。

在建立投资组合对象时，经常要求投资于各项资产的比例大于等于 0，加起来的和等于 1，即要求 Lowerbound 为 0，LowerBudget 和 UpperBudget 为 1。事实上，在本章 5.2 节中的三个例子中，一开始对要定义的投资组合对象都做了这样的设置。

```
>> p = Portfolio;
>> p = Portfolio(p, 'NumAssets', 4);
>> p = Portfolio(p, 'lowerbudget', 1, 'upperbudget', 1, 'lowerbound', 0);
>> disp(p)
   Portfolio（具有属性）：
         BuyCost：[]
        SellCost：[]
    RiskFreeRate：[]
       AssetMean：[]
      AssetCovar：[]
   TrackingError：[]
    TrackingPort：[]
        Turnover：[]
     BuyTurnover：[]
    SellTurnover：[]
            Name：[]
       NumAssets：4
       AssetList：[]
        InitPort：[]
      AInequality：[]
      bInequality：[]
       AEquality：[]
       bEquality：[]
```

LowerBound：[4x1 double]

UpperBound：[ ]

LowerBudget：1

UpperBudget：1

GroupMatrix：[ ]

LowerGroup：[ ]

UpperGroup：[ ]

GroupA：[ ]

GroupB：[ ]

LowerRatio：[ ]

UpperRatio：[ ]

对具有这样属性的投资组合对象，我们也可以用命令：

obj = setDefaultConstraints(obj)或者

obj = setDefaultConstraints(obj,NumAssets)来设定。例如：

>> p = Portfolio('NumAssets', 20);

>> p = setDefaultConstraints(p);

>> disp(p);

Portfolio（具有属性）：

BuyCost：[ ]

SellCost：[ ]

RiskFreeRate：[ ]

AssetMean：[ ]

AssetCovar：[ ]

TrackingError：[ ]

TrackingPort：[ ]

Turnover：[ ]

BuyTurnover：[ ]

SellTurnover：[ ]

Name：[ ]

NumAssets：20

AssetList：[ ]

InitPort：[ ]

AInequality：[ ]

bInequality：[ ]

AEquality：[ ]

bEquality：[ ]

LowerBound：[20x1 double]

```
       UpperBound：[ ]
      LowerBudget：1
      UpperBudget：1
      GroupMatrix：[ ]
       LowerGroup：[ ]
       UpperGroup：[ ]
           GroupA：[ ]
           GroupB：[ ]
       LowerRatio：[ ]
       UpperRatio：[ ]
```

对 5.2 节的例 5.2.1，我们也可以这样设定投资组合对象：

```
>> E = [0.2  0.1]；
>> K = [1 -0.5； -0.5 1]；
>> Sig = [0.2  0.1]；
>> Cov = corr2cov(Sig,K)；
>> p = Portfolio('AssetMean', E, 'AssetCovar', Cov)；
>> p = setDefaultConstraints(p)；
>> disp(p)
```

另外，还有一些以 set 开头的命令可以用来设定投资组合对象的属性。例如：

```
>> m = [0.2  0.15  0.1]；
>> Cov = [0.0064   0.00408   0.00192；
           0.00408   0.0289    0.0204；
           0.00192   0.0204    0.05767]；
>> p = setAssetMoments(p, m, Cov)；           % 设置投资组合对象的均值和协方差
>> [assetmean, assetcovar] = getAssetMoments(p) % 取出投资组合对象的均值和协方差
assetmean =
          0.2
          0.15
          0.1
assetcovar =
      0.0064       0.00408      0.00192
      0.00408      0.0289       0.0204
      0.00192      0.0204       0.05767
```

也可以利用下列格式：

obj = setAssetMoments(obj, AssetMean, AssetCovar, NumAssets)

当 AssetMean 和 AssetCovar 为标量时，通过增加 NumAssets 设定一定数量的独立资产组成的投资组合。

```
>> p = Portfolio;
>> p = setAssetMoments(p, 0.1, 0.03, 4);        % 设定 4 个一样的独立资产组成的投
                                                    资组合
>> [assetmean, assetcovar] = p.getAssetMoments
assetmean =
        0.1
        0.1
        0.1
        0.1
assetcovar =
        0.03            0            0            0
        0            0.03            0            0
        0            0            0.03            0
        0            0            0            0.03
```

给定一个投资比例，或者回报与风险对儿，我们可以用命令 checkFeasibility 来检查这个投资比例对一个给定的投资组合对象是否有效。checkFeasibility 的用法如下：

status = checkFeasibiliity(obj, pwgt)

输入变量：obj 是一个投资组合对象，pwgt 是一个投资比例。

输出变量：status 是 0 − 1 变量，1 表示有效，0 表示无效。

例如：在命令行输入：

```
>> m = [0.05; 0.1; 0.12; 0.18];
>> C = [0.0064    0.00408    0.00192            0;
        0.00408    0.0289    0.0204    0.0119;
        0.00192    0.0204    0.0576    0.0336;
            0    0.0119    0.0336    0.1225];
>> p = Portfolio;
>> p = setAssetMoments(p, m, C);
>> p = setDefaultConstraints(p);
>> pwgt = estimateFrontier(p);
>> checkFeasibility(p, pwgt)
ans =
        1    1    1    1    1    1    1    1    1    1
```

全部为 1，说明 10 个点都有效。

```
>> q = setTurnover(p, 0.3, 0.25);    % 重新设定 turnover 属性的值,得到的组合称为 q
>> checkFeasibility(q, pwgt)
ans =
        0    0    0    1    1    0    0    0    0    0
```

对 q 而言,p 的有效解只有第四和第五个还是有效的,其余不再有效。

```
>> qwgt = estimateFrontier(q);
>> checkFeasibility(p, qwgt)
ans =
    1    1    1    1    1    1    1    1    1    1
```

重新计算 q 的有效边界点,再去验证,结果全部有效。

再举一个稍复杂的例子[①]。

例 5.3.1　假设有四个组,即北美洲、欧洲、拉丁美洲、亚洲。有三个基金,分别为 A、B、C。这三个基金的期望回报和协反差阵分别为

```
>> ExpReturn = [0.1   0.2   0.15];
>> ExpCovariance = [ 0.005    -0.010     0.004;
                    -0.010     0.040    -0.002;
                     0.004    -0.002     0.023];
```

三个基金所在组的情况如表 5.3.1 所示。

表 5.3.1　　　　　　　　　　　　　基金所在组情况表

组	A	B	C
北美洲	√	√	
欧洲			√
拉丁美洲	√		
亚洲		√	√

每组投资的上、下限如表 5.3.2 所示。

表 5.3.2　　　　　　　　　　　　　每组投资上下限

组	最小值	最大值
北美洲	0.3	0.75
欧洲	0.1	0.55
拉丁美洲	0.2	0.5
亚洲	0.5	0.5

在命令行里输入:

```
>> ExpReturn = [0.1   0.2   0.15];
>> ExpCovariance = [ 0.005    -0.010     0.004;
                    -0.010     0.040    -0.002;
                     0.004    -0.002     0.023];
>> p = Portfolio;
```

---

① 本例选自：The Math Works, Financial Toolbox For Use with MATLAB, User's Guide, Version 3, 2006.

```
>> p = setAssetMoments(p, ExpReturn, ExpCovariance);
>> p = setDefaultConstraints(p);
>> Group = [1 1 0;
            0 0 1;
            1 0 0;
            0 1 1];
>> groupmin = [0.3 0.1 0.2 0.5];
>> groupmax = [0.75 0.55 0.5 0.5];
>> p = Portfolio(p, 'Groupmatrix', Group, 'lowergroup', groupmin, 'uppergroup', groupmax);
>> plotFrontier(p);               %画出有效边界线,如图5.3.1所示
```

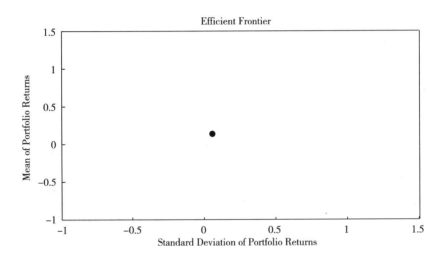

图 5.3.1　例 5.3.1 的投资组合有效边界线

从图 5.3.1 可以看出，有效边界线只有一点。

```
>> pwg = estimateFrontier(p)
pwg =
    1 至 7 列
    0.5      0.5      0.5      0.5      0.5      0.5      0.5
    0.25     0.25     0.25     0.25     0.25     0.25     0.25
    0.25     0.25     0.25     0.25     0.25     0.25     0.25
    8 至 10 列
             0.5      0.5      0.5
             0.25     0.25     0.25
```

```
                0. 25            0. 25            0. 25
    ≫   [prsk, pret] = estimatePortMoments(p, pwg)
prsk =
        0. 05863
        0. 05863
        0. 05863
        0. 05863
        0. 05863
        0. 05863
        0. 05863
        0. 05863
        0. 05863
        0. 05863
pret =
        0. 1375
        0. 1375
        0. 1375
        0. 1375
        0. 1375
        0. 1375
        0. 1375
        0. 1375
        0. 1375
        0. 1375
```

用于作图的 10 个点全部相同。

```
    ≫   checkFeasibility(p, pwg)              % 验证所选的期望回报和标准差是否有效
ans =
        1     1     1     1     1     1     1     1     1     1
```

结果为 1,说明这一个点在有效边界线上。

本例中的约束使得我们只得到了一个最优的投资组合。但是,在一般情况下,在给定的约束下,并不能唯一确定最优投资组合。

事实上,在给定的约束下,我们只能得到有效边界线,只能确定最优投资组合在有效边界线上取得。那么,能否在有效边界线上继续找出唯一一个投资组合作为我们的最优投资方案?

这是 5.4 节将要讨论的问题。

5.4 投资组合的选取

5.4.1 风险厌恶程度

对一个特定的投资者来说，在选择投资组合时要考虑的一个很重要的因素就是风险厌恶程度。有的投资者可能偏好风险小的组合而宁愿接受回报小的事实；而另外的投资者可能为了得到较高回报而宁愿承担较高风险。

风险厌恶程度可以用投资者的无差别曲线来表示。对于一条无差别曲线上的任何风险与回报组合，该投资者认为其效用是等同的。在无差别曲线上，从一点到另一点，投资者认为，风险的增加可以用其回报的增加来补偿。

在 MATLAB 财务工具箱中，风险厌恶程度用以下函数来模拟：

$$E(\sigma) = 0.005 \times A \times \sigma^2$$

其中：

$E(\sigma)$ ——期望回报。

A ——风险因子，在一般情况下，可以选从 2 到 4 之间的任何数。A 越大，表示投资者的风险厌恶程度越高。

σ ——标准差，表示风险。

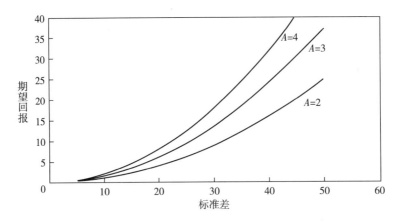

图 5.4.1 模拟的无差别曲线

5.4.2 用函数 portalloc 求最优投资组合

给定无风险利率、贷款利率和投资者的风险厌恶程度，我们可以用函数 portalloc 求出有效边界线上的最优风险投资组合以及总的投资组合。

portalloc 的语法结构为：

[RiskyRisk, RiskyReturn, RiskyWts, RiskyFraction, OverallRisk, ...

OverallReturn] = portalloc(PortRisk, PortReturn, PortWts, ...

RisklessRate, BorrowRate, RiskAversion)

假设 n 为资产的数目，m 为组的数目。输入参数的使用如下：

（1）PortRisk 是有效边界线上投资组合的标准差（风险）向量。

（2）PortReturn 是有效边界线上投资组合的期望回报向量。

（3）PortWts 是有效边界线上每个组合的权重。每一行对应一个风险组合，满足之和为 1 的要求。

（4）RisklessRate 是无风险利率。

（5）（可选项）BorrowRate 是贷款利率。默认值是 Nan。

（6）（可选项）RiskAversion 是特定投资者的风险厌恶程度，风险因子。风险因子的范围是 2 ~ 4，默认值是 3。

输出参数的含义为：

（1）RiskyRisk——最优风险投资组合的标准差。

（2）RiskyReturn——最优风险投资组合的期望回报。

（3）RiskyWts——最优风险投资组合的权重，其总和等于 1。

（4）RiskyFraction——总的投资组合（包括风险资产和无风险资产）中分配到风险资产上的比例。

（5）OverallRisk——总的投资组合的标准差。

（6）OverallReturn——总的投资组合的期望回报。

注意：当不设任何输出参数时，函数将画出最优资本分配的图形。

下面举例说明 portalloc 的用法。

例 5.4.1[①]　首先求出有效边界线上的 20 个投资组合。

在命令行输入：

```
>> ExpReturn = [0.1   0.2   0.15];
>> ExpCovariance = [0.005        -0.01        0.004
                    -0.01         0.04        -0.002
                     0.004       -0.002        0.023];
>> p = Portfolio;
>> p = setAssetMoments(p, ExpReturn, ExpCovariance);
>> p = setDefaultConstraints(p);
>> pwg = estimateFrontier(p, 20)
pwg =
  1 至 7 列
  0.76923    0.72874    0.6731    0.61516    0.55722    0.49928    0.44133
```

_____

① 本例选自：The Math Works, Financial Toolbox for Use with MATLAB, User's Guide, Version 3, 2006.

0. 23077	0. 27126	0. 29659	0. 31962	0. 34264	0. 36567	0. 3887
0	0	0. 030309	0. 065223	0. 10014	0. 13505	0. 16997

8 至 14 列

0. 38339	0. 32545	0. 2675	0. 20956	0. 15162	0. 093675	0. 035732
0. 41173	0. 43476	0. 45779	0. 48082	0. 50384	0. 52687	0. 5499
0. 20488	0. 23979	0. 27471	0. 30962	0. 34454	0. 37945	0. 41437

15 至 20 列

0	0	0	0	0	0
0. 59514	0. 67611	0. 75709	0. 83806	0. 91903	1
0. 40486	0. 32389	0. 24291	0. 16194	0. 080972	0

```
>> [prsk, pret] = estimatePortMoments(p, pwg)
prsk =
        0. 039223
        0. 040559
        0. 044041
         0. 0488
        0. 054497
        0. 060869
        0. 067726
        0. 074934
        0. 082403
        0. 090066
        0. 097879
         0. 10581
         0. 11383
         0. 12192
         0. 13028
         0. 14079
         0. 15346
         0. 16779
         0. 18341
          0. 2
pret =
         0. 12308
         0. 12713
         0. 13117
```

0.13522

0.13927

0.14332

0.14737

0.15142

0.15547

0.15951

0.16356

0.16761

0.17166

0.17571

0.17976

0.18381

0.18785

0.1919

0.19595

0.2

≫ RisklessRate = 0.08;

≫ BorrowRate = 0.12;

≫ RiskAversion = 3;

≫ portalloc(prsk, pret, pwg', RisklessRate, BorrowRate, RiskAversion)

调用函数 portalloc 而不指定输出参数, 则得到了非常漂亮的图形, 如图 5.4.2 所示。该图形清楚地表明了各个重要的投资组合。

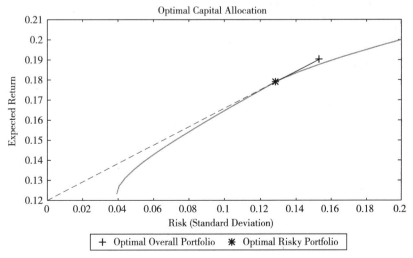

图 5.4.2　最优投资组合

如果调用带输出参数的函数 portalloc，则得到了相应的各个参数的值。

```
>> [RiskyRisk, RiskyReturn, RiskyWts, RiskyFraction, OverallRisk, ...
    OverallReturn] = portalloc(prsk, pret, pwg'...
    RisklessRate, BorrowRate, RiskAversion)
RiskyRisk =
      0.12884
RiskyReturn =
      0.17911
RiskyWts =
      0.0057175        0.5879        0.40638
RiskyFraction =
      1.1869
OverallRisk =
      0.15293
OverallReturn =
      0.19016
```

由上面的结果可知，RiskFraction 的值超过了 1，表明在我们设定的风险因子的情况下，该投资者愿意贷款并将其投资到有风险的资产中，而不是将资本投到无风险资产上。该投资者将借到的款加入到原来的资本中，然后再投资到风险资产，这种情况就是大家熟知的买空卖空。在本例中，投资者将贷款 18.69%，再把全部 118.69% 的资本投资到风险资产，在上面的假设条件下，这是其最优投资组合。

练习题

用函数 Portfolio 求解投资组合最优化问题。

已知资产 X、Y、Z 的期望回报和协方差矩阵分别为：

ExpReturn = [0.15 0.2 0.18]

ExpCovariance = [0.015   -0.012   0.004;
                 -0.012   0.041   -0.002;
                 0.004   -0.002   0.003]

要求投资组合的期望回报不低于 20%，X、Y、Z 三项资产可以分别买空卖空 5%，但各自比例不能超出 120%。

第6章

估价模型

估价（Valuation）问题是财务管理中非常重要的内容。估价就是对一项资产的价值进行评估。要估价的资产可以是债券、股票或者其他金融衍生证券。估价的作用包括：

①估价可作为定价的基础；

②估价可作为购买资产的参考。

估价的基本方法是折现现金流法。折现现金流法的基础就是现值原则，即任何资产的价值都等于其未来现金流量的现值。

$$V = \sum_{t=1}^{n} \frac{CF_t}{(1+r)^t}$$

其中：

V——资产的价值；

CF_t——第 t 年的现金流量；

r——反映现金流量风险的贴现率。

有很多资产可以用折现现金流法进行估价，比如债券、股票等。但也有许多资产用折现现金流法很难估价，因此不得不寻求另外的估价模型，比如期货、期权等。MAT-LAB 提供了大量的计算各种资产估价的函数。本书讨论一般债券的估价、SIA 债券估价、股票估价和期权估价的 B－L 模型和二叉树模型。

本章内容包括：

6.1 债券估价

6.2 SIA 债券估价

6.3 股票估价模型

6.4 衍生证券估价

6.1 债券估价

6.1.1 一般估价模型

债券是一类固定收入证券。它的收入包括两部分：一部分是利息（其利息率称为票面利率或息票率 Coupon rate）；另一部分是债券到期时面值的偿还。用公式表示如下：

$$PV = \sum_{t=1}^{n} \frac{CF_t}{(1+r)^t} = \sum_{t=1}^{n} \frac{C}{(1+r)^t} + \frac{M}{(1+r)^n}$$

其中：

C——息票率为常数时的债券利息；

r——市场利率并设市场利率不随时间改变；

M——面值；

n——期间数。

从以上的一般模型可以看出，债券估价就是求现值，因此，第 2 章讨论的求现值函数 pvfix 可用来求债券的现值。

例 6.1.1　面值 1000 元的债券 4 年到期，息票率为 6%，每一年付息一次，市场利率 10%，则我们可用函数 pvfix 求到该债券的现值。

≫ pvfix(0. 1, 4, 60, 1000, 0)

ans =

　　　873. 21

6.1.2 实际债券估价的术语和概念

在前面的一般估价模型中，有许多问题没有谈到。例如，债券利息什么时候支付，一年支付几次？更进一步，时间计算可以精确到天，哪天发行？哪天到期？一年算多少天？每个月的月底怎么算？在实际考察一个债券的价值时，这些问题都应该考虑。

下面，首先解释与债券有关的一些术语和概念。这些量需要在 MATLAB 估价模型中作为变量输入。

发行日（Issue date）是债券首次出售的日期。

交付日（Settlement date）是第一次交付的日期。交付日与发行日可以不同。

首次票息日（First coupon date）是第一次票息支付的日期。

最后一次票息日（Last coupon date）是最后一次票息支付的日期。尽管票息是按年或者半年等间隔支付，但是第一次和最后一次支付期可能与标准支付期不同，因此有时需要明确指出这两个日期。而财务工具箱的估价函数可以处理这些奇异的首次和最后一次票息日。

准票息日（Quasi - coupon date）是用来决定标准票息期间长度的日期。准票息日不一定与实际的票息支付日相同。同样，估价函数可以计算实际票息日和准票息日。

预提利息（Accrued interest）是债券可能在两个票息日之间购买，而不一定正好在票息日那一天购买。在这种情况下，购买者不能独享那一个期间的票息，而应该按比例与出售者共同分享。应该分给出售者的那一部分票息就称为预提利息。购买价，即购买者实际支付的价格，应该等于市场标价加上预提利息。

到期日（Maturity date）是发行者返还购买者最后面值（Face value，or redemption value，or par value）的日期。

到期收益率（Yield‐to‐maturity），简写为 YTM，是使得将来所有现金流的现值等于债券市场价的名义利率。

债券期间（Period）表示发行者向持有者发放票息的频率。表 6.1.1 显示的是可能的期间值。

表 6.1.1　　　　　　　　　　　　　　　**债券期间**

期间值	票息支付情况
0	无票息（零票息债券）
1	一年一次
2	半年一次
3	一年三次
4	一季一次
6	两个月一次
12	一个月一次

债券基础（Basis）表示一个债券按天计算票息的规定。债券基础一般表示为一个分数，分子是两个支付日之间的天数，分母是一年的天数。例如，如果分子是 actual（实际），那么两个支付日之间的天数就是实际的真正天数。如果分母是 actual（实际），那么一年的天数就是当年的实际天数（根据当年是否润年，一年的天数是 365 天或者 366 天）。表 6.1.2 给出的是债券基础的可选值。

表 6.1.2　　　　　　　　　　　　　　　**债券基础**

基础值（Basis Value）	意义	描述
0（默认值）	actual/actual	两个票息日之间的实际天数，分母平常年取 365 天、闰年 366 天
1	30/360 SIA	每月 30 天，每年 360 天。对票息支付发生在二月最后一天的债券，支付要调整
2	actual/360	实际天数为 360 天
3	actual/365	实际天数为 365 天，即使是闰年
4	30/360 PSA	每月 30 天，每年 360 天。如果一个期间的最后一天是二月最后一天，那么该月延长到 30 天
5	30/360 ISDA	每月 30 天，每年 360 天
6	30/360 欧洲	每月 30 天，每年 360 天
7	actual/365 日本	所有年都是 365 天，闰年那一天忽略

月末规则（end – of – month rule）规定票息在一个月最后一天支付。月末规则将影响债券票息支付的结构。例如，当月末规则有效时，一个半年期债券如果票息在正常年2月28日支付，那么它的另一次支付总是发生在8月31日；而在闰年，一次是8月31日，一次是2月29日。如果月末规则值取1（默认），表示该规则有效；取0，表示无效。

6.1.3 估价函数

MATLAB财务工具箱对不同类型的证券提供了多个债券估价函数。

1. PRDISC

函数prdisc用来估计可折现的证券的价格，这样的证券其收益表示为银行贴现率。其语法结构为：

Price = prdisc(Settle，Maturity，Face，Discount，Basis)

输入变量为：

Settle——交付或购买日期。

Maturity——到期日。

Face——债券面值。

Discount——银行贴现率。

Basis（可选项）——债券按天计算的基础。0 = actual/actual（默认），1 = 30/360（SIA），2 = actual/360，3 = actual/365，4 = 30/360（PSA），5 = 30/360（ISDA），6 = 30/360（欧洲），7 = actual/365（日本）。

输出变量：该类债券（比如：美国短期国库券 Treasury Bills）的价格。

例如，用如下数据：

Settle = '10/14/2000'；

Maturity = '03/17/2001'；

Face = 100；

Discount = 0.087；

Basis = 2；

在命令行里输入：

```
>> settle = '10/14/2000';
>> Maturity = '03/17/2001';
>> Price = prdisc(settle, Maturity,100, 0.087, 2)
Price =
      96.278
```

请读者思考：为什么用函数pvvar计算出的现值与上面的结果不一样？

```
>> cf = [0 100];
>> df = ['10/14/2000'
         '03/17/2001'];
```

```
>> pvvar( cf, 0.087, df)
```
ans =
　　　　96.542

2. PRMAT

函数 prmat 用来计算在到期日还要付息的债券的价格。其语法结构为：

[Price, AccruInterest] = prmat (Settle, Maturity, Issue, Face, CouponRate, Yield, Basis)

输入变量为：

Settle——交付或购买日期。

Maturity——到期日。

Issue——发行日。

Face——债券面值。

CouponRatc——票息率。

Yield——债券收益率。

Basis（可选项）——债券按天计算的基础。0 = actual/actual（默认），1 = 30/360（SIA），2 = actual/360，3 = actual/365，4 = 30/360（PSA），5 = 30/360（ISDA），6 = 30/360（欧洲），7 = actual/365（日本）。

输出变量：

Price——债券的价格；

AccruInterst——预提利息。

值得说明的是，当 CouponRate 设为 0 时，prmat 也可用来计算零票息债券或者纯贴现证券。

例如，用如下数据：

Settle = '02/07/2002';

Maturity = '04/13/2002';

Issue = '10/11/2001';

Face = 100;

CouponRate = 0.0608;

Yield = 0.0608;

Basis = 1;

在命令行里输入：

```
>> settle = '02/07/2002';
>> maturity = '04/13/2002';
>> issue = '10/11/2001';
>> [Price,AccruInterest] = prmat(settle, maturity, issue, 100, 0.0608, 0.0608,1)
```
Price =
　　　　99.978

AccruInterest =

　　　　1. 9591

3. PRTBILL

函数 prtbill 用来计算美国短期国债（Treasury Bill）的价格。其语法结构为：

Price = prtbill(Settle，Maturity，Face，Discount)

输入变量为：

Settle——交付或购买日期；

Maturity——到期日；

Face——债券面值；

Discount——贴现率。

输出变量：

Price——债券的价格。

例如，一个美国短期国债交付日为 2002 年 2 月 10 日，到期日为 2002 年 8 月 6 日，贴现率为 3. 77%，面值 1000 美元。使用这些数据，在命令行里输入：

　　>> Price = prtbill('2/10/2002'，'8/6/2002'，1000，0. 0377)

Price =

　　　　981. 46

6.1.4　债券收益率

1. YLDDISC

YLDDISC 函数可用来求可贴现债券的收益率。其语法结构为：

Yield = ylddisc(Settle，Maturity，Face，Price，Basis)

输入变量为：

Settle——交付或购买日期。

Maturity——到期日。

Face——债券面值。

Price——债券的价格。

Basis——债券按天计算的基础。0 = actual/actual（默认），1 = 30/360（SIA），2 = actual/360，3 = actual/365，4 = 30/360（PSA），5 = 30/360（ISDA），6 = 30/360（欧洲），7 = actual/365（日本）。

输出变量：

Yield——债券收益率。

例如，以下给出了某债券的数据：

Settle = '10/14/2000'；

Maturity = '03/17/2001'；

Face = 100；

Price = 96. 28；

Basis = 2；

用 ylddisc 即可求出该债券的收益率如下：

>> Yield = ylddisc(Settle，Maturity，Face，Price，Basis)

Yield =

0.0903（or 9.03%）

2. YLDMAT

YLDMAT 函数可用来求在到期日有利息的债券的收益率。其语法结构为：

Yield = yldmat(Settle，Maturity，Issue，Face，Price，CouponRate，Basis)

输入变量为：

Settle——交付或购买日期。

Maturity——到期日。

Issue——发行日。

Face——债券面值。

Price——债券的价格。

CouponRate——票息率。

Basis——债券按天计算的基础。0 = actual/actual（默认），1 = 30/360（SIA），2 = actual/360，3 = actual/365，4 = 30/360（PSA），5 = 30/360（ISDA），6 = 30/360（欧洲），7 = actual/365（日本）。

输出变量：

Yield——债券收益率。

例如，以下给出了某债券的数据：

Settle = '02/07/2000'；

Maturity = '04/13/2000'；

Issue = '10/11/1999'；

Face = 100；

Price = 99.98；

CouponRate = 0.0608；

Basis = 1；

用 yldmat 即可求出该债券的收益率如下：

>> Yield = yldmat(Settle，Maturity，Issue，Face，Price，CouponRate，Basis)

Yield =

0.060714（or 6.0714%）

3. YLDTBILL

YLDTBILL 函数可用来求美国短期国库券的收益率。其语法结构为：

Yield = yldtbill（Settle，Maturity，Face，Price）

输入变量为：

Settle——交付或购买日期；

Maturity——到期日；

Face——债券面值；

Price——债券的价格。

输出变量：

Yield——债券收益率。

例如，假设一个美国短期国库券的交付日是 2000 年 2 月 10 日，到期日为 2000 年 8 月 6 日，面值 1000 美元，价格 981. 36 美元。在命令行输入：

>> Yield = yldtbill('2/10/2000', '8/6/2000', 1000, 981. 36)

运行后得到：

Yield =

　　0. 038415（or 3. 8415%）

6.2　SIA 债券估价

SIA 是美国证券行业协会（Securities Industry Association，SIA）的简称。以下函数，息票日计算函数 cfdates，证券价格计算函数 bndprice，收益率计算函数 bndyield 等都是在 SIA 的规定框架下来完成的。

1. CFDATES

CFDATES 用来计算固定收入债券的现金流发生日期。其语法结构为：

CFlowDates = cfdates（Settle，Maturity，Period，Basis，EndMonthRule，IssueDate，First-CouponDate，LastCouponDate，StartDate）

输入变量为：

Settle——交付或购买日期。

Maturity——到期日。

Period（可选项）——证券每年付息的次数，可取 0，1，2（默认值），3，4，6，12。

Basis（可选项）——债券按天计算的基础。0 = actual/actual（默认），1 = 30/360（SIA），2 = actual/360，3 = actual/365，4 = 30/360（PSA），5 = 30/360（ISDA），6 = 30/360（欧洲），7 = actual/365（日本）。

EndMonthRule（可选项）——月末规则。

IssueDate（可选项）——发行日。

FirstCouponDate（可选项）——第一次付息日。

LastCouponDate（可选项）——最后一次付息日。

StartDate（可选项）——证券实际开始计算票息的日期，缺省值为交付日。

输出变量：

CFlowDates——证券的现金流发生日期。

注意：输入变量可为标量或向量。如为标量，则计算出的是一个债券的现金流发生日期。如果为向量（行向量或者列向量），则计算出的是多个债券的现金流发生日期。但使用向量时要注意，如果一个输入，比如说，交付日为向量，那么其余的输入必须为同维向量或标量。在这种情况下，如果选标量则意味着在这个输入上所有债券都具有同一值。

输出 CFlowDates 是一个向量（如果只计算一个债券的现金流日期）或者一个矩阵（如果计算的是多个债券的日期）。其元素是按序列表示的日期，如果要转换为我们习惯的日期形式，需要用函数 datestr。

另外，当输入变量取默认值时，有三种表示方法：

（1）可以不写。

（2）用空矩阵 [ ] 表示。

（3）用非数 NaN 表示。一般情况下，非数用来表示一个不可定义的运算，例如，0/0。在 cfdates 以及类似函数中，非数仅代表该输入取默认值或不取任何值。例如，如果 FirstCouponDate 为 NaN，则表示第一次支付日正常、非奇异。

因此，如果假设一个债券具有如下参数：

Settle = '20 - Jan - 1997';

Maturity = '15 - Jun - 2002';

Period = 2;

Basis = 0;

EndMonthRule = 1;

IssueDate = NaN;

FirstCouponDate = NaN;

LastCouponDate = NaN;

那么，以下输入会产生同一结果。

≫ cfdates(Settle, Maturity)

≫ cfdates(Settle, Maturity, Period)

≫ cfdates(Settle, Maturity, [ ], Basis)

≫ cfdates(Settle, Maturity, [ ], Basis, NaN)

≫ cfdates(Settle, Maturity, [ ], [ ], NaN, IssueDate, [ ], [ ])

≫ cfdates(Settle, Maturity, Period, Basis, NaN, IssueDate, [ ], [ ], NaN)

ans =

Columns 1 through 7

729556　　729739　　729921　　730104　　730286　　730469　　730652

Columns 8 through 11

730835　　731017　　731200　　731382

用函数 datestr 可将这些日期转换为我们习惯的格式：

>> datestr(ans)

ans =

15 – Jun – 1997

15 – Dec – 1997

15 – Jun – 1998

15 – Dec – 1998

15 – Jun – 1999

15 – Dec – 1999

15 – Jun – 2000

15 – Dec – 2000

15 – Jun – 2001

15 – Dec – 2001

15 – Jun – 2002

对于证券组合，以上方法仍然适用。但是，如果用空矩阵，那么 cfdates 会解释为无效输入。不过对于无效输入，函数仍然假定取默认值。因此效果一样。请看下例：

假设：有两个证券，交付日都为 '20 – Sep – 1999 '，到期日不同，分别为 '15 – Oct – 2007 '和'15 – Oct – 2010 '。那么输入：

>> Settle = '20 – Sep – 1999 ';

>> Maturity = ['15 – Oct – 2007 '; '15 – Oct – 2010 '];

以下命令可产生同一结果：

>> cfdates(Settle, Maturity)

>> cfdates(Settle, Maturity, 2)

>> cfdates(Settle, Maturity, [2 2])

>> cfdates(Settle, Maturity, [ ])

>> cfdates(Settle, Maturity, NaN)

>> cfdates(Settle, Maturity, [NaN NaN])

ans =

Columns 1 through 7

| 730408 | 730591 | 730774 | 730956 | 731139 | 731321 | 731504 |
| 730408 | 730591 | 730774 | 730956 | 731139 | 731321 | 731504 |

Columns 8 through 14

| 731686 | 731869 | 732052 | 732235 | 732417 | 732600 | 732782 |
| 731686 | 731869 | 732052 | 732235 | 732417 | 732600 | 732782 |

Columns 15 through 21

| 732965 | 733147 | 733330 | NaN | NaN | NaN | NaN |
| 732965 | 733147 | 733330 | 733513 | 733696 | 733878 | 734061 |

Columns 22 through 23

NaN   NaN

734243   734426

用函数 datestr 可将部分日期进行转化（为节约篇幅,不对全部进行转化）:

≫ d = datestr(ans(1 ,[1 2 3 4 5]))

d =

15 – Oct – 1999

15 – Apr – 2000

15 – Oct – 2000

15 – Apr – 2001

15 – Oct – 2001

事实上，息票日的计算是一件相当复杂的事情。MATLAB 财务工具箱根据美国证券行业协会（Securities Industry Association，SIA）的规定进行息票日的计算。

在息票日的计算中，最重要的是参考日或者同步日（synchronization date）的设定。一旦参考日定了以后，息票日就可以随之推定。决定参考日的优先顺序是:

（1）首次付息日（FirstCouponDate）;

（2）最后一次付息日（LastCouponDate）;

（3）到期日（Maturity）。

2. CFAMOUNTS

CFAMOUNTS 用于求证券或证券组合的现金流以及与此匹配的现金流发生日期、时间因子和现金流标识。其语法结构为:

[CFlowAmounts, CFlowDates, TFactors, CFlowFlags] = cfamounts（CouponRate, Settle, Maturity, Period, Basis, EndMonthRule, IssueDate, FirstCouponDate, LastCouponDate, StartDate, Face）

输入变量为:

CouponRate——票息率。

Settle——交付或购买日期。

Maturity——到期日。

Period（可选项）——证券每年付息的次数，可取 0，1，2（默认值），3，4，6，12。

Basis（可选项）——债券按天计算的基础。0 = actual/actual（默认），1 = 30/360（SIA），2 = actual/360，3 = actual/365，4 = 30/360（PSA），5 = 30/360（ISDA），6 = 30/360（欧洲），7 = actual/365（日本）。

EndMonthRule（可选项）——月末规则。

IssueDate（可选项）——发行日。

FirstCouponDate（可选项）——第一次付息日。

LastCouponDate（可选项）——最后一次付息日。

StartDate（可选项）——证券实际开始计算票息的日期，缺省值为交付日。

Face（可选项）——债券面值，缺省值为 100。

输出变量：

CFlowAmounts——在每个对应时点上的现金流数量。

CFlowDates——证券的现金流发生日期。

TFactors——每个时点的时间因子，可用于该时点现金流的折现。

CFlowFlags——每个时点现金流的标识，其含义见表 6.2.1。

注意：输入必选项可为行向量或列向量，表明要计算的是多个证券。可选项必须是对应的同维向量，但也可以是标量或空矩阵。在这种情况下，如果选标量则意味着在这个输入上所有债券都具有同一值。如果是空矩阵，则表示这一输入取默认值。

如果输入为列向量，则 CFlowAmounts 是一个矩阵，每一行对应一个证券。在每一行中，第一个元素是对应于该证券的预提利息；CFlowdates 也是一个矩阵，每一行对应一个证券。TFactors 是时间因子的矩阵，一行对应于一个证券。

表 6.2.1   现金流标识

标识	含义
0	证券交付日的预提利息
1	由于缩短了的票息期而导致的比正常情况小的初始现金流
2	由于第一次票息期比正常长而导致的比正常情况大的初始现金流
3	正常现金流
4	正常到期日现金流（票面值加上正常票息）
5	由于最后一个票息期短而导致的比正常现金流小的到期现金流
6	由于最后一个票息期长而导致的比正常现金流大的到期现金流
7	当票息债券还有不到一个票息期就要到期时的到期现金流
8	当票息债券还有不到一个票息期就要到期时的比正常到期现金流小的现金流
9	当票息债券还有不到一个票息期就要到期时的比正常到期现金流大的现金流
10	零票息证券的到期现金流

时间因子在计算现金流序列的现值时非常有用。时间因子表示在如下的折现公式中所用的指数 TF。

$$PV = \frac{CF}{(1 + r/2)^{TF}}$$

其中：

PV——现金流现值；

CF——现金流；

r——调整风险后的年利率或者对应于给定现金流的收益率；

TF——用于折现的时间因子。

根据 SIA 的规定，从交付日到到期日的这段时间以半年为一个期间分成若干区段，每个期间端点就是票息支付点。在计算时间因子时，cfamounts 函数默认使用 SIA 的 actual/actual，即基础值为 0 的约定。

在矩阵输入情况下，CFlowFlags 也是矩阵，其每一行对应一个债券。

例如，假设有两个债券：一个是公司债券，每一季度付一次票息；另一个是美国国债，每半年付一次票息。这两个债券的交付日、到期日等数据如下所示：

>> Settle = '01 – Nov – 1993';

>> Maturity = ['15 – Dec – 1994';'15 – Jun – 1995'];

>> CouponRate = [0.06; 0.05];

>> Period = [4; 2];

>> Basis = [1; 0];

用命令 cfamounts 可求出这两个证券的现金流以及与此匹配的现金流发生日期、时间因子和现金流标识：

>> [CFlowAmounts, CFlowDates, TFactors, CFlowFlags] =...
cfamounts(CouponRate,Settle, Maturity, Period, Basis)

CFlowAmounts =

| – 0.76667 | 1.5 | 1.5 | 1.5 | 1.5 | 101.5 |
| – 1.8989 | 2.5 | 2.5 | 2.5 | 102.5 | NaN |

CFlowDates =

| 728234 | 728278 | 728368 | 728460 | 728552 | 728643 |
| 728234 | 728278 | 728460 | 728643 | 728825 | NaN |

TFactors =

| 0 | 0.24044 | 0.74033 | 1.2404 | 1.7403 | 2.2404 |
| 0 | 0.24044 | 1.2404 | 2.2404 | 3.2404 | NaN |

CFlowFlags =

| 0 | 3 | 3 | 3 | 3 | 4 |
| 0 | 3 | 3 | 3 | 4 | NaN |

用函数 cfdates 可检验以上 CFlowDates 的结果。

>> cfdates(Settle, Maturity, Period, Basis)

ans =

| 728278 | 728368 | 728460 | 728552 | 728643 |
| 728278 | 728460 | 728643 | 728825 | NaN |

除第一列以外，其余相同。第一列是交付日或者预提利息发生日。当然,同样可以用 datestr 将 CFlowDates 转化为习惯方式。

>> datestr(CFlowDates(1,:))

ans =

01 – Nov – 1993

15 – Dec – 1993

15 – Mar – 1994

15 – Jun – 1994

15 – Sep – 1994

15 – Dec – 1994

有了现金流和时间因子就可以求证券的价值。以第一个债券为例，假设证券的收益率为0.25，即25%（根据SIA的规定，所标的收益率为半年收益率），那么，季度收益率就为0.125。

$$PV = \frac{1.5}{1.125^{0.24044}} + \frac{1.5}{1.125^{0.74033}} + \frac{1.5}{1.125^{1.2404}} + \frac{1.5}{1.125^{1.7403}} + \frac{1.5}{1.125^{2.2404}}$$

$$= 83.31$$

证券的价值就是83.31 – 0.76667 = 82.543。用下面的函数bndprice可求得同样的价格：

>> [pai] = bndprice(0.25, CouponRate, Settle, Maturity, Period, Basis)

p =

　　82.543

　　74.591

ai =

　　0.76667

　　1.8989

p为证券的交割价，ai为支付日的预提利息。证券购买者须为该证券支付交割价加上预提利息。

3. BNDPRICE

BNDPRICE用来计算在给定证券收益率的情况下一项固定收入证券的价格。其语法结构为：

[Price, AccruedInt] = bndprice (Yield, CouponRate, Settle, Maturity)

[Price, AccruedInt] = bndprice (Yield, CouponRate, Settle, Maturity, Period, Basis, EndMonthRule, IssueDate, FirstCouponDate, LastCouponDate, StartDate, Face)

输入变量为：

Yield——债券收益率。

CouponRate——票息率。

Settle——交付或购买日期。

Maturity——到期日。

Period（可选项）——证券每年付息的次数，可取0，1，2（默认值），3，4，6，12。

Basis（可选项）——债券按天计算的基础。0 = actual/actual（默认），1 = 30/360（SIA），2 = actual/360，3 = actual/365，4 = 30/360（PSA），5 = 30/360（ISDA），6 = 30/360（欧洲），7 = actual/365（日本）。

EndMonthRule（可选项）——月末规则。

IssueDate（可选项）——发行日。

FirstCouponDate（可选项）——第一次付息日。

LastCouponDate（可选项）——最后一次付息日。

StartDate（可选项）——证券实际开始计算票息的日期，缺省值为交付日。

Face（可选项）——债券面值，缺省值为100。

输出变量：

Price——债券的价格。此处的价格是不包括预提利息的所谓交割价。

AccruInt——预提利息。

例如，为三个具有不同收益率的美国国债定价。以下是各债券的参数：

Yield = [0.04；0.05；0.06]；

CouponRate = 0.05；

Settle = '20 - Jan - 1997'；

Maturity = '15 - Jun - 2002'；

Period = 2；

Basis = 0；

在命令行输入：

```
>> Yield = [0.04；0.05；0.06]；
>> CouponRate = 0.05；
>> Settle = '20 - Jan - 1997'；
>> Maturity = '15 - Jun - 2002'；
>> Period = 2；
>> Basis = 0；
>> [Price, AccruedInt] = bndprice(Yield, CouponRate, Settle, ...
Maturity, Period, Basis)
Price =
        104.81
        99.995
        95.438
AccruedInt =
        0.49451
        0.49451
        0.49451
```

4. BNDYIELD

BNDYIELD 可用来求满足 SIA 约定的固定收入证券的收益率。其语法结构为：

Yield = bndyield(Price, CouponRate, Settle, Maturity, Period, Basis, EndMonthRule, IssueDate, FirstCouponDate, LastCouponDate, StartDate, Face)

输入变量为：

Price——债券的交割价。

CouponRate——票息率。

Settle——交付或购买日期。

Maturity——到期日。

Period（可选项）——证券每年付息的次数，可取 0，1，2（默认值），3，4，6，12。

Basis（可选项）——债券按天计算的基础。0 = actual/actual（默认），1 = 30/360（SIA），2 = actual/360，3 = actual/365，4 = 30/360（PSA），5 = 30/360（ISDA），6 = 30/360（欧洲），7 = actual/365（日本）。

EndMonthRule（可选项）——月末规则。

IssueDate（可选项）——发行日。

FirstCouponDate（可选项）——第一次付息日。

LastCouponDate（可选项）——最后一次付息日。

StartDate（可选项）——证券实际开始计算票息的日期，缺省值为交付日。

Face（可选项）——债券面值，缺省值为100。

输出变量：

Yield——债券收益率。半年复利一次。

注意：可选项和必选项都可取标量、行向量或列向量。当取向量时，表明要计算的是多个证券，向量的维数代表证券的个数。当可选项取空距阵、非数或省略不写时，都表示这一输入项取默认值。

价格和收益率之间的关系可用如下公式来表示：

$$Price + Accrued\_Interest = \sum \frac{CF}{(1 + Yield/2)^T}$$

其中：

Price——交割价；

Accrued _ Interest——预提利息；

CF——每个时点的现金流；

Yield——收益率；

T——时点。

求和针对所有未来现金流发生时点来进行。

例如，给定美国中期国库券的如下信息，计算三个不同价格所对应的收益率。

```
>> Price = [95; 100; 105];
>> CouponRate = 0.05;
>> Settle = '20 - Jan - 1997';
>> Maturity = '15 - Jun - 2002';
>> Period = 2;
>> Basis = 0;
```

```
>> Yield = bndyield( Price, CouponRate, Settle, ...
    Maturity, Period, Basis)
Yield =
    0.060992
    0.04999
    0.039618
```

6.3　股票估价模型[①]

股票估价与债券估价有非常不同的特点。

债券有确定的未来收入现金流。这些现金流包括票息收入和本金收入。无论票息收入还是本金都有确定发生的时间和大小。因此，债券的估价可以完全遵循折现现金流法。

一般来讲，股票收入也包括两部分：股利收入和出售时的售价。因此，理论上股票估价也可以采用折现现金流法，即求一系列的股利和将来出售股票时售价的现值。

但是，不管是股利也好还是将来出售股票时的售价也好都是不确定的，也是很难估计的。因此，股票估价很难用折现现金流法来完成。事实上，目前理论上还没有一个准确估计股票价值的模型问世。

不过，在对股利作出一些假设的前提下，我们仍然可以遵循折现现金流法的思想去尝试股票价值的估计。

假设股票持有者永远持有股票，那么他只获得股利，而且是一个永续的现金流入。假设股利序列为 $D_1, D_2, \cdots, D_t, \cdots$，其中：$D_t$ 为 t 年的股利（$t = 1, 2, \cdots, \infty$），则股票估价的一般模型为

$$P_0 = \sum_{t=1}^{\infty} \frac{D_t}{(1 + R_s)^t}$$

其中：

R_s ——贴现率，可取投资者所要求的最低回报率；

D_t ——t 年的股利（$t = 1, 2, \cdots, \infty$）。

1. 零成长股票的价值

如果假设未来股利不变，则其股利现金流是一个永续年金，那么股票价值为

$$P_0 = \frac{D}{R_s}$$

2. 固定成长股票的价值

假设股利每年增长率为 g，则股票价值计算公式为

---

① 本节内容选自段新生. MATLAB 股票估价模型研究［J］. 中国管理信息化，2007（9）。

$$P_0 = \sum_{t=1}^{\infty} \frac{D_0 \times (1+g)^t}{(1+R_s)^t}$$

当 g 为常数，并且 $R_s > g$ 时，上式可简化为

$$P_0 = \frac{D_0 \times (1+g)}{R_s - g} = \frac{D_1}{R_s - g}$$

3. 非固定成长股票的价值

一般情况下，股利的增长是不固定的。但是，对许多公司而言，股利的增长呈现这样的规律：开始增长较快，以后变为固定增长或保持不变。在这种情况下，股票价值就要分段计算。

6.3.1　两阶段模型

MATLAB 没有提供计算股票价值的标准函数。因此，需要自己建立模型。建立 M 文件如下：

```
function P = stockvalue2(D0,RS,n1,r1,r2)
% Stock Valuation Function with two periods
% stockvalue2 can be used to calculate intrinsic value for the stock
% the inputs are as follows:
% D0 dividend at now, RS required rate of return, n1 number of years
% before n1 years, dividend will be increased by r1, and after that r2.
% For zero grouth company, use r1 = r2 = 0 and n1 = 1
% For fixed grouth rate g, use r1 = r2 = g and n1 = 1
P = 0;
for i = 1:n1
    D(i) = D0 * (1 + r1)^i;
    pvD(i) = D(i)/(1 + RS)^i;
    P = P + pvD(i);
end
D = D(n1) * (1 + r2)/(RS - r2);
pvDn1 = D/(1 + RS)^n1;
P = P + pvDn1;
```

然后，就可以根据不同的参数以调用 MATLAB 标准函数同样的方式调用 stockvalue2。

在 stockvalue2 中输入参数为：

D0——开始时的股利；

RS——所要求的最低投资回报率；

n1——年数；

r1——n1 年之前股利增长率；

r2——n1 年之后股利增长率。

注意：该函数 5 个输入变量全为必选。当该股票股利增长率为零时，取 r1 = r2 = 0，n1 = 1；当该股票股利增长率为固定值时，取 r1 = r2 = g，n1 = 1。事实上，当 r1 = r2 时，n1 可取任何大于 1 的整数，其计算结果都是相同的（这一点可从理论上加以证明）。但为了简单，取 n1 = 1 即可。

输出为该股票在 0 点的内在价值。

以下举例说明 stockvalue2 的用法。

例 6.3.1[①] 假设公司未来红利将保持不变。现在红利为 2 元，所要求的最低回报率为 16%，则我们可用模型 stockvalue2 求得该公司股票的价值：

>> P = stockvalue2(2, 0.16, 1, 0, 0)

P =

  12.5

例 6.3.2 假设 ABC 公司报酬率为 16%，年增长率为 12%，$D_0 = 2$ 元，则我们可用模型 stockvalue2 求得该公司股票的价值：

>> P = stockvalue2(2, 0.16, 1, 0.12, 0.12)

P =

  56

例 6.3.3 一个投资人持有 ABC 公司的股票，他所期望的投资最低回报率为 15%。预计 ABC 公司未来 3 年股利将高速增长，成长率为 20%。在此以后转为正常增长，增长率为 12%。公司最近支付的股利是 2 元。现用两阶段模型计算该公司股票的内在价值：

>> P = stockvalue2(2, 0.15, 3, 0.2, 0.12)

P =

  91.372

6.3.2 三阶段模型

以下可以将两阶段模型扩展为三阶段模型。

建立 M 文件如下：

function P = stockvalue31(D0,RS,n1,r1,n2,r2,r3)

% Stock Valuation Function with three periods

% stockvalue31 can be used to calculate intrinsic value for the stock

% the inputs are as follows：

% D0 dividend at now, RS required rate of return, n1 number of years

% before n1 years, dividend will be increased by r1, and then before n2

% years, dividend will be increased by r2 and after that r3.

[①] 本节部分例题取自中注协的 CPA2005 注会考试辅导教材，《财务成本管理》，经济科学出版社，2005。

```
%  For zero grouth company, use r1 = r2 = r3 = 0 and n1 = n2 = 1
%  For fixed grouth rate g, use r1 = r2 = r3 = g and n1 = n2 = 1
%  For two period model, use r2 = r3 = g, n2 = n1
P = 0;
for i = 1:n1
    D(i) = D0 * (1 + r1)^i;
    pvD(i) = D(i)/(1 + RS)^i;
    P = P + pvD(i);
end
for i = n1 + 1:n2
    D(i) = D(i - 1) * (1 + r2);
    pvD(i) = D(i)/(1 + RS)^i;
    P = P + pvD(i);
end
D = D(n2) * (1 + r3)/(RS - r3);
pvDn2 = D/(1 + RS)^n2;
P = P + pvDn2;
```

我们也可以通过调用 stockvalue 函数建立三阶段模型。建立 M 文件如下:

```
function P = stockvalue32(D0,RS,n1,r1,n2,r2,r3)
%  Stock Valuation Function with three periods
%  stockvalue32 can be used to calculate intrinsic value for the stock
%  the inputs are as follows:
%  D0 dividend at now, RS required rate of return, n1 number of years
%  before n1 years, dividend will be increased by r1, and then before n2
%  years, dividend will be increased by r2 and after that r3.
%  For zero grouth company, use r1 = r2 = r3 = 0 and n1 = 1,n2 > n1
%  For fixed grouth rate g, use r1 = r2 = r3 = g and n1 = 1,n2 > n1
%  For two period model, use r2 = r3 = g,n2 > n1
P = 0;
for i = 1:n1
    D(i) = D0 * (1 + r1)^i;
    pvD(i) = D(i)/(1 + RS)^i;
    P = P + pvD(i);
end
d = stockvalue2(D(n1),RS,n2 - n1,r2,r3);
D = d/(1 + RS)^n1;
P = P + D;
```

在三阶段模型 stockvalue31 和 stockvalue32 中输入参数为：

D0——开始时的股利；

RS——所要求的最低投资回报率；

n1——年数；

n2——年数；

r1——n1 年之前股利增长率；

r2——n1 年之后 n2 年之前的股利增长率；

r3——n2 年之后的股利增长率。

值得注意的是：三阶段模型也可以用于特殊情况。

对于零增长的公司，取 r1 = r2 = r3 = 0，而且 n2 > n1 = 1；

对于固定增长率的公司，取 r1 = r2 = r3 = g，而且 n2 > n1 = 1；

三阶段模型也可以用于两阶段模型，此时应取 r2 = r3 = g，n2 > n1。

不过，stockvaluc31 和 stockvaluc32 也存在差别。在上面叙述的几种特殊情况下，对 stockvalue31 n1 和 n2 可取任何大于 1 的数，而且还可以相等。但对 stockvalue32 来说，n1 和 n2 也可取任何大于 1 的数，但 n2 必须大于 n1。为保险起见，统一要求 n2 > n1。

以下用三阶段模型重新求解例 6.3.1、例 6.3.2 和例 6.3.3。

```
>> P = stockvalue31(2,0.16,1,0,1,0,0)          %例6.3.1
P =
        12.5
>> P = stockvalue32(2,0.16,1,0,2,0,0)          %例6.3.1
P =
        12.5
>> P = stockvalue31(2,0.16,1,0.12,1,0.12,0.12)  %例6.3.2
P =
        56
>> P = stockvalue32(2,0.16,1,0.12,2,0.12,0.12)  %例6.3.2
P =
        56
>> P = stockvalue31(2,0.15,3,0.2,5,0.12,0.12)   %例6.3.3
P =
        91.372
>> P = stockvalue32(2,0.15,3,0.2,5,0.12,0.12)   %例6.3.3
P =
        91.372
```

例 6.3.4 前一部分假设同例 6.3.3。不同的是：12% 的增长持续到第 10 年，之后变为固定，即零增长。则用两个三阶段模型分别求解如下：

```
>> P = stockvalue31(2,0.15,3,0.2,10,0.12,0)
```

P =

      33.458

>> P = stockvalue32(2,0.15,3,0.2,10,0.12,0)

P =

      33.458

6.3.3 股票估价敏感性分析

有了上面的模型，接下来就可以分析股票估价如何随各因素变化而变化以及变化的程度。为此，编写如下的 M 文件：

for i = 1:10

P(i) = stockvalue2(i,0.15,3,0.2,0.12);

end, subplot(2,2,1),plot(P),title('股价随初始股利的变化图')

for i = 1:10

RS = (0.2 − 0.13)/(10 − 1) * (i − 1) + 0.13;

P(i) = stockvalue2(2,RS,3,0.2,0.12);

end

subplot(2,2,2),plot(P),title('股价随最低回报率的变化图')

for n = 1:10;

P(n) = stockvalue2(2,0.15,n,0.2,0.12);

end, subplot(2,2,3),plot(P),title('股价随高速增长期的变化图')

for i = 1:10;

r = (0.14 − 0)/(10 − 1) * (i − 1);

P(i) = stockvalue2(2,0.15,3,r,r);

end, subplot(2,2,4),plot(P),title('股价随股利增长率的变化图')

运行该程序，输出如图 6.3.1 所示的图形。

从图 6.3.1 可以看出：

在其他因素不变的情况下，股价会随着初始股利的增加而增加，但增加幅度呈线性关系，说明股价对初始股利的变化不是很敏感。

在其他因素不变的情况下，股价会随着投资人所要求的最低回报率的增加而减少，而且减少幅度相当大，呈指数下降的趋势。说明股价对最低回报率的变化很敏感。

在其他因素不变的情况下，股价会随着高速增长期的加长而增加，而且增加幅度几乎呈线性关系。说明股价对高速增长期的变化不是很敏感。

在其他因素不变的情况下，股价会随着股利增长率的增加而增加，而且增加幅度相当大，呈指数增加的趋势。说明股价对股利增长率的变化相当敏感。

因此，在我们预测股利的变化趋势从而进行股票估价时，一定要注意股利增长率和最低回报率的估计。这两个量的估计如果稍有偏差就会导致股票估价的严重失真。

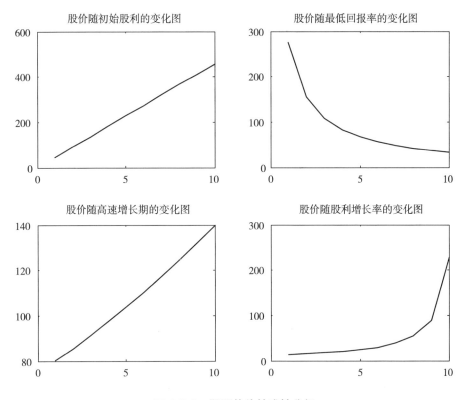

图 6.3.1　股票估价敏感性分析

6.4　衍生证券估价

本节讨论衍生证券估价问题。但本节只讨论衍生证券中期权（Options）的估价，其他衍生证券的估价将放在另一本书中讨论。

先简单回顾期权的概念。

6.4.1　期权概念

期权是一个合约，可以分为两种类型：看涨期权（Call）和看跌期权（Put）。

看涨期权给了持有者如下的权利（不是义务）：持有者可以在未来某个时间或者未来某个时间之前以一个固定价格购买一定数量的某项资产。

看跌期权给了持有者如下的权利（不是义务）：持有者可以在未来某个时间或者未来某个时间之前以一个固定价格出售一定数量的某项资产。

资产可以是实物资产，如玉米、大豆等，也可以是某项金融资产，如股票、外汇，甚至是某个指数等。合约所涉及的资产称为标的资产。

根据标的资产的不同，期权可分为股票期权、外汇期权、指数期权等。本节主要讨论股票期权。

合约中指定的未来某个日期称为期权的到期日、执行日或者期满日。如果期权只能在到期日兑现，那么这样的期权称为欧式期权；如果可在到期日之前的任意一个时间兑现，则称为美式期权。

合约中的价格称为执行价格或者敲定价格。

对于欧式期权来讲，持有者要实现期权只能等到到期日。但对于美式期权而言，持有者可在到期日之前的任何时间实现期权。那么，什么情况下持有者才去实现期权？

对于欧式看涨期权，假设执行价格为 X，到期日的股票价格为 S，持有人为得到此期权的花费为 C，则当 $S \leq X$ 时，期权持有人不会实现此期权，而他的收益为 $-C$。仅当 $S > X$ 时，持有人才会行权，此时他的收益为 $S - X - C$，如图 6.4.1 所示。

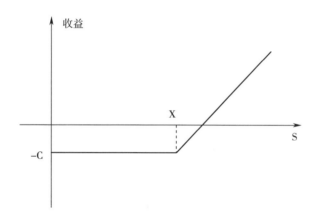

图 6.4.1　欧式看涨期权持有人在到期日的收益曲线

因此，在到期日该期权的实际价值为

$$V = \max\{-C, S - X - C\}$$

如果不考虑交易成本，那么在到期日看涨期权的价值为

$$V = \max\{0, S - X\}$$

对欧式看跌期权，情况正好相反。当 $S \leq X$ 时，期权持有人会实现此期权，他的收益将为 $X - S - C$。当 $S > X$ 时，持有人不会行权，此时他的收益为 $-C$，如图 6.4.2 所示。

因此，欧式看跌期权在到期日的实际价值为

$$V = \max\{-C, X - S - C\}$$

如果不考虑交易成本，那么在到期日看跌期权的价值为

$$V = \max\{0, X - S\}$$

以上是对期权持有人所作的分析。期权是一个合约，因此总有合约的双方，有买就有卖。对于期权的卖方（writer），他的收益恰好与买方相反。图 6.4.3 是欧式看涨期权的卖方的收益情况；图 6.4.4 是欧式看跌期权的卖方的收益情况。

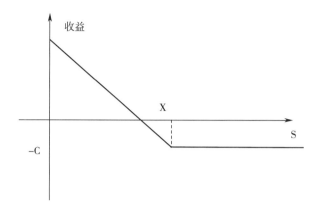

图 6.4.2　欧式看跌期权持有人在到期日的收益曲线

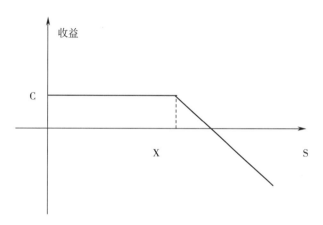

图 6.4.3　欧式看涨期权出售人在到期日的收益曲线

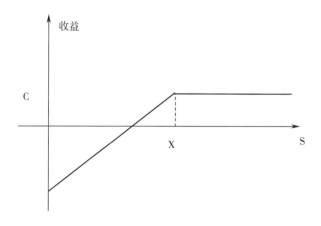

图 6.4.4　欧式看跌期权出售人在到期日的收益曲线

　　美式期权也具有上面所述的性质，区别就是 S 可以是到期日之前的任何时间的估价。以上分析可作为我们期权估价的基础。

影响股票期权估价的因素有六种：

（1）股票现价；

（2）执行价格；

（3）到期期限；

（4）股票价格波动率；

（5）无风险利率；

（6）期权有效期内预计发放的红利。

事实上，期权估价模型的分析结果显示，期权价格是以上6个变量的函数。

6.4.2　Black – Scholes 估价模型

Black – Scholes 估价模型简称为 B – S 模型。B – S 模型是由菲谢尔·布莱克（Fischer Black）和迈伦·斯科尔斯（Myron Scholes）于 1973 年共同提出的。正是由于两位科学家的出色成绩，1997 年 10 月 14 日，瑞典皇家科学院宣布将本年度的诺贝尔经济学奖授予美国经济学家罗伯特·默顿和迈伦·斯科尔斯，以表彰他们和已去世的菲谢尔·布莱克在期权定价理论中所作出的贡献。

B – S 模型适用于标的资产为不付红利股票的欧式看涨期权。模型假设：

（1）股票价格是服从对数正态分布的随机变量；

（2）交易费用与税收均为零；

（3）在期权有效期内股票不付红利；

（4）不存在无风险套利机会；

（5）证券交易不间断，且所有证券都是无限可分的；

（6）投资者可以无风险利率 r 自由借贷，且 r 为常数。

在这样的假设前提下，经过推导得到了如下的 $B-S$ 模型：

$$C = SN(d_1) - Xe^{-rt}N(d_2)$$

其中：$d_1 = \dfrac{\ln(\dfrac{S}{X}) + (r + 0.5\sigma^2)t}{\sigma\sqrt{t}}$

$$d_2 = \dfrac{\ln(\dfrac{S}{X}) + (r - 0.5\sigma^2)t}{\sigma\sqrt{t}} = d_1 - \sigma\sqrt{t}$$

而 $N(d) = \displaystyle\int_{-\infty}^{d} \Phi(0,1)dx$，$\Phi(0,1)$ 是均值为 0、方差为 1 的标准正态分布函数。

式中各变量的含义如下：

C——看涨期权的价格；

t——到期期限；

S——股票现价；

X——执行价格；

r——无风险利率（连续计利）；

σ——股票价格波动率。

B – S 模型主要用于欧式看涨期权的估价，对于看跌期权可通过看涨期权和看跌期权的平价关系推导得出。

有了 B – S 模型，我们也可以进一步分析各项参数对期权估价的影响。

1. Delta 股票价格的影响

Delta 定义为期权价格随股价的变化率：

$$\Delta = \frac{\partial C}{\partial S} = N(d_1)$$

可见，期权价格会随着股价的增高而增高。

2. Theta 到期期限的影响

Theta 定义为期权价格随到期期限的变化率：

$$\Theta = \frac{\partial C}{\partial t} = \frac{SN'(d_1)\sigma}{2\sqrt{t}} + rXe^{-rt}N(d_2)$$

可见，期权价格会随着到期期限的增长而增高。

3. Vega 波动率的影响

Vega 定义为期权价格对波动率的变化率：

$$A = \frac{\partial C}{\partial \sigma} = S\sqrt{t}N'(d_1)$$

当股票波动率增大，即风险增大时，期权价格上升。

4. Rho 无风险利率的影响

Rho 定义为期权价格对无风险利率的变化率：

$$P = \frac{\partial C}{\partial r} = Xte^{-rt}N'(d_2)$$

可见，r 越大，期权价越高。

5. Gamma

Gamma 定义为 Delta 随股价变化的变化率，即期权价对股价变化的二次导数。

6. Lambda

Lambda 定义为在股价变化 1% 时，期权价变化的百分比。

以上 6 个变化率都可以通过 MATLAB 的专门函数求导（见6.4.4）。

隐含波动率是一个使期权估价等于期权市场价的股票波动率。隐含波动率可以在已知一个期权价格的前提下通过 B – S 模型倒推而得。以后，此隐含波动率可用于求新的期权估价。

当然，股票波动率也可以通过股价历史信息估计得到。

另外，通过修正，B – S 模型也可用于支付红利的股票期权的估价。此处不再详述。

6.4.3　二叉树模型

二叉树模型可作为前面讨论的连续时间模型的离散形式。

假设把衍生证券的有效期分为一个一个的时间间隔 Δt，每一个间隔称为一个周期。假设在每一个时间段内股票价格从开始的 S 或者以概率 p 上升到 Su，或者以概率 $1-p$ 下降到 Sd。其中，u>1，d<1，u，d 为常数。

图 6.4.5 是一个股票价格运动的两阶段模型。当时间为 0 时，股票价格为 S；时间为 Δt 时，股票价格有两种可能：Su 和 Sd；时间为 $2\Delta t$ 时，股票价格有三种可能：Su^2、Sud 和 Sd^2。

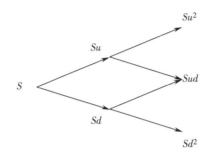

图6.4.5　股票价格变动两阶段二叉树模型

图 6.4.6 是一个股票价格变动的四阶段二叉树模型。其中，在 $i\Delta t$ 时刻，股票价格有 $i+1$ 种可能，它们是：

$$Su^j d^{i-j}, j = 0,1\cdots i$$

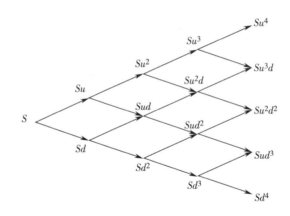

图6.4.6　股票价格变动四阶段二叉树模型

为了使股票的预期收益在一个期间内为 $r\Delta t$（ r 为无风险利率），收益的方差为 $\sigma^2 \Delta t$，必须适当选择 u，d 和 p。如果选 u，d 和 p 满足：

$$u = e^{\sigma\sqrt{\Delta t}}$$

$$a = e^{r\Delta t}$$

$$d = \frac{1}{u}$$

$$p = \frac{a-d}{u-d}$$

其中：

r ——无风险利率；

σ ——股票价格波动率；

Δt ——期权有效期的时间间隔；

u ——二叉树图中股票价格向上运动的幅度；

d ——二叉树图中股票价格向下运动的幅度。

可以验证，在极限情况下，即 $\Delta t \rightarrow 0$ 时，这种股票价格运动的二叉树模型将符合几何布朗运动模型。因此，股票价格二叉树模型就是股票价格连续时间模型的离散形式。

期权价格的计算是从二叉树图的末端（到期日 T）向后倒推进行的。

首先，T 时刻期权的价值很容易计算。根据前面的分析，在到期日一个看涨期权的价值为 $\max(0, S_T - X)$，而一个看跌期权的价值为 $\max(0, X - S_T)$，其中 S_T 是 T 时刻的股票价格，X 是执行价格。

$T - \Delta t$ 时刻，每个节点上的期权价值可由对应 T 时刻各节点期权价值的期望值通过利率 r 折现求得。同样，$T - 2\Delta t$ 时刻的每个节点的期权价值可由 $T - \Delta t$ 时刻的期望值通过利率 r 折现求得，依次类推，直到把 0 时刻的期权价值计算出来。

如果是美式期权，则要检查二叉树的每个节点，以确定提前执行是否比将期权再持有 Δt 时间更有利。

二叉树模型既适合于欧式期权又适合于美式期权。MATLAB 用 B - S 模型进行欧式期权的估价，用二叉树模型计算美式期权的价格。

例 6.4.1　假设有一个不付红利股票的 3 个月期美式看跌期权，股票价格为 50 元，执行价格为 50 元，无风险利率为每年 10%，波动率为每年 50%。即

$$S = 50,\ X = 50,\ r = 0.1,\ \sigma = 0.5,\ T = 0.25$$

为构造二叉树，假设将到期期限分为 4 个阶段，每段长度 $\Delta t = 0.25/4 = 0.0625$。

因此，可用前面的公式计算有关量。

$$u = e^{\sigma\sqrt{\Delta t}} = 1.1331$$

$$a = e^{r\Delta t} = 1.0063$$

$$d = \frac{1}{u} = 0.88253$$

$$p = \frac{a - d}{u - d} = 0.49395$$

据此可以计算出二叉树中各点的股价。从而进一步推算出各点期权的估价。图 6.4.7 中每点有两个数，上方数为股价，下方数为期权估价。

股价的计算相对简单，只要按照前一点股价乘以上下因子 u 或者 d 得到下一阶段股价的规则即可从前往后推出所有点的股价；当然也可以根据图 6.4.6 中各点股价的表示式计算得出。

各点期权估价的计算需要按照前面所说的原则一步一步往前推。

首先，T 时间期权的股价可按 $\max(0, X - S_T)$ 估计得到。

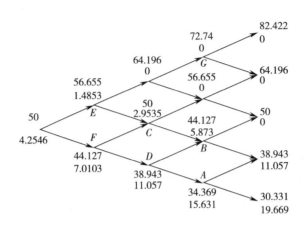

图 6.4.7　不付红利的美式看跌期权的二叉树模型估价

其次，前一阶段，即倒数第二阶段的期权估价有的点很容易。比如说，G 点。在 G 点，由于它后面两点的估价都为 0，因此期望值也为 0。由于立即实现期权的价值也为 0，所以在此点期权的价值为 0。

但对于 A、B 两点情况就不同。需要先计算期望值，然后再计算立即实现的价值，最后取其最大者。

A 点：

期望值：$(11.057 \times 0.49395 + 19.669 \times 0.50605) \times \exp(-0.1 \times 0.0625) = 15.319$

立即实现的价值：$50 - 34.369 = 15.631$

所以持有者在这一点会立即实现期权，从而期权在这一点的价值为 15.631。

B 点：

期望值：$(0 \times 0.49395 + 11.057 \times 0.50605) \times \exp(-0.1 \times 0.0625) = 5.5605$

立即实现的价值：$50 - 44.127 = 5.873$

所以期权在这一点的价值为 5.873。

C 点：

期望值：$5.873 \times 0.50605 \times \exp(-0.1 \times 0.0625) = 2.9535$

立即实现的价值：$50 - 50 = 0$

所以期权价值 2.9535。

D 点：

期望值：$(5.873 \times 0.49395 + 15.631 \times 0.50605) \times \exp(-0.1 \times 0.0625) = 10.744$

立即实现的价值：$50 - 38.943 = 11.057$

所以期权价值 11.057。

E 点：

期权价值：$(0 \times 0.49395 + 2.9535 \times 0.50605) \times \exp(-0.1 \times 0.0625) = 1.4853$

F 点：

期望值：$(2.95350 \times 0.49395 + 11.057 \times 0.50605) \times \exp(-0.1 \times 0.0625) = 7.0103$

立即实现的价值：$50 - 44.127 = 5.873$

所以期权价值 7.0103。

开始点期权估价：

$(1.4853 \times 0.49395 + 7.0103 \times 0.50605) \times \exp(-0.1 \times 0.0625) = 4.2546$

6.4.4　MATLAB 期权估价函数

MATLAB 期权估价函数大体上可以分为两类：一类基于 B－S 模型，用于欧式期权的估价；另一类基于二叉树模型，用于美式期权的估价。

1. BLSPRICE

函数 BLSPRICE 基于 B－S 模型计算看涨期权和看跌期权的价格，其语法结构为：

[Call, Put] = blsprice(Price, Strike, Rate, Time, Volatility, Yield)

输入参数为：

Price——股票现价。

Strike——执行价格。

Rate——无风险利率（连续计利）。

Time——到期期限，用年表示。

Volatility——股票价格波动率，用年表示。

Yield——可选项（默认为 0），到期期限内标的资产的年收益率（连续计利）。例如：对指数期权，Yield 可指红利收益率；对外汇期权，Yield 可指外汇无风险利率。

输出参数为。

Call——基于 B－S 模型计算出的欧式看涨期权的价格；

Put——基于 B－S 模型计算出的欧式看跌期权的价格。

注意：任何输入可以是标量、向量或矩阵。如果输入全为标量，则所计算的是单个期权的价值。如果其中有一个输入是向量或矩阵，则要求其余的向量或矩阵同维，而且要求是标量的输入代表所有期权在这一项上取值相同；这种情况用来计算多个期权的价值。另外，Rate，Time，Volatility，Yield 必须以一致的时间单位来表示，例如，全部用年。

例 6.4.2　假设有一欧式股票期权，还剩 3 个月到期，执行价格 95 元。又设该股票不付红利，当前价 100 元，年波动率 50%。年无风险利率 10%。

为求该期权（看涨或看跌）的价值，在命令行输入：

```
>> Price = 100;
>> Strike = 95;
>> Rate = 0.1;
>> Time = 0.25;
>> Volatility = 0.5;
>> Yield = 0;
>> [Call, Put] = blsprice(Price, Strike, Rate, Time, Volatility, Yield)
```

Call =

     13. 695

Put =

     6. 3497

可见，对应的欧式看涨期权的价值为 13. 695，而看跌期权的价值为 6. 3497。

例 6. 4. 3[①]　假设有一欧式股票看涨期权，对应的各项参数如下所示：

当前股价 S = 40 欧元；

执行价格 E = 36 欧元；

无风险利率 R = 4% / 年，连续复利；

波动率 σ = 70% / 年；

到期期限 t = 3 个月

用 MATLAB 的 B – S 期权估价函数即可很容易地求出该期权的价值。

直接在命令行输入：

>> C = blsprice(40, 36, 0.04, 0.25, 0.7)

C =

     7. 7128

2. BLSIMPV

函数 BLSIMPV 基于 B – S 模型在给定欧式期权（看涨或看跌）价格的前提下计算标的资产的隐含波动率。

可选的语法结构为：

Volatility = blsimpv(Price, Strike, Rate, Time, Value)

Volatility = blsimpv(Price, Strike, Rate, Time, Value, Limit, Yield, Tolerance, Class)

输入参数为：

Price——股票现价。

Strike——执行价格。

Rate——无风险利率（连续计利）。

Time——到期期限，用年表示。

Value——欧式看涨期权的价格。

Limit——可选项，是一个正标量，表示隐含波动率搜索区间的上限，默认值为 10 或者 1000% 。

Yield——可选项，到期期限内标的资产的年收益率（连续计利）。例如：对指数期权，Yield 可指红利收益率；对外汇期权，Yield 可指外汇无风险利率。默认值为 0。

Tolerance——可选项，是一个正标量，表示隐含波动率搜索终止的精度要求，默认值为 1e – 6。

[①]　该例选自：Stephen Ross, Randolph Westerfield and Bradford Jordan, Corporate Finance Fundamentals, Seventh Edition, McGraw – Hill, 2006, p. 772。

Class——可选项，用来指出所用的期权的类型。要指出期权类型为看涨期权，只需设定 Class = true 或者 Class =｛'call'｝；要指出期权类型为看跌期权，只需设定 Class = false 或者 Class =｛'put'｝。默认设置为看涨期权。

输出参数为：

Volatility——股票价格波动率，用年表示；如果找不到满足条件的波动率，则返回 NaN（非数）。

例 6.4.4　假设有一欧式看涨期权当前价格为 13.6953 元，其他参数同例 6.4.2，则以下四种调用会返回同一结果。

```
>> Volatility = blsimpv(100, 95, 0.1, 0.25, 13.6953)
Volatility =
        0.5
>> Volatility = blsimpv(100, 95, 0.1, 0.25, 13.6953, 1)
Volatility =
        0.5
>> Volatility = blsimpv(100, 95, 0.1, 0.25, 13.6953, 1, 0, [ ], {'call'})
Volatility =
        0.5
>> Volatility = blsimpv(100, 95, 0.1, 0.25, 13.6953, 1, 0, [ ], true)
Volatility =
        0.5
```

返回的股票波动率为 50%，正好验证了例 6.4.2 的计算。

3. blsdelta, blsgamma, blslambda, blsrho, blstheta, blsvega

这是一组计算期权估价随各项参数变化的变化率的函数。它们的使用类似，输入与 B－S 期权估价函数 blsprice 相同，输出为各个敏感性指标。

```
[CD, PD] = blsdelta(Price, Strike, Rate, Time, Volatility, Yield);
G = blsgamma(Price, Strike, Rate, Time, Volatility, Yield);
[LC, LP] = blslambda(Price, Strike, Rate, Time, Volatility, Yield);
[CR, PR] = blsrho(Price, Strike, Rate, Time, Volatility, Yield);
[CT, PT] = blstheta(Price, Strike, Rate, Time, Volatility, Yield);
V = blsvega(Price, Strike, Rate, Time, Volatility, Yield);
```

例如，在例 6.4.2 中，我们可以输入

```
>> [cd pd] = blsdelta(100, 95, 0.1, 0.25, 0.5, 0)
cd =
        0.66647
pd =
        -0.33353
>> GammVal = blsgamma(100, 95, 0.1, 0.25, 0.5, 0)
```

GammVal =

　　0.014547

>> RhoValue = blsrho(100, 95, 0.1, 0.25, 0.5, 0)

RhoValue =

　　13.238

>> VegaValue = blsvega(100, 95, 0.1, 0.25, 0.5, 0)

VegaValue =

　　18.184

>> [cL pL] = blslambda(100, 95, 0.1, 0.25, 0.5, 0)

cL =

　　4.8664

pL =

　　－5.2528

从而得到例6.4.2中期权的各项敏感性指标。

4. BINPRICE

BINPRICE用二叉树模型求解看涨期权或看跌期权价值。在 MATLAB 中二叉树模型用于美式期权的估价。语法结构如下：

[PR, OPT] = binprice(SO, X, R, T, DT, SIG, FLAG, Q, DIV, EXDIV)

输入参数为：

SO——股票现价；

X——执行价格；

R——无风险利率（连续计利）；

T——到期期限，用年表示；

DT——到期期限平均分成若干等份以后，每等份的时间长度，就是前面讨论的 Δt ；

SIG——股票价格波动率，用年表示；

FLAG——用于确定所讨论的期权是看涨期权（FLAG = 1）还是看跌期权（FLAG = 0）；

Q——红利率；

DIV——除息日所付的红利；

EXDIV——除息日位于二叉树模型中的第几阶段。

输出参数为：

PR——二叉树模型中计算出的各个结点的股票价格；

OPT——二叉树模型中计算出的各个结点的期权估价。

注意：Q，DIV，EXDIV 是可选项，默认值全为 0。如果 Q 有值，DIV 和 EXDIV 应该全为 0 或者不输；如果 DIV 和 EXDIV 输入了值，那么将 Q 设置为 0。

除了 DIV 和 EXDIV 以外，所有的输入都必须是标量。DIV 和 EXDIV 可以是 1 × n 向量，用来表示在到期期限内有 n 个红利支出和 n 个对应的除息日。

对于例 6.4.1 我们可在命令行输入：

≫ [s p] = binprice(50,50,0.1,0.25,0.0625,0.5,0,0,0,0)

s =

50	56.657	64.201	72.75	82.436
0	44.125	50	56.657	64.201
0	0	38.94	44.125	50
0	0	0	34.364	38.94
0	0	0	0	30.327

p =

4.2579	1.4867	0	0	0
0	7.0139	2.9555	0	0
0	0	11.06	5.8752	0
0	0	0	15.636	11.06
0	0	0	0	19.673

输出包括两个矩阵，第一个矩阵是股价，第二个矩阵对应于期权价格。这两个矩阵表示了股价和期权估价的二叉树。忽略矩阵左下角的零，第一列是第 0 阶段，即当前价格；第二列是第一阶段的价格，依次类推。

因此，从以上输出结果来看，除了精度以外，计算结果与例 6.4.1 相同。

以下用二叉树模型重解例 6.4.2，但假设所讨论的期权是美式看涨期权。在例 6.4.2 中：

股票现价 Price = 100；

执行价格 Strike = 95；

无风险利率 Rate = 0.1；

到期期限 Time = 0.25；

股票波动率 Volatility = 0.5；

为了用二叉树模型求解此问题，将到期期限分为 5 个阶段，则每个阶段的时间长度为 0.25 / 5 = 0.05。

假设该股票不付红利。

在这样的假设下，我们可用函数 binprice 求此期权的估价。在命令行输入：

≫ [s opt] = binprice(100, 95, 0.1, 0.25, 0.05, 0.5, 1, 0, 0, 0)

s =

100	111.83	125.06	139.85	156.39	174.9
0	89.422	100	111.83	125.06	139.85
0	0	79.963	89.422	100	111.83
0	0	0	71.504	79.963	89.422
0	0	0	0	63.941	71.504

0	0	0	0	0	57.177

opt =

13.983	21.612	32.182	45.797	61.869	79.895
0	6.6601	11.488	19.186	30.532	44.851
0	0	2.0041	4.0735	8.2797	16.829
0	0	0	0	0	0
0	0	0	0	0	0
0	0	0	0	0	0

可见，同等条件下的美式期权的估价（本例的13.983）要比欧式期权的估价（例6.4.2的13.695）高。

再举一例。

例6.4.5[①]   到期期限5个月的股票看跌期权，预计在期权有效期内该股票将支付一次2.06美元的股利，除息日是在三个半月的那一天。初始股价52美元，执行价格50美元，无风险利率为每年10%，波动率为每年40%。

为了构造二叉树，将5个月的时间分成5份，即构造5阶段二叉树模型。

在命令行输入：

```
>> [s opt] = binprice(52, 50, 0.1, 5/12, 5/12/5, 0.4, 0, 0, 2.06, 3.5)
```

s =

52	58.137	65.023	72.749	79.352	89.064
0	46.564	52.034	58.171	62.988	70.698
0	0	41.723	46.598	49.999	56.119
0	0	0	37.412	39.689	44.547
0	0	0	0	31.504	35.361
0	0	0	0	0	28.069

opt =

4.4404	2.1627	0.63607	0	0	0
0	6.8611	3.7715	1.3018	0	0
0	0	10.159	6.3785	2.6645	0
0	0	0	14.225	10.311	5.4533
0	0	0	0	18.496	14.639
0	0	0	0	0	21.931

可见，该期权的估价应是4.44美元。除了精度以外，结果与原书一致。

---

① 该例选自：约翰·赫尔著，张陶伟译：《期权、期货和衍生证券》，378页，华夏出版社，1997。

练习题

1. 一个3年期债券，面值为1000元，票面利率为6%，每半年付息一次。请计算市场利率分别为5%、6%和8%时的债券价值。

2. 有一个面值为1000元的债券，票面利率为6%，每年付息一次。2001年6月1日发行，2006年6月1日到期。假设现在是2003年5月5日，市场利率为8%，债券收益率为6%，计算此时的交割价和应计利息。

3. XYZ公司2005年7月1日以1000元购得一张面额为1000元、票面利率为6%的债券。该债券2004年5月1日发行，2010年8月1日到期，每年支付利息一次。试计算该债券的到期收益率。

4. 假设有一美式股票看涨期权，还剩6个月到期，执行价格为145元。又设该股票不付红利，当前价为158元，年波动率为40%。年无风险利率为8%。用二叉树模型（分3个阶段）计算该期权的价值。

5. 假设有一欧式股票看涨期权，还剩6个月到期，执行价格为145元。又设该股票不付红利，现价为158元，年波动率为40%。年无风险利率为8%。用B-S模型计算该期权的价值。

第7章

统计分析与建模

对财务数据进行统计分析或者根据统计分析的原理建立财务变量之间的相互依存关系是本章讨论的重点内容。

我们知道，在自然界和人类社会中，有些变量和变量之间表现出了确定的依存关系，但是大量的变量之间存在的却是不确定的、有时需要重复出现多次才能表现出来的关系。这样的关系就是变量之间的随机关系。随机关系需要根据统计原理应用统计分析的方法来建立。此即统计建模。

MATLAB 提供了专门用于统计分析和统计建模的统计与机器学习工具箱。本章主要讨论如何应用统计与机器学习工具箱提供的函数建立随机模型。

本章内容包括：
7.1 统计数据的描述与作图
7.2 假设检验
7.3 相关分析
7.4 方差分析
7.5 回归分析
7.6 多元统计分析

7.1 统计数据的描述与作图

7.1.1 数据集中趋势的描述

MATLAB 提供了描述数据分布集中趋势的若干个函数。这些函数包括：
（1）算术平均数 mean；
（2）几何平均数 geomean；
（3）调和平均数 harmmean；
（4）中位数 median；

（5）众数 mode；

（6）分位数 prctile。

下面举例说明这些函数的应用。

例 7.1.1　两个班的学生成绩已输入到 StudentScore 中，求平均成绩以及中位数、众数和分位数等。

≫ StudentScore = ［72 80；40 50；60 82；50 65；62 75；49 60；85 88；65 68；82 95；70 55；76 85；80 77；68 72；90 87；91 96］

StudentScore =

72	80
40	50
60	82
50	65
62	75
49	60
85	88
65	68
82	95
70	55
76	85
80	77
68	72
90	87
91	96

≫ m = mean（StudentScore）

m =

　　69. 333　　75. 667

≫ ge = geomean（StudentScore）

ge =

　　67. 609　　74. 383

≫ ha = harmmean（StudentScore）

ha =

　　65. 736　　73. 025

≫ medi = median（StudentScore）

medi =

　　70　　77

≫ mod = mode（StudentScore）

mod =

          40   50

>> prc = prctile(StudentScore ,75)

prc =

              81. 5   86. 5

例 7. 1. 2[1]   求数据集 x 的以上 6 个统计量。

>> x = [ones(1 ,6) 100]

x =

      1   1   1   1   1   1   100

>> locate = [mean(x) ,geomean(x) ,harmmean(x) ,median(x) ,mode(x) ,...

              prctile(x ,25)]

locate =

          15. 143   1. 9307   1. 1647   1   1   1

从该例可以看出，算术平均数最易受奇异样本的影响。但是，算术平均数由于其简单性在统计学中应用最普遍。特别是，对来自正态分布的样本来讲，算术平均数是总体均值的最优估计。

几何平均数和调和平均数也较易受奇异样本的影响。但是，当样本来自对数分布或其他有偏分布时，它们用得较多。

中位数和分位数不受奇异样本的影响，它们很好地表示了去掉奇异样本以后的数据的中心位置。

注意，本小节以及下一小节中各统计量的意义，请参看统计学的有关教科书[2]。函数的使用请参看 MATLAB help 系统。

7. 1. 2 数据分布的离散程度

MATLAB 提供了描述数据分布离散程度的若干个函数。这些函数包括：

（1） 极差 range；

（2） 方差 var；

（3） 标准差 std；

（4） 平均差 mad；

（5） 四分位差 iqr。

例 7. 1. 3   对例 7. 1. 1 中的学生成绩，求其离散程度。

>> ran = range(StudentScore)

ran =

      51   46

>> va = var(StudentScore)

---

① 该例取自：The Math Works, Statistics Toolbox For Use with MATLAB, User's Guide (Version 5) , 2006。

② 王晓林主编：《统计学》，经济科学出版社，2001。

va =

234. 1　　　　195. 24

≫ st = std(StudentScore)

st =

15. 3　　　　13. 973

≫ ma = mad(StudentScore)

ma =

12. 178　　　　11. 289

≫ iq = iqr(StudentScore)

iq =

21　　　　20. 75

例 7.1.4　求例 7.1.2 中数据集 x 的以上 5 个统计量。

≫ x = [ones(1,6) 100]

x =

1　　1　　1　　1　　1　　1　　100

≫ stats = [range(x) var(x) std(x) mad(x) iqr(x)]

stats =

99　　　1400. 1　　　37. 418　　　24. 245　　　0

从该例可以看出，极差是最简单的指标而且最易受奇异样本的影响。

标准差和方差是统计学中应用最普遍的描述离散程度的统计量。特别是，对来自正态分布的样本来讲，方差是总体参数 σ^2 的最优估计，标准差是方差的算术平方根。但是不管是方差也好标准差也好，它们都极易受奇异样本的影响。

平均差也较易受奇异样本的影响。不过，影响程度没有方差和标准差那么严重。四分位差不受奇异样本的影响。

值得说明的是，在 MATLAB 中，var（x）算出的样本方差定义为

$$s^2 = \frac{1}{n-1} \sum_{i=1}^{n} (x_i - \bar{x})^2$$

若要计算由下式定义的方差需要在输入中加上参数 1，即 var（x，1），这就是二阶中心距。

$$\sigma^2 = \frac{1}{n} \sum_{i=1}^{n} (x_i - \bar{x})^2$$

例 7.1.5　样本方差与二阶中心矩

≫ x = rand(10,5)　　　　　　% 产生一个 10 行 5 列的随机数矩阵

x =

0. 27603	0. 75127	0. 84072	0. 35166	0. 075854
0. 6797	0. 2551	0. 25428	0. 83083	0. 05395
0. 6551	0. 50596	0. 81428	0. 58526	0. 5308

0.16261	0.69908	0.24352	0.54972	0.77917
0.119	0.8909	0.92926	0.91719	0.93401
0.49836	0.95929	0.34998	0.28584	0.12991
0.95974	0.54722	0.1966	0.7572	0.56882
0.34039	0.13862	0.25108	0.75373	0.46939
0.58527	0.14929	0.61604	0.38045	0.011902
0.22381	0.25751	0.47329	0.56782	0.33712

```
>> me = mean(x)          % 计算每列的均值
me =
       0.45      0.51542      0.49691      0.59797      0.38909
>> va0 = var(x,0)         % 计算样本方差
va0 =
    0.073434     0.093197     0.079543     0.046061      0.10339
>> va0 = var(x)           % 在 var 中加上 0 和不加 0 是等价的
va0 =
    0.073434     0.093197     0.079543     0.046061      0.10339
>> va1 = var(x,1)         % 在 var 中加上 1,计算出的是二阶中心矩,分母下是 n
va1 =
     0.06609     0.083877     0.071589     0.041455     0.093052
>> va = va0 * 9/10        % 样本方差 * (n-1)/n 就是二阶中心矩
va =
     0.06609     0.083877     0.071589     0.041455     0.093052
```

7.1.3 统计数据作图

统计数据可以用图形直观地表示出来。本书第 2 章中提供的作图函数很多可用于统计数据的作图。当然,MATLAB 也提供了许多统计数据作图的专门函数。以下将用具体事例说明这些函数的使用。

1. 线图

线图是利用线形的升降起伏来表现数据变化趋势的图形。前面多次使用的 plot 命令可用来画出线图。

假设某公司从 1990 年到 2004 年的销售收入如表 7.1.1 所示。

表 7.1.1   某公司 1990 年到 2004 年的销售收入

年份	销售额（百万元）
1990	231
1991	245
1992	342

续表

年份	销售额（百万元）
1993	210
1994	345
1995	534
1996	550
1997	600
1998	555
1999	450
2000	523
2001	670
2002	367
2003	456
2004	545

在命令窗口输入：

```
>> xn = [1990 1991 1992 1993 1994 1995 1996 1997 1998 1999 2000…
2001 2002 2003 2004];
>> ys = [231 245 342 210 345 534 550 600 555 450 523 670 367 456 545];
>> plot(xn, ys, 'k - * ')
>> xlabel('年份')
>> ylabel('销售额')
>> title('某公司历年销售额')
```

即可画出如图 7.1.1 所示的线形图。从图 7.1.1 可以清楚地看出该公司销售额的变化趋势。

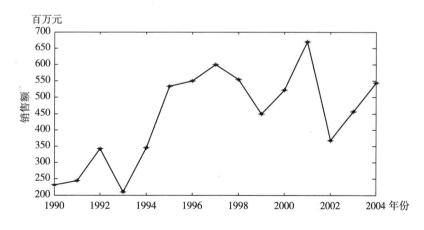

图 7.1.1 某公司历年销售额线形图

2. 条形图

用前面介绍的 bar、bar3 等命令即可画出条形图。

仍用前面的数据，在命令行输入：

```
>> clf
>> bar(x,y)
>> xlabel('年份')
>> ylabel('销售额')
>> title('某公司历年销售额')
```

即可画出如图 7.1.2 所示的条形图。

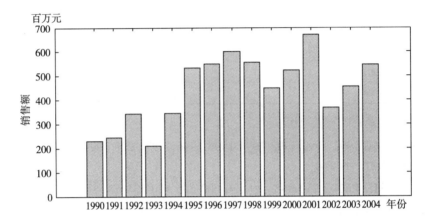

图 7.1.2 某公司历年销售额条形图

3. 饼图

用前面介绍的 pie、pie3 等命令即可画出饼图。

假设某公司 2005 年各区域销售情况如表 7.1.2 所示。

表 7.1.2　　　　　某公司 2005 年各区域销售情况

地区	销售额（百万元）
华北地区	124
东北地区	89
华中地区	212
华南地区	55
西北地区	36

在命令行输入：

```
>> clf
>> s = [124 89 212 55 36];
>> pie(s)
>> legend({'华北地区','东北地区','华中地区','华南地区','西北地区'})
```

≫ title('某公司 2005 年各区域销售额分布图')

即可画出如图 7.1.3 所示的饼图。

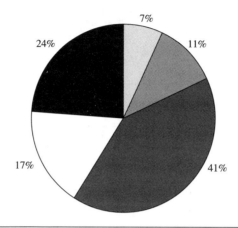

7%

11%

24%

41%

17%

| □华北地区 ■东北地区 ■华中地区 □华南地区 ■西北地区 |

图 7.1.3 某公司各区域销售额饼图

4. 箱线图

箱线图用特定的命令 Boxplot 来画出。Boxplot 的语法结构为：

h = boxplot (X, G, 'Param1', val1, 'Param2', val2⋯)

输入变量为：

X 向量或矩阵，该函数将画出此向量或者此矩阵的每一列所对应的数据的箱线图；

G 用于 X 分组的字符串向量或矩阵，也可以是字符串元泡数组或多个分组变量的元泡数组；

'Param1', val1, 'Param2', val2... 是可选参数及其取值，用来定义箱线图的特征，见表 7.1.3。

表 7.1.3   箱线图各参数意义及取值

参数名称	取值即意义	默认值
'notch'	On 箱线图有凹槽 Off 箱线图无凹槽	Off
'symbol'	用来表示胡须以外的奇异值，具体可参见第 1 章关于图形线形、颜色等说明	'r + '
'orientation'	箱线图的方向 'horizontal' 横向 'vertical' 纵向	'vertical'
'whisker'	以四分位差为单位的最大胡须长度，即胡须长度 = 该参数的值 * iqr 如果样本中有值超过胡须长度，则该值即为奇异样本	1.5

续表

参数名称	取值即意义	默认值
'labels'	字符串向量用来表示矩阵 X 的每一列的名称	列数 1，2…
'colors'	规定每列所对应的箱线图的颜色，例如 'bgry'	箱线 蓝色 中位线 红色 胡须 黑色
'widths'	箱体宽度	0.5
'positions'	箱体位置	1：n.
'grouporder'	分组顺序	G 中顺序

输出变量：

如果不带输出变量，那么函数画出指定的箱线图。

如果给出输出变量，那么函数返回七组作图数据。常用的调用方式是不带输出变量。

以下举例说明该函数的用法：

（1）最简单的调用

在命令窗输入：

$y = [231\ 245\ 342\ 210\ 345\ 534\ 550\ 600\ 555\ 450\ 523\ 670\ 367\ 456\ 545]$；

$\gg$ boxplot(y)

则得到如图 7.1.4 所示的箱线图。

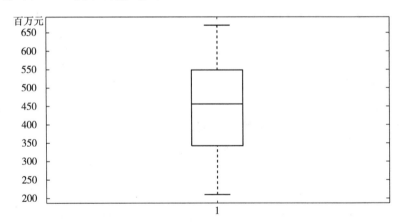

图 7.1.4 某公司历年销售额箱线图

（2）带有分组向量的箱线图

假设学生成绩单如表 7.1.4 所示，那么可用 boxplot 画出学生成绩按照班级分组的箱线图。

在命令行输入：

$\gg$ cj $= [85\ 67\ 78\ 90\ 65\ 88\ 78\ 81\ 90\ 50\ 67\ 77\ 88\ 100]$；

>> G = ['A';'B';'A';'A';'A';'B';'B';'A';'B';'B';'A';'A';'A';'B'];

>> boxplot(cj,G)

则得到图 7.1.5。

表 7.1.4　　　　　　　　　　　　　　学生成绩单

学生姓名	成绩	班级
A	85	A
B	67	B
C	78	A
D	90	A
E	65	A
F	88	B
G	78	B
H	81	A
I	90	B
J	50	B
K	67	A
L	77	A
M	88	A
N	100	B

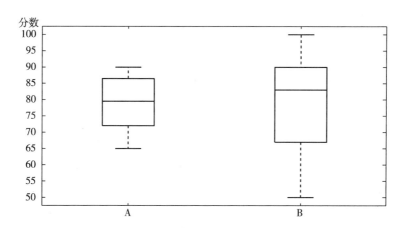

图 7.1.5　某学校成绩按班级分组箱线图

（3）带有凹槽的箱线图

用参数"notch"即可画出如图 7.1.6 所示的带凹槽的箱线图。

>> boxplot (cj, G, 'notch', 'on')

其他参数的使用请大家上机自己验证。

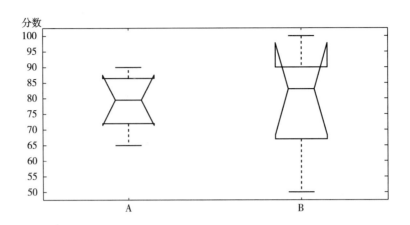

图 7.1.6　带有凹槽的箱线图

5.散点图

MATLAB 提供了画散点图的函数 scatter。散点图可以用来显示一个变量如何随着另一个变量的变化而变化。scatter 的常用形式有:

(1) scatter (X, Y, S, C);

(2) scatter (X, Y);

(3) scatter (X, Y, S);

(4) scatter (X, Y, 'filled')。

其中 X,Y 是两个向量(长度须一致)。S 可为维数与 X,Y 相同的向量,用来规定每个对应点的大小;如果 S 为标量,那么所有点大小一样。C 用来规定每个标点的颜色,具体规定可查阅 ColorSpec。如果 S,C 均省略,则函数将画出默认大小和颜色的散点图。'filled' 是可选项,规定标点是实心的,而不是空心的。

以下用 MATLAB 提供的数据说明 scatter 的用法。

>> load seamount　% 调用 seamount 数据

>> whos

Name	Size	Bytes	Class	Attributes
caption	1x229	458	char	
x	294x1	2352	double	
y	294x1	2352	double	
z	294x1	2352	double	

>> scatter(x,y,5,z)　% 画出变量 X,Y 的散点图,根据 z 的不同,使用不同颜色的标点,标点大小规定为 5,如图 7.1.7 所示

再调用 carsmall 数据。

>> load carsmall　% 调用 carsmall 数据

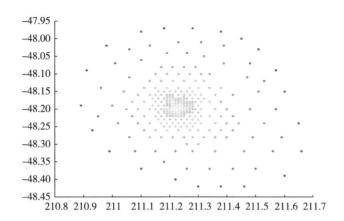

图 7.1.7　seamount 数据散点图

```
>> whos
```

Name	Size	Bytes	Class	Attributes
Acceleration	100x1	800	double	
Cylinders	100x1	800	double	
Displacement	100x1	800	double	
Horsepower	100x1	800	double	
MPG	100x1	800	double	
Mfg	100x13	2600	char	
Model	100x33	6600	char	
Model _ Year	100x1	800	double	
Origin	100x7	1400	char	
Weight	100x1	800	double	

```
>> scatter(Weight,MPG,5,'filled')    % 画出 Weight 对 MPG 变量的散点图,如图
                                         7.1.8 所示
```

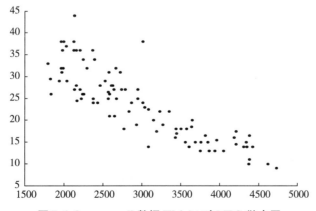

图 7.1.8　carsmall 数据 Weight 对 MPG 散点图

从图 7.1.8 可以看出，MPG 随着 Weight 的增加而减少，而且大体呈线性关系。下节我们将用回归函数进一步分析这种线性关系。

另外，MATLAB 还提供了 scatter3 命令用来画出三维散点图。scatter3 用法类似，可参阅 help 系统。

7.2　假设检验

假设检验是统计推断的一个非常重要的内容。

MATLAB 提供了若干个假设检验的函数。其中，第一个最常用的函数就是 LILLIET-EST。此函数可用于检验一个随机样本所在的总体是否服从正态分布。

Lillietest 的语法结构为：

H = LILLIETEST(X,ALPHA)

输入变量：X 是一个向量，是要检验的样本数据。可选项 ALPHA 是显著性水平（默认为 0.05）。

输出变量：H 是一个逻辑变量。当 H = 0 时，在显著性水平 ALPHA 下不能拒绝零假设；反之，如果 H = 1，则在显著性水平 ALPHA 下拒绝零假设。

下面调用 MATLAB 数据 gas 用来说明函数 Lillietest 的使用。Gas 文件包括两列数据，price1 和 price2。这两列数据分别是美国马塞诸塞州 1993 年 1 月和 2 月油价的 20 个样本。

```
>> load gas
>> whos
Name        Size              Bytes    Class       Attributes
  price1      20x1               160     double
  price2      20x1               160     double
```

首先可以用 lillietest 检验这两个月的油价是否服从正态分布。

```
>> lillietest( price1 )
ans =
    0
>> lillietest( price2 )
ans =
    0
```

假设检验的返回值均为 0。因此，在 0.05 显著性水平下我们不能拒绝零假设，即两个总体为正态分布的假设。

在总体为正态分布的情况下，以下可进一步检验正态分布的特征。

在已知总体标准差的前提下，ztest 函数可用来检验总体的均值是否为某一个确定的量。

Ztest 的常用语法结构为：

[H，P，CI，ZVAL] = ZTEST（X，M，SIGMA，ALPHA，TAIL）

其中：输入 X 是一个向量，M 是某个正态分布的均值。要做的假设就是：向量 X 中的数据是来自于均值为 M 的正态分布；SIGMA 是该正态分布的标准差；可选项 ALPHA 是显著性水平，默认值为 0.05；可选项 TAIL 用来规定 Z 检验的类型，可以取如下值：

both——双尾检验，即备择假设"均值不是 M"（默认值）；

right——右单边检验，即备择假设"均值大于 M"；

left——左单边检验，即备择假设"均值小于 M"。

输出：H 是检验结果，当 H = 0 时，在给定的显著性水平下不能拒绝零假设，即"均值为 M"；当 H = 1 时，可以拒绝零假设。P 是 p 值，一般认为，当 P < ALPHA（很小的数）时，拒绝零假设，否则接受零假设。CI 是对应于给定显著性水平的置信区间。ZVAL 返回 Z 统计量。注意，后 3 个输出是可选项，如果不需要，可以不写。

回到上面油价的例子。假设我们已经知道，马塞诸塞州油价的标准差是 0.04 美元/加仑。用以下命令可检验 1 月份油价的均值是否为 1.15 美元/加仑。由于样本中数据的单位是美元/100 加仑，因此，用 price 除以 100 得到每加仑的油价。

```
>> [h,p,ci] = ztest(price1/100,1.15,0.04)
h =
     0
p =
     0.86682
ci =
         1.134
         1.169
```

结果表明：零假设不能被拒绝，即马塞诸塞州 1 月份平均油价是 1.15 美元/加仑。同时，从结果中也看到，95% 的置信区间包括 1.15 这个值。

再检验 2 月油价情况。假设此次我们并不清楚标准差。在这种情况下，ztest 不能用，只能用 ttest 函数。Ttest 的常用语法结构为：● [H，P，CI，STATS] = TTEST（X，M，ALPHA，TAIL）

此种用法为单样本检验。

其中：输入 X 是一个向量，M 是某个方差未知的正态分布的均值。要做的假设就是：向量 X 中的数据是来自方差未知、均值为 M 的正态分布。如果 M 不写，则默认为 0。可选项 ALPHA 是显著性水平，默认值为 0.05；可选项 TAIL 用来规定 T 检验的类型，可以取如下值：

both——双尾检验，即备择假设"均值不是 M"（默认值）；

right——右单边检验，即备择假设"均值大于 M"；

left——左单边检验，即备择假设"均值小于 M"。

输出：H 是检验结果，当 H = 0 时，在给定的显著性水平下不能拒绝零假设，即

"均值为 M"；当 H = 1 时，可以拒绝零假设。P 是 p 值，一般认为，当 P < ALPHA（很小的数）时，拒绝零假设，否则接受零假设。CI 是对应于给定显著性水平的置信区间。STATS 是一个结构变量，包含如下的域：

tstat——t 统计量的值。

df——自由度。

sd——估计总体标准差。对于下面的双样本检验，此为 X – Y 的标准差。

注意，后 3 个输出是可选项，如果不需要，可以不写。

- ［H, P, CI, STATS］= TTEST（X, Y, ALPHA, TAIL）

此种用法为双样本检验。

输入：X, Y 是两个同维向量，要做的检验是：X, Y 具有相同的均值。此处仍然假设 X – Y 服从方差未知的正态分布。其他输入同第一种用法。

输出：与第一种用法相同。

用 ttest 检验 2 月的油价的均值是否为 1.15 美元/加仑，在命令行输入：

```
>> [h,p,ci] = ttest(price2/100,1.15)
h =
     1
p =
   0.00049517
ci =
      1.1675
      1.2025
```

从结果可以看出：h = 1，而且 p 值很小，说明可拒绝零假设。另外，我们也发现 95% 的置信区间也不包括 1.15 这个数值，因此，2 月的平均油价不大可能是 1.15 美元/加仑。

事实上，用 ttest 也可以比较 1 月和 2 月油价的均值是否相同。

```
>> [h,sig,ci] = ttest(price1,price2)
h =
     1
sig =
    0.0042445
ci =
     -5.5096
     -1.1904
```

从结果可以看出：拒绝零假设，即 1 月、2 月油价不大可能相同。用下面的 ttest2 检验也可得到相同的结论。Ttest2 与 ttest 的用法类似，此处不再详述。

```
>> [h,sig,ci] = ttest2(price1,price2)
h =
```

　　1

sig =

　　0. 0082863

ci =

　　　－5. 7845

　　　－0. 91552

如果两个样本总体不是正态分布，但具有类似的形状，那么我们可用非参数检验来检验两个总体的均值是否相同。MATLAB 用于此目的的函数是 Ranksum。

Ranksum 用来检验两个总体的中位数是否相同。Ranksum 检验称为 Mann – Whitney – Wilcoxon U 检验，译为曼 – 惠特尼 – 维尔科克森检验，简称为 U 检验。

Ranksum 的语法结构为：

[P,H,STATS] = RANKSUM(X，Y，'alpha'，ALPHA，'method'，M)

其中：输入 X，Y 是两个向量（可以不同维），是两个独立的样本。要做的检验是：X，Y 的总体具有相同的中位数。可选项'alpha'用后面的值 ALPHA 给出检验的显著性水平，默认值为 0. 05；可选项'method'用后面的 M 给出检验方法。M 可以是'exact'（确切方法）或者'approximate'（近似方法）。如果此选项不写，则当样本较小时用确切方法，样本较大时用近似方法。

输出：P 是 p 值，一般认为，当 P < ALPHA（很小的数）时，拒绝零假设，否则接受零假设。H 是检验结果，H 是可选项，当 H = 0 时，在给定的显著性水平下不能拒绝零假设，即"中位数相等"；当 H = 1 时，可以拒绝零假设。STATS 是一个结构变量，包含一个或两个域，如果是确切方法，则只有一个域'ranksum'，其值为 U 检验统计量；如果是近似方法，除了第一个域外，还包括域'zval'，其值为 Z 统计量。

注意，后 2 个输出是可选项，如果不需要，可以不写。

下面，调用数据 abc. mat。该数据包括三个列向量：a，来自 2005 年 10 月《财富》杂志公布的世界 500 强企业中汽车行业的 34 家企业的利润额；b，来自同一数据石油行业的 32 家企业的利润额；c，来自同一数据航空业的 11 家企业的利润额。

>> load abc

首先，用函数 lillietest 检验 a 和 b 是否满足正态分布。

>> lillietest(a)

ans =

　　1

>> lillietest(b)

ans =

　　1

结果表明：a、b 都不满足正态分布。

其次，要使用 ranksum 函数，a、b 的分布应该具有相同的形状。函数 kstest2 可用来检验 a 和 b 是否具有相同的分布。

```
>> kstest2(a,b)
ans =
     0
```

结果表明：不能拒绝零假设，即 a、b 同分布。

最后，用 ranksum 比较 a 和 b 的中位数是否相同：

```
>> [p,h,stats] = ranksum(a,b)
p =
     0.011277
h =
     1
stats =
         zval：2.534
     ranksum：1270
```

结果 h = 1 以及 p 值很小导致结论：拒绝零假设，即 a、b 中位数不同。

值得注意的是：还有另一函数 signrank 也能用于比较两个样本总体中位数是否相同。但是，此时的 a、b 应具有相同的维数。否则函数出错。例如，

```
>> signrank(a,b)
```

错误使用 signrank（line 97）

SIGNRANK requires the data vectors to have the same number of elements.

但将 signrank 用于前面油价的例子，则得到：

```
>> [p,h,stats] = signrank(price1,price2)
p =
     0.0060567
h =
     1
stats =
         zval：-2.7447
     signedrank：15
```

结果同样表明：1 月、2 月的油价具有不同的平均值。有兴趣的读者可通过 help 系统参考这些函数的详细说明，在此不再赘述。

7.3　相关分析

相关系数函数 Corr 可用于求线性相关系数，即 Pearson 相关系数以及 Kendall 秩相关系数、Spearman 秩相关系数等系数以及完成它们的检验。

Corr 的语法结构为：

$\text{RHO} = \text{corr}(X)$

$\text{RHO} = \text{corr}(X, Y)$

$[\text{RHO}, \text{PVAL}] = \text{corr}(X, Y)$

$[\text{RHO}, \text{PVAL}] = \text{corr}(X, Y, \text{'name'}, \text{value})$

其中：

X 是一个 $n \times p_1$ 的矩阵，Y 是 ·个 $n \times p_2$ 的矩阵。

$\text{RHO} = \text{corr}$ （X） 返回 $p_1 \times p_1$ 矩阵，表示 X 的各个列之间的相关系数。

$\text{RHO} = \text{corr}$ （X， Y）返回 $p_1 \times p_2$ 矩阵，表示 X 的各个列与 Y 的各个列之间的相关系数。

$[\text{RHO}, \text{PVAL}]$ $= \text{corr}$ （X， Y）返回的 RHO 是 $p_1 \times p_2$ 矩阵，表示 X 的各个列与 Y 的各个列之间的相关系数。PVAL 是 $p_1 \times p_2$ 矩阵，是 RHO 矩阵对应元素的假设检验的 p 值。如果 PVAL （i， j） 很小，比如说小于 0.05，说明 RHO （i， j） 在 0.05 水平下显著不等于零。

$[\text{RHO}, \text{PVAL}]$ $= \text{corr}$ （X， Y， 'name'， value）

'name'是参数名称；value 是参数值。可能的参数取值如表 7.3.1 所示。

表 7.3.1　　　　　　　　　　　　　各参数及其取值

参数名称	取值
type	• Pearson，（默认）计算 Pearson's 线性相关系数 • Kendall，计算 Kendall 的 tau • Spearman，计算 Spearman 的 rho3
rows	• a7ll，（默认）忽略非数值（NaNs），使用所有行 • complete，只用数据全的行 • pairwise，只用 i 列或者 j 列中的不缺失的数据计算 RHO （i， j）
tail——定义双尾检验和单尾检验	• both，（默认）双尾检验，即备择假设是相关系数不等于 0 • right，右单尾检验，即备择假设是相关系数大于等于 0 • left，左单尾检验，即备择假设是相关系数小于等于 0

例 7.3.1[①] Spearman 相关系数及其检验。

`>>` Q279 = [84 92; 66 75; 72 65; 54 62; 75 80; 82 82; 90 85; 86 90; 78 84; 68 60]

Q279 =

84	92
66	75
72	65
54	62
75	80

---

① 该例取自王晓林主编：《统计学》，279 页，经济科学出版社，2001。

82	82
90	85
86	90
78	84
68	60

>> [sr p] = corr(Q279, 'type', 'Spearman')

sr =

1	0.87879
0.87879	1

p =

1	0.0019771
0.0019771	1

P 值 = 0.0019771 < 0.05，拒绝两个变量的 Spearman 相关系数等于零的假设，即两个变量是显著相关的，相关系数是 0.87879。

例 7.3.2[①]　Pearson 相关系数及其检验。

>> StudentScore = [72 80; 40 50; 60 82; 50 65; 62 75; 49 60; 85 88; 65 68; 82 95; 70 55; 76 85; 80 77; 68 72; 90 87; 91 96]

StudentScore =

72	80
40	50
60	82
50	65
62	75
49	60
85	88
65	68
82	95
70	55
76	85
80	77
68	72
90	87
91	96

>> [pear p] = corr (StudentScore, 'type', 'Pearson')

pear =

---

① 该例取自王晓林主编:《统计学》, 179 页, 经济科学出版社, 2001。

$$\begin{matrix} 1 & 0.81813 \\ 0.81813 & 1 \end{matrix}$$

p =

$$\begin{matrix} 1 & 0.00019337 \\ 0.00019337 & 1 \end{matrix}$$

P 值 = 0.00019337 < 0.05，拒绝两个班的学生成绩的 Pearson 相关系数等于零的假设，即两个班学生成绩是显著相关的，相关系数是 0.81813。

例 7.3.3[①]　kendall 相关系数及其检验。继续使用例 7.3.2 的数据：

>> [sr p] = corr(StudentScore，'type'，'kendall'，'tail'，'both')

sr =

$$\begin{matrix} 1 & 0.65714 \\ 0.65714 & 1 \end{matrix}$$

p =

$$\begin{matrix} 1 & 0.00033037 \\ 0.00033037 & 1 \end{matrix}$$

P 值 = 0.00033037 < 0.05，拒绝两个班的学生成绩 Kendall 相关系数等于零的假设，即两个班学生成绩统计上是显著相关的。

>> [sr p] = corr(StudentScore，'type'，'kendall'，'tail'，'right')

sr =

$$\begin{matrix} 1 & 0.65714 \\ 0.65714 & 1 \end{matrix}$$

p =

$$\begin{matrix} 1 & 0.00016519 \\ 0.00016519 & 1 \end{matrix}$$

P 值 = 0.00016519 < 0.05，拒绝两个班的学生成绩 Kendall 相关系数等于零的假设，即两个班学生成绩统计上是显著正相关的。

>> [sr p] = corr(StudentScore，'type'，'kendall'，'tail'，'left')

sr =

$$\begin{matrix} 1 & 0.65714 \\ 0.65714 & 1 \end{matrix}$$

p =

$$\begin{matrix} 1 & 0.9999 \\ 0.9999 & 1 \end{matrix}$$

P 值 = 0.9999 > 0.05，说明不能拒绝两个班的学生成绩 Kendall 相关系数等于零的假设，即两个班学生成绩统计上不是显著负相关的。

---

① 该例取自王晓林主编：《统计学》，183 页，经济科学出版社，2001。

7.4 方差分析

前面讨论的是对一个或者两个总体的均值进行检验的问题。但是，在实践中，我们也经常遇到多个均值的检验问题。在这种情况下，当然我们可以通过反复使用前面的方法来得到所要求的结果，但是这样做不仅费时、费力而且还容易出错。因此，人们又发展出了一种称为方差分析的方法（Analysis of Variance，ANOVA）用来解决这样的问题。MATLAB 提供了方差分析的多个函数。以下结合具体案例分别加以讨论。

在方差分析中，所要研究的变量称为"因素"，因素的不同表现称为"水平"。方差分析要研究的问题就是在各个水平之间是否存在显著性差异。

差异可以发生在水平之间，也可以发生在水平内部。如果水平之间没有显著性差异，那么水平之间的差异和水平内部的差异就应该相差不大，其比值就接近于 1；反之，显著地大于 1。在方差分析中，差异用方差来表示。方差分析就是通过水平之间的方差和水平内部的方差的比较，得出接受和拒绝零假设的判断。

在应用方差分析时，以下两个假设必须遵循：

假设 1：各个水平的观察数据来自正态分布的总体；

假设 2：各个总体相互独立且方差相同。

当方差分析中只涉及一个因素时称为单因素方差分析；涉及两个因素时称为两因素方差分析；涉及两个以上的因素时称为多因素方差分析。本书只讨论单因素方差分析和两因素方差分析。

7.4.1 单因素方差分析

在单因素方差分析中，如果因素 A 有 r 个水平，每个水平的样本容量为 k，则共有 kr 个观察值，如表 7.4.1 所示。

表 7.4.1　　　　　　　　　　　　单因素方差分析数据表

观察值	因素 A			
i	水平 1	水平 2	…	水平 r
1	X_{11}	X_{12}	…	X_{1r}
2	X_{21}	X_{22}	…	X_{2r}
…	…	…	…	…
k	X_{k1}	X_{k2}	…	X_{kr}

在 MATLAB 中，单因素方差分析用函数 anova1 来完成。

函数 anova1 的输入就是表 7.4.1 所示的矩阵；其输出可包括 p 值、方差分析表，以及其他有关方差分析的统计量。还包括两个图形输出：一个是图形表示的方差分析表，另一个就是针对不同水平画出的箱线图。

首先，我们用 MATLAB 自带的数据 hogg. mat 来说明 anoval 的用法。

例 7.4.1　数据 hogg. mat 是一个 6 行 5 列的矩阵。矩阵中的元素是牛奶运输中检测出的细菌数。列表示不同的运输次数，行表示每次运输所取的观察值。我们的零假设就是：每次运输牛奶细菌数相同。在命令行输入：

>> load hogg

>> hogg

hogg =

24	14	11	7	19
15	7	9	7	24
21	12	7	4	19
27	17	13	7	15
33	14	12	12	10
23	16	18	18	20

>> [p, tbl, stats] = anoval(hogg)

p =

　　0.00011971

tbl =

'Source'	'SS'	'df'	'MS'	'F'	'Prob > F'
'Columns'	[803]	[4]	[200.75]	[9.0076]	[0.00011971]
'Error'	[557.17]	[25]	[22.287]	[ ]	[ ]
'Total'	[1360.2]	[29]	[ ]	[ ]	[ ]

stats =

　　gnames：[5x1 char]

　　　　　n：[6 6 6 6 6]

　　source：'anoval'

　 means：[23.833 13.333 11.667 9.1667 17.833]

　　　　df：25

　　　　 s：4.7209

同时输出两个图形：图 7.4.1 和图 7.4.2，第一个图形是方差分析表，第二个图形是对应于每次运输的箱线图。

从输出结果来看，p 值很小，仅为 0.0001，说明我们应拒绝零假设，即每次运输，牛奶中的细菌数是不同的。从箱线图中也可以看出，每次运输细菌数的中位数明显不同，这也从另一侧面证明了我们的结论。

再看一个例子[①]。

----

①　该例取自王晓林主编：《统计学》，189 页，经济科学出版社，2001。

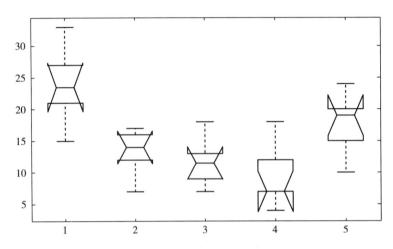

ANOVA Table					
Source	SS	df	MS	F	Prob>F
Columns	803	4	200.75	9.01	0.0001
Error	557.17	25	22.287		
Total	1360.17	29			

图 7.4.1　数据 hogg. mat 的方差分析表

图 7.4.2　数据 hogg. mat 的方差分析箱线图

例 7.4.2　假设有 3 种汽车轮胎，对汽车行驶速度为每小时 3 英里时的平均刹车距离进行测试，每种轮胎测试 4 次，得到如表 7.4.2 所示的结果：

表 7.4.2　　　　　　　　　　　　三种轮胎刹车距离测试数据表

测试次数	甲	乙	丙	平均数
1	22	22	25	—
2	21	25	29	—
3	26	24	28	—
4	23	25	30	—
平均数	23	24	28	25

在命令行输入：

>> cartyre = [22　22　25;21　25　29;26　24　28;23　25　30]

cartyre =

　　22　　22　　25
　　21　　25　　29
　　26　　24　　28
　　23　　25　　30

>> p = anoval (cartyre)

p =

```
    0.012519
>> [p t s] = anova1(cartyre)
p =
    0.012519
t =
    'Source'     'SS'    'df'    'MS'        'F'         'Prob > F'
    'Columns'    [56]    [ 2]    [     28]   [7.4118]    [0.012519]
    'Error'      [34]    [ 9]    [3.7778]    []          []
    'Total'      [90]    [11]    []          []          []
s =
    gnames: [3x1 char]
         n: [4 4 4]
    source: 'anova1'
     means: [23 24 28]
        df: 9
         s: 1.9437
```

同时输出如图7.4.3和图7.4.4所示的两个图形，图7.4.3是方差分析表，图7.4.4是对应于三种不同轮胎的箱线图。

ANOVA Table

Source	SS	df	MS	F	Prob>F
Columns	56	2	28	7.41	0.0125
Error	34	9	3.77778		
Total	90	11			

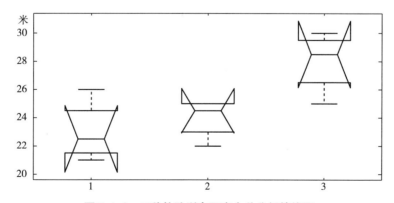

图7.4.3　三种轮胎刹车距离方差分析表

图7.4.4　三种轮胎刹车距离方差分析箱线图

从结果可以看出：p = 0.0125 < 0.05，因此，在显著性水平 0.05 下，我们可以拒绝零假设，即认为对不同的轮胎刹车距离不同。

另外，anova1 也可采用以下形式：

[P, ANOVATAB, STATS] = ANOVA1(X, GROUP, DISPLAYOPT)

在这一形式中，输出变量与上相同，输入变量说明如下：

X 可为矩阵，也可为向量。当 X 为矩阵时，GROUP 为一个与 X 同列的字符串列向量，每一行所对应的字符串作为 X 的每一列或每一水平的名称。当 X 为向量时，GROUP 必须是与 X 相同维数的向量，GROUP 用于 X 中值的分组，对应于 GROUP 中同一值的两个 X 值处在同一组或同一水平。

DISPLAYOPT 是可选项。可以取 on 或 off，默认为 on。其含义是，函数产生的两个图形是否要显示。

X 为向量的用法可以用于各个水平下样本容量不相等的情况。

请看下例[①]。

例 7.4.3 5 个地区每天发生的交通事故次数如表 7.4.3 所示。由于是随机样本，有些地区的样本容量较大，有些地区的样本容量较小。我们要检验的是这五个地区平均每天的交通事故次数是否相等。

表 7.4.3　　　　　　　　　　　　　五个地区交通事故测试数据表

序号	东部 1	北部 2	中部 3	南部 4	西部 5
1	15	12	20	14	13
2	17	10	24	9	12
3	14	13	13	7	9
4	11	17	15	10	14
5		14	12	8	10
6				7	9

在命令行输入：

```
>> jt = [15 17 14 11 12 10 13 17 14 20 24 13 15 12 14 9 7 10 8 7 13 12 9 14 10 9];
>> Group = [1 1 1 1 2 2 2 2 2 3 3 3 3 3 4 4 4 4 4 4 5 5 5 5 5 5];
>> [p t s] = anova1(jt, Group, 'off')
p =
    0.0073416
t =
```

'Source'	'SS'	'df'	'MS'	'F'	'Prob > F'
'Groups'	[183.87]	[4]	[45.967]	[4.6856]	[0.0073416]
'Error'	[206.02]	[21]	[9.8103]	[ ]	[ ]

---

① 该例取自王晓林主编：《统计学》，194 页，经济科学出版社，2001。

| 'Total' | [389.88] | [25] | [ ] | [ ] | [ ] |

s =

gnames：{5x1 cell}

n：[4 5 5 6 6]

source：'anova1'

means：[14.25 13.2 16.8 9.1667 11.167]

df：21

s：3.1321

由输出结果可以看出：p 值 =0.0073416，即使取显著性水平等于 0.01，也应拒绝零假设，即各地区交通事故次数有显著性差异。

输出变量中的第三个参数可用于多重比较。

有时，我们除了关心多个均值是否相等外，还关心具体每一对均值是什么关系。例如，当拒绝零假设时，至少有一个均值与其他均值有显著差异。那么，是哪一个均值与其他有显著差异？是否有均值仍然可以认为无显著差异？这些问题可以通过多重比较来解决。

多重比较可以通过函数 multcompare 来实现。

引用前面 hogg 的例子（例 7.4.1）。我们已经通过方差分析拒绝了零假设，即认为每次运输的细菌数显著不同，而且得到了第三个输出 stats。将 stats 输入函数 multcompare 得到如下结果：

≫ [c, m] = multcompare(stats)

c =

1	2	2.4953	10.5	18.505	0.0059332
1	3	4.1619	12.167	20.171	0.0012925
1	4	6.6619	14.667	22.671	0.00012621
1	5	−2.0047	6	14.005	0.21195
2	3	−6.3381	1.6667	9.6714	0.97193
2	4	−3.8381	4.1667	12.171	0.55436
2	5	−12.505	−4.5	3.5047	0.48062
3	4	−5.5047	2.5	10.505	0.88757
3	5	−14.171	−6.1667	1.8381	0.19049
4	5	−16.671	−8.6667	−0.66193	0.029175

m =

23.833	1.9273
13.333	1.9273
11.667	1.9273
9.1667	1.9273
17.833	1.9273

第一个输出 c 中的每一行对应于一对儿组合。5 个水平，不同的组合共有 10 个，即 1，2；1，3；…；2，3；…；4，5。第四列是对应的组合两个均值差的估计。第三列、第五列是对应估计的 95% 置信区间。第 6 列是 p 值。

例如，第二行具有下列值：

1　　　　　　 3　　　 4. 1619　　　 12. 167　　　 20. 171　　 0. 0012925

说明第一组和第三组的均值之差的估计为 12. 167，该差的 95% 置信区间是 [4. 1619，20. 171]。置信区间不包括零，而且 p 值 < 0. 05，所以拒绝零假设，因此可以推断：第一组和第三组的均值是不同的。

第二个输出 m 包括每一组的均值和方差。

Multcompare 还产生一个如图 7. 4. 5 所示的图形输出，从该图形中也可以直观地看出各组均值的差异。

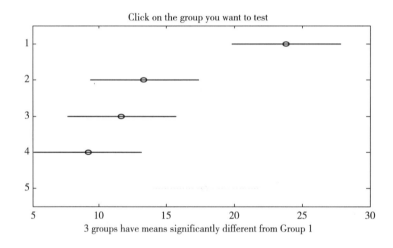

图 7. 4. 5　Multcompare 函数产生的各组均值比较图

从图 7. 4. 5 可以看出，第一组与第二、第三、第四组具有显著性差异。通过用鼠标点击表示任何一组的横线，可以立即显示该组与哪一组具有显著性差异。例如，点 4 可得到：除了 1 以外，4 也与 5 有显著性差异。

在前面 7. 2 节，我们已经使用过数据 abc. mat。该数据包括 3 个列向量：a，来自 2005 年 10 月《财富》杂志公布的世界 500 强企业中汽车行业的 34 家企业的利润额；b，来自同一数据石油行业的 32 家企业的利润额；c，来自同一数据航空业的 11 家企业的利润额。以下我们将对 a、b、c 三组数据进行方差分析，检验来自于 3 个行业的利润额是否有显著性差异。在命令窗口作如下操作：

```
>> load abc    % 调用 abc 数据
>> x = [a' b' c'];% 将 a、b、c 合为一个向量
>> g = [ones(1,32) 2 * ones(1,34) 3 * ones(1,11)];% 产生分组向量
>> [p tbl stats] = anoval(x, g)    % 运行 anoval 得到结果
p =
```

　　0.0029991

tbl =

'Source'	'SS'	'df'	'MS'	'F'	'Prob > F'
'Groups'	[2.4505e+08]	[2]	[1.2252e+08]	[6.2904]	[0.0029991]
'Error'	[1.4414e+09]	[74]	[1.9478e+07]	[]	[]
'Total'	[1.6864e+09]	[76]	[]	[]	[]

stats =

　　　gnames：{3x1 cell}

　　　　　　n：[32 34 11]

　　　source：'anoval'

　　　means：[4803.7 1202.5 1127.6]

　　　　　df：74

　　　　　　s：4413.4

从结果中可以看出：p 值很小，因此拒绝原假设，即三个行业的利润额有显著性差异。以下再用 multcompare 作多重比较：

>> [c m] = multcompare(stats)

c =

1	2	1001.3	3601.2	6201	0.004041
1	3	−13.299	3676.1	7365.5	0.051037
2	3	−3586.6	74.893	3736.4	0.99868

m =

　　　4803.7　　780.18

　　　1202.5　　756.89

　　　1127.6　　1330.7

由此可知：a 和 b 有显著差异（7.2 节已得到此结论），a、c 和 b、c 没有显著差异。

7.4.2　两因素方差分析

　　两因素方差分析假设有两个因素同时影响试验结果。例如，一家汽车公司有两个工厂，每个工厂同时生产三个同样型号的汽车。很自然我们可以提出这样的问题：汽车耗油量（用每加仑汽油汽车的行驶里程 MPG 来表示）不同的工厂是否相同，不同的型号是否相同？即工厂和型号两个因素对 MPG 是否具有显著影响？

　　两因素的影响可能是相互独立的，不存在相互关系；也可能是不独立的，即两种因素的结合会产生出新的效应。前者称为无交互作用，后者称为有交互作用。

　　MATLAB 两因素方差分析用函数 anova2 来完成。该函数不仅可以检验各因素的单个影响，同时也可以检验交互作用的影响。其语法结构及使用说明如下：

　　[P, TABLE, STATS] = ANOVA2 (X, REPS, DISPLAYOPT)

　　输入变量 X 是样本数据矩阵，列表示的是第一个因素，比如说 A 的影响；行表示的是第二个因素，比如说 B 的影响。如果对于每一个 B 有多于一个的观察值，那么可用参数 REPS 指出对于每个 B 观察值的个数（默认值是1）。此处要求对于每个 B 观察值的个数全部相同。

数据结构的形式如表 7.4.4 所示：

表 7.4.4   两因素方差分析数据结构

		因素 A	
		A1	A2
因素 B	B1	X111	X112
		X121	X122
		X131	X132
	B2	X211	X212
		X221	X222
		X231	X232

对于表 7.4.4 所示的数据，参数 REPS 可指定为 3。

参数 DISPLAYOPT 的用法与 anova1 相同。

输出参数的含义和使用也同 anova1，此处不再详述。参见下面的例子。

例 7.4.4 调用 MATLAB 自带的数据 mileage. mat。此数据是一个 6×3 的矩阵，是对不同工厂生产的不同型号的汽车所作的 MPG 试验结果。列表示的是汽车的三个不同的型号，行表示的是该公司的两个工厂。前三行对应于第一个工厂，后三行对应于第二个工厂。以下操作在命令窗口进行：

```
>> load mileage
>> mileage
mileage =
        33.3        34.5        37.4
        33.4        34.8        36.8
        32.9        33.8        37.6
        32.6        33.4        36.6
        32.5        33.7          37
          33        33.9        36.7
>> [p tb stats] = anova2(mileage,3)
p =
   2.4278e - 10      0.0039095      0.84106
tb =
```

'Source'	'SS'	'df'	'MS'	'F'	'Prob > F'
'Columns'	[53.351]	[2]	[26.676]	[234.22]	[2.4278e - 10]
'Rows'	[1.445]	[1]	[1.445]	[12.688]	[0.0039095]

'Interaction'	$[0.04]$	$[2]$	$[0.02]$	$[0.17561]$	$[0.84106]$
'Error'	$[1.3667]$	$[12]$	$[0.11389]$	$[\ ]$	$[\ ]$
'Total'	$[56.203]$	$[17]$	$[\ ]$	$[\ ]$	$[\ ]$

stats =

    source：'anova2'

  sigmasq：0.11389

 colmeans：$[32.95\ 34.017\ 37.017]$

     coln：6

 rowmeans：$[34.944\ 34.378]$

    rown：9

   inter：1

   pval：0.84106

     df：12

```
                        ANOVA Table
Source        SS      df    MS       F      Prob>F
-----------------------------------------------------
Columns     53.3511   2   26.6756  234.22   0
Rows         1.445    1    1.445    12.69   0.0039
Interaction  0.04     2    0.02      0.18   0.8411
Error        1.3667  12    0.1139
Total       56.2028  17
```

图 7.4.6　例 7.4.4 方差分析表

从以上结果可以看出：对应于列的 p 值为零，拒绝不同型号 MPG 均值相同的零假设，说明型号因素的影响在统计上显著。

对应于行的 p 值也很小，说明工厂因素对 MPG 有显著影响。一个工厂生产的汽车在每加仑汽油行驶距离这个指标上胜过另一家工厂。

交互影响对应的 p 值为 0.8411，说明在工厂和型号之间不存在交互影响。

事实上，通过调用多重比较函数，可以发现三个型号两两之间都是显著不同的。

$\gg$ $[\text{c m}]$ = multcompare(stats)

Note：Your model includes an interaction term. A test of main effects can be difficult to interpret when the model includes interactions.

c =

1	2	-1.5865	-1.0667	-0.54686	0.00038575
1	3	-4.5865	-4.0667	-3.5469	$2.8441\mathrm{e}-09$
2	3	-3.5198	-3	-2.4802	$1.0506\mathrm{e}-08$

m =

32.95	0.13777
34.017	0.13777

37.017   0.13777

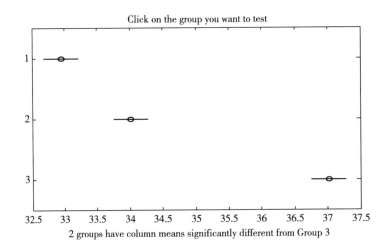

图 7.4.7   **Multcompare 函数产生的各组均值比较图**

以下进一步举例说明两因素方差分析的使用。

例 7.4.5[①]   某商品有三种不同装潢，在五个地区销售。销售资料如表 7.4.5 所示。试以 0.05 的显著性水平检验该商品装潢和销售地区是否对销量有显著影响。

表 7.4.5   某商品销售资料

地区（因素 B）	装潢（因素 A）		
	A1	A2	A3
B1	41	45	34
B2	53	51	44
B3	54	48	46
B4	55	43	45
B5	43	39	51

在命令窗口输入：

```
>> clear
>> data745 = [41 45 34; 53 51 44; 54 48 46; 55 43 45; 43 39 51]
Data745 =
    41    45    34
    53    51    44
    54    48    46
    55    43    45
    43    39    51
```

---

① 该例取自王晓林主编：《统计学》，197 页，经济科学出版社，2001。

```
>>  p = anova2(data745)          % 只取一个输出,并取默认的 REPS 值
p =
        0. 31943          0. 24187
```

而且也得到如图 7.4.8 所示的方差分析表。

ANOVA Table

```
Source     SS       df    MS       F      Prob>F
Columns    74.133    2    37.0667  1.32   0.3194
Rows      191.067    4    47.7667  1.7    0.2419
Error     224.533    8    28.0667
Total     489.733   14
```

图 7.4.8　例 7.4.5 的某商品销售数据方差分析表

值得说明的是:(1)当 REPS 取默认值 1 时,无交互作用项。(2) anova2 只输出一个图,即方差分析表。

由结果可知:因素 A 和因素 B 的 p 值都很大,因此接受零假设,即认为装潢和地区对销售额都没有显著影响。

例 7.4.6[①]　一个超级市场将一种商品采用 3 种不同的包装,放在 3 个不同的货架上做销售试验。要求检验包装和货架是否对销量有显著影响,交互作用是否显著。随机抽取 3 天的销量作为样本,结果如表 7.4.6 所示。

表 7.4.6　　　　　　　　　超市某商品销售数据

		因素 A		
		包装 1	包装 2	包装 3
因素 B	货架 1	5	6	4
		6	8	3
		4	7	5
	货架 2	7	5	3
		8	5	6
		9	6	4
	货架 3	3	6	8
		2	6	9
		4	5	6

在命令窗口输入:

```
>>  clear
>>  data746 = [5      6      4
               6      8      3
```

[①]　该例取自王晓林主编:《统计学》,201 页,经济科学出版社,2001。

```
                4    7    5
                7    5    3
                8    5    6
                9    6    4
                3    6    8
                2    6    9
                4    5    6];
```

>> p = anova2(data746,3)

p =

  0.33546   0.52041 2.0025e - 05

```
                          ANOVA Table
Source        SS      df    MS      F      Prob>F
----------------------------------------------------
Columns       2.6667   2    1.3333   1.16   0.3355
Rows          1.5556   2    0.7778   0.68   0.5204
Interaction  65.7778   4   16.4444  14.32   0
Error        20.6667  18    1.1481
Total        90.6667  26
```

图 7.4.9　超市某商品销售数据方差分析表

从结果可以看出：因素 A 和因素 B 对应的 p 值都很大，因此接受零假设，即包装和货架对销量的影响都不显著。交互作用对应的 p 值为零，因此拒绝零假设，因此在包装和货架之间存在交互作用。总的结论：虽然包装和货架对销量的影响都不显著，但包装和货架组合起来对销量却有显著影响。

7.5　回归分析

回归分析是统计分析中的重要工具。所谓回归分析就是通过样本数据以某种规则算出样本回归函数中的参数，从而对总体回归函数作出估计。

回归分析可以分为线性回归和非线性回归。而线性回归又可以分为一元线性回归和多元线性回归。本书只讨论线性回归。

多元线性回归模型是多个自变量和一个因变量的线性回归模型。多元线性回归模型的函数形式为

$$Y_t = b_0 + b_1 X_{1t} + b_2 X_{2t} + \cdots + b_k X_{kt} + e_t \ (t = 1,2 \cdots n)$$

式中：n 为样本容量；e_t 为残差；$b_0, b_1 \cdots b_k$ 称为回归系数。

一元线性回归模型就是只有一个自变量和一个因变量的线性回归模型。一元线性回归模型是多元线性回归模型的特例。

回归系数的估计采用最小二乘法。

回归直线的拟合程度用可决系数 R^2 来衡量。R^2 越大，回归模型拟合程度越高；反

之，拟合程度越差。值得说明的是：在多元线性回归方程中，拟合程度通常采用"修正自由度的可决系数"或调整 R^2 来衡量。

线性回归方程的检验分为回归系数的显著性检验和回归方程的显著性检验。

回归系数的检验采用 t 检验，即根据所计算出的 t 值或对应的 p 值来作出拒绝或接受回归系数为零的零假设。t 值越大，p 值越小，那么拒绝零假设的可能性越大，即自变量对因变量的影响越显著。

回归方程的检验采用 F 检验。通过 F 检验可确定线性回归方程在整体上是否显著成立。F 值越大，p 值越小，拒绝系数全为零的零假设的可能性越大，即越能确定整个回归方程是统计显著的。反之，整个回归方程是不显著的。

7.5.1 线性回归

MATLAB 用于线性回归的函数称为 regress。Regress，既可以用于一元线性回归，也可用于多元线性回归。

Regress 的语法结构为：

[B, BINT, R, RINT, STATS] = REGRESS(Y, X, ALPHA)

输入变量为：

X——一个 $n \times p$ 的矩阵，每一行对应于一个观察值，每一列对应于一个自变量。Y 是 $n \times 1$ 的列向量，是因变量所对应的观察值。

值得说明的是：为了使回归方程中包含常数项，X 中的第一列必须是全 1 向量。如果不包含该列，那么数据将出错。

ALPHA——给定的显著性水平。默认情况下，显著性水平取 0.05。此为可选项。

输出变量为：

B——回归系数向量（其中第一个分量为常数项）。

BINT——B 对应的 1 − ALPHA（默认 95%）置信区间。

R——残差向量。

RINT——对应于每个 R 的区间构成的矩阵。此区间可用于诊断奇异样本。如果某个区间不包含零，说明在选定的显著性水平下，所对应的残差比预期的残差大。这一证据表明对应的观察值是一个奇异样本。

STATS 包含许多有用信息，按照顺序，第一位是可决系数 R^2，然后是 F 统计量，其后是对应 p 值，最后是误差项方差的估计。

以下我们调用 MATLAB 自带数据 carsmall 来说明回归函数 regress 的使用。

例 7.5.1 在第一节演示 scatter 作图时，曾经画出了 MPG 随 Weight 变化的散点图。为了方便，此处重新画出此图。

≫ load carsmall

≫ scatter(Weight, MPG, 5, 'filled')

从图 7.5.1 中可以看出，MPG 随着 Weight 的增加而减少，而且大体呈线性关系。以下，我们用 regress 函数找出 MPG 随 Weight 变化的线性回归模型。

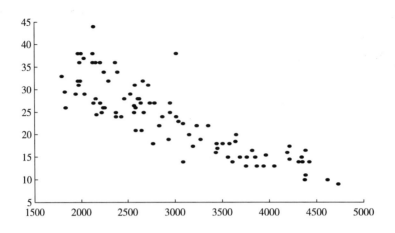

图 7.5.1　MPG 随 Weight 变化的散点图

以下在命令窗口操作:

```
>> W = [ones(size(Weight)) Weight];        % 在 Weight 中加入一列全为 1 的列
>> W(1:4,:)      % 为节省篇幅,只显示前 4 行
ans =
                1               3504
                1               3693
                1               3436
                1               3433
>> [B bint r rint stats] = regress(MPG, W)      % 调用 regress 函数
B =
        49.238
       -0.0086119
bint =
        45.978          52.497
       -0.0096741      -0.0075498
r =              % 为节省篇幅,只显示前 4 行
       -1.0614
       -2.4338
       -1.647
       -3.6729
......
rint =
       -9.2517          7.1289
      -10.595           5.7271
       -9.8379          6.5439
```

$$-11.835 \qquad 4.4897$$

$$\cdots\cdots \qquad\quad \cdots\cdots$$

stats =

$$0.73812 \qquad 259.31 \quad 1.6434e-28 \qquad 17.094$$

从函数 regress 的输出可以得到如下结果:

MPG 对 Weight 的一元线性回归模型如下:

$$MPG = 49.238 - 0.0086119 \times Weight$$

$R^2 = 0.73812$, 表明整个模型具有大约 74% 的解释力。F 统计量为 259.31 且对应的 p 值为零, 因此拒绝零假设, 即所有的回归系数不全为零, 整个回归方程是显著的。误差项方差 17.094 也说明回归方程的随机扰动不大。

再看回归系数的两个置信区间。这两个置信区间都不包括零, 说明回归系数在 5% 的显著性水平下也是显著的, 即 Weight 对 MPG 的影响是显著的。

最后, 在所显示的 4 个残差中, 所有 95% 置信区间都包括零, 说明前 4 个观察值都是正常的, 非奇异样本。逐个考察所有的观察值不仅耗时, 也容易出错, 因此 MATLAB 提供了另一个函数 rcoplot, 可以将所有的残差和置信区间画在一个图上, 如图 7.5.2 所示。通过该图可以很直观地确定出哪个值是奇异样本。

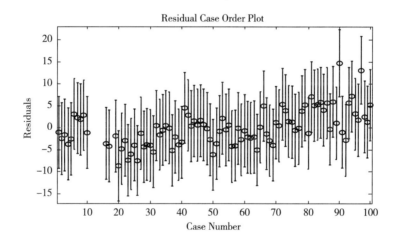

图 7.5.2　残差分析图

在命令行输入:

$\gg$ rcoplot(r, rint)

则在图形窗口得到如图 7.5.2 所示的图形。该图以行的顺序显示各个观察值对应的残差（每条线的圆圈位置）和置信区间（每条线的长度）。第 20 个、第 90 个和第 97 个样本为奇异样本。将这三个奇异样本去掉, 再做回归, 其拟合程度肯定会提高。后面讨论的模型改进, 将用另一函数 robust 解决这一问题。

下面再用 MATLAB 的自带数据 moore.mat 作一个多元线性回归的例子。

例 7.5.2　在数据 moore 中我们设第六列为因变量, 第一列到第五列为自变量。在命令窗口中作如下操作：

```
>> clear        % 清内存
>> load moore        % 调用数据 moore
>> y = moore(:, 6);        % 将第六列作为因变量
>> x = [ones(length(moore(:,1)),1) moore(:, 1:5)];
```
% 构造自变量矩阵,使其第一列全为 1,第二列至第六列为原数据中的 1~5 列

```
>> [b bint r rint stats] = regress(y, x)% 调用函数 regress
b =
        - 2. 1561
    - 9. 0116e - 06
        0. 0013159
        0. 0001278
        0. 0078989
        0. 00014165
bint =
        - 4. 1154        - 0. 19691
    - 0. 0011208        0. 0011027
    - 0. 001394        0. 0040258
    - 3. 7139e - 05        0. 00029274
    - 0. 022128        0. 037926
    - 1. 6522e - 05        0. 00029983
r =
        0. 56232
    - 0. 14555
        0. 088524
    - 0. 047876
    - 0. 2307
        0. 17068
    - 0. 34134
    - 0. 070788
    - 0. 010285
    - 0. 10945
        0. 17172
        0. 050437
    - 0. 039913
```

```
        0. 022723
       − 0. 39447
        0. 081334
        0. 072986
        0. 011354
       − 0. 22227
        0. 38057
rint =
        0. 22336        0. 90128
       − 0. 55055        0. 25945
       − 0. 32918        0. 50623
       − 0. 55512        0. 45936
       − 0. 70777        0. 24637
        − 0. 2835        0. 62487
        − 0. 8413        0. 15861
       − 0. 63005        0. 48847
       − 0. 47825        0. 45768
       − 0. 64384        0. 42494
       − 0. 33475        0. 67819
       − 0. 49459        0. 59546
       − 0. 59785        0. 51803
       − 0. 50288        0. 54833
       − 0. 87361       0. 084673
       − 0. 42049        0. 58316
      − 0. 089042        0. 23501
        − 0. 5024        0. 52511
       − 0. 67087        0. 22633
      − 0. 0099265       0. 77106
stats =
        0. 81067        11. 989    0. 00011838     0. 068538
```

输出结果中，b 是回归系数，bint 是回归系数对应的 95% 的置信区间；r 是残差，rint 是各残差对应的 95% 置信区间；stats 包含几个重要的统计量：

$R^2 = 0.81067$，$F = 11.989$，$p = 0.00011838$，$MSE = 0.068538$。

从这些结果中可知，整个回归方程是显著的，但回归系数全部不显著。事实上，从下面讨论的另一函数 regstats 可知，各回归系数对应的 t 统计量都很小，而 p 值又很大，因此，所有的回归系数都是不显著的。

7.5.2 回归分析统计量计算

函数 regstats 可以用来计算多元线性回归模型中所涉及的所有常用的统计量。

Regstats 的输入仍然是：Y 因变量，紧跟 X 自变量。不过，与 regress 不同的是自变量中不需要再加入一个全部为 1 的列用来表示常数项的存在。事实上，函数 regstats 已经默认有常数项。

在命令行输入不带输出变量的函数 regstats 以后，一个如图 7.5.3 所示的窗口弹出。

仍然用上面例 7.5.2 中的数据。

```
>> loadmoore
>> y = moore( :, 6 );
>> x = moore( :, 1:5 );
>> regstats( y, x )
```

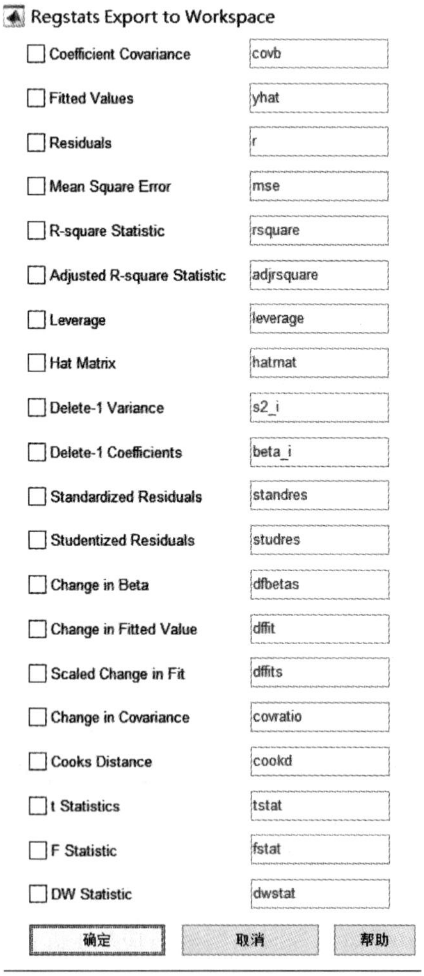

Regstats Export to Workspace

☐ Coefficient Covariance	covb
☐ Fitted Values	yhat
☐ Residuals	r
☐ Mean Square Error	mse
☐ R-square Statistic	rsquare
☐ Adjusted R-square Statistic	adjrsquare
☐ Leverage	leverage
☐ Hat Matrix	hatmat
☐ Delete-1 Variance	s2_i
☐ Delete-1 Coefficients	beta_i
☐ Standardized Residuals	standres
☐ Studentized Residuals	studres
☐ Change in Beta	dfbetas
☐ Change in Fitted Value	dffit
☐ Scaled Change in Fit	dffits
☐ Change in Covariance	covratio
☐ Cooks Distance	cookd
☐ t Statistics	tstat
☐ F Statistic	fstat
☐ DW Statistic	dwstat

| 确定 | 取消 | 帮助 |

图 7.5.3 回归分析统计量计算窗口

通过点击每个统计量前面的小方框，即可选定此统计量。你想输出什么统计量，那么就在什么统计量前面选定它。选完以后点击"确定"键，那么选定的这些统计量就被计算而且显示在工作区窗口（workspace）中了。

例如，在此例中，我们选定回归系数、R 平方、调整 R 平方、t 统计量、F 统计量，然后点击"确定"键，那么这些统计量就都出现在工作区窗口中了。

要想知道某一统计量的具体值，或者可以在命令窗口敲入变量的名称，或者双击它。例如，此处我们想知道各回归系数对应的 t 统计量和 p 值，双击"tstat"，在弹出的向量编辑窗口中可发现 t 值和 p 值分别为：

$$- 2.3603 \qquad - 0.0174 \qquad 1.0415 \qquad 1.6618 \qquad 0.5642 \qquad 1.9208$$
$$\ \ 0.0333 \qquad \ \ 0.9864 \qquad 0.3153 \qquad 0.1188 \qquad 0.5815 \qquad 0.0754$$

可见，所有 t 值都很小，而 p 值都很大（大于 0.05），因此得出结论：所有回归系数全部不显著。

对该例，我们也可以运行 rcoplot 来检查在样本中是否存在奇异样本。

>> rcoplot(r, rint)

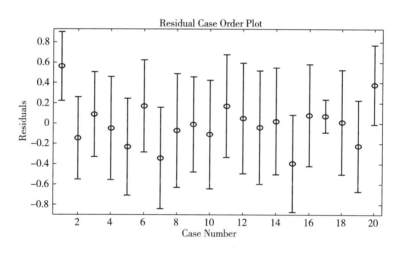

图 7.5.4　残差分析图

可见，第一个样本是奇异样本。

7.5.3　模型改进

1. ROBUST 回归

前面已经提到，回归分析和方差分析都必须遵循一定的假设，比如说，误差项必须符合正态分布。但是，有时这样的假设很难保证。例如，当误差项分布不对称，或者存在相当严重的奇异样本时，正态分布的假设就不满足。

MATLAB 提供了一个称为 ROBUST 的回归函数，该函数对于解决奇异样本的问题非常有用。ROBUST 回归可以将奇异样本的影响降到最低。

RUBUST 的设计思想是：对不同的观察值给以不同的权重，奇异样本的权重给的最低。这样一来就降低了奇异样本的影响，或者说降低了回归结果对奇异样本的敏感性。

当然，权重的给出是函数通过迭代自动给出的，不需要人工预先给出或预先计算。首先，函数为每个观察值赋予相等的权重，运行一遍通常的最小二乘回归；然后，函数按照每个观察值与预测值之间的距离大小重新赋予这些观察值不同的权重。当然，距离近的权重大，距离远的权重小。根据新的权重，函数重新做一遍回归。这个过程一直进行下去，直到它满足某种收敛条件。

例如，在前面讨论的 moore 的例子中，我们发现第一个样本是奇异样本。因此，我们用 robustfit 重新计算这一回归模型，从而揭示奇异样本对回归模型的影响。

函数 robustfit 的使用与 regress 的使用类似，其语法结构为：

$[B \ Stats] = ROBUSTFIT(X,Y,'WFUN',TUNE,'CONST')$

其中：

X——自变量样本矩阵，但 X 的输入不需要加入一个全 1 列。

Y——因变量样本向量，此处注意，X、Y 的顺序与前面函数的不同。

WFUN 和 TUNE——可选项，用来确定权重赋予函数。建议初学者不要使用这两个参数，取默认值即可。

CONST——可选项，可取 on 或 off。取 on 时表示回归函数包括常数项（默认值）；反之，不包括常数项。

B 输出项，是回归方程的系数。

Stats 输出项，是一个结构型数据，常用的项包括：

stats. ols _ s	通常回归模型的残差均方差
stats. robust _ s	Robust 回归的残差均方差
stats. mad _ s	残差的平均差估计
stats. s	最终的残差估计
stats. se	回归系数估计的标准差
stats. t	t 值
stats. p	对应于 t 值的 p 值
stats. coeffcorr	回归系数的相关系数估计
stats. w	最终的权重向量

对于前例，在命令窗口操作如下：

```
>> clear
>> load moore
>> x = moore( : ,1:5);
>> y = moore( : ,6);
>> [br Statsr] = robustfit(x, y)
br =
        -1.7516
    1.7006e-05
```

0. 00088843

0. 00015729

　0. 0060468

6. 8807e − 05

Statsr =

　　　　　ols _ s：0. 2618

　　　　robust _ s：0. 22475

　　　　mad _ s：0. 23532

　　　　　　　s：0. 2492

　　　　　resid：[20x1 double]

　　　　　rstud：[20x1 double]

　　　　　　se：[6x1 double]

　　　　　covb：[6x6 doublc]

　　coeffcorr：[6x6 double]

　　　　　　　t：[6x1 double]

　　　　　　p：[6x1 double]

　　　　　　w：[20x1 double]

　　　　　Qy：[6x1 double]

　　　　　　R：[6x6 double]

　　　　　dfe：14

　　　　　　h：[20x1 double]

　　　　Rtol：1. 0785e − 10

>> Statsr. w

ans =

　　0. 024612

　　　0. 99858

　　　0. 97629

　　　0. 93233

　　　0. 97038

　　　0. 85975

　　　0. 91803

　　　0. 99917

　　　0. 95897

　　　0. 96489

　　　0. 97695

　　　0. 98678

　　　0. 9999

0. 99762

0. 81221

0. 97325

0. 98923

0. 9988

0. 8974

0. 67738

对比此处得到的 br 与前面用 regress 得到的 b 的差别

b =

$\quad$ -2. 1561

$\quad$ -9. 0116e - 06

$\quad$ 0. 0013159

$\quad$ 0. 0001278

$\quad$ 0. 0078989

$\quad$ 0. 00014165

为什么会有此差别？观察 Statsr 中 w 的值。在 Statsr. w 中，每一个值表示的是 robust 回归为每一个观察值最后分配的权重。从数值中知：第一个点的权重最小，为 0. 024612。

再看 carsmall 的例子。

>> clear

>> load carsmall

>> [br Sr] = robustfit(Weight, MPG)

br =

$\quad$ 48. 094

$\quad$ -0. 0083419

Sr =

$\quad$ ols_s: 4. 1345

$\quad$ robust_s: 3. 9982

$\quad$ mad_s: 3. 6689

$\quad$ s: 4. 0038

$\quad$ resid: [100x1 double]

$\quad$ rstud: [100x1 double]

$\quad$ se: [2x1 double]

$\quad$ covb: [2x2 double]

$\quad$ coeffcorr: [2x2 double]

$\quad$ t: [2x1 double]

$\quad$ p: [2x1 double]

$$w: \begin{bmatrix} 100\text{x}1 & double \end{bmatrix}$$

$$Qy: \begin{bmatrix} 2\text{x}1 & double \end{bmatrix}$$

$$R: \begin{bmatrix} 2\text{x}2 & double \end{bmatrix}$$

$$dfe: 92$$

$$h: \begin{bmatrix} 100\text{x}1 & double \end{bmatrix}$$

$$Rtol: 6.2099e-10$$

```
>> Sr. w        % 为节省篇幅,以下数据只部分显示
ans =
        0.99488
        0.96421
        0.98599
        ……
        0.97965
        0.5797
        0.87641
        ……
        0.98521
        0.050336
        0.99808
        0.95952
        0.75854
        0.63551
        0.91726
        0.96773
        0.12439
        0.93686
        0.97782
        0.79701
```

可见,模型的系数已经改变,而且从 Sr. w 中清楚地看到 robust 为第 20 个、第 90 个和第 97 个样本分配的权重最小,分别为 0.5797、0.050336 和 0.12439。

2. 逐步线性回归

前面提到,在一个多元线性回归模型中,有的变量是显著的,有的是不显著的;有的显著性强,有的显著性弱。我们当然希望,在模型中所有的变量都对因变量有很强的解释性,因此在得到模型以后,我们就需要对变量进行筛选,保留那些具有显著影响的变量,而把那些统计上不显著的变量剔除掉,以简化整个模型。

逐步回归就是一项在多元回归模型中筛选变量的技术。逐步回归有向前逐步回归和向后逐步回归以及双向逐步回归之分。

向前逐步回归开始于无变量模型，然后逐步将统计上最显著的变量加到模型中直到无统计上显著的变量或者无变量可加时为止。向后逐步回归开始于包含所有变量的模型，然后逐步从模型中将统计上不显著的变量剔除出去直到留下的所有变量都是统计显著的。双向逐步回归开始于所有变量的一个子集，然后加入统计上显著的变量并剔除统计上不显著的变量直到在模型中的所有变量都是统计显著的，而模型之外的变量都是不显著的。

在使用逐步回归时，模型中的变量可能存在多重共线性问题。由于该问题的存在，根据模型起点和算法的不同，逐步回归可能得到不同的结果。

MATLAB 提供了如下两个函数用于逐步回归：

STEPWISE 交互式图形工具。使用该工具，可以使你通过交互的方式直观地完成逐步回归。

STEPWISEFIT 命令行工具。通过输入数据及参数，一次性完成逐步回归并将回归的结果显示在命令窗口或变量工作区中。

- Stepwise 交互式图形工具

以下用 MATLAB 自带数据 moore 来说明 stepwise 的使用。前面我们已经将 moore 的第六列 y 作为因变量，第一列至第五列 x 作为自变量，求得了 y 关于 x 的线性回归模型。以下我们仍然求 y 关于 x 的逐步回归线性模型。

在命令行输入：

```
>> load moore
>> x = moore( :,1:5);
>> y = moore( :,6);
>> stepwise( x, y)
```

然后，在另外弹出的一个图形窗口中显示了如图 7.5.5 所示的信息：

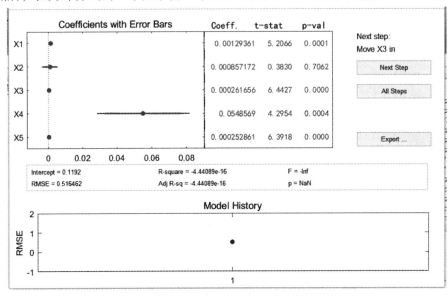

图 7.5.5　逐步线性回归工作窗口

此时，你可以按"Next Step"，一步一步地将变量引入到模型直到"Next Step"对话框中显示：Move no terms 为止。或者你也可以直接按"All Steps"，一次性得到逐步回归的结果。

逐步回归结束以后，回归结果如图7.5.6所示。该结果将分三个窗口显示：

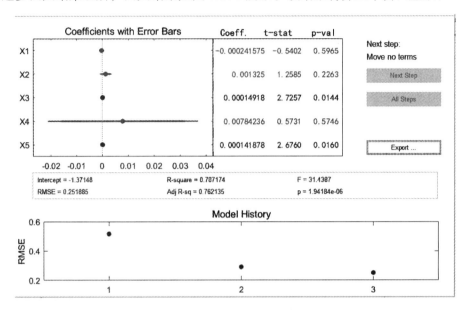

图7.5.6 逐步线性回归结果

系数窗口：显示最终进入模型的变量（以蓝色显示）和从模型中剔除的变量（以红色显示）。对每个变量显示回归系数值、t检验值和p值。当然，被剔除掉的变量，其t值很小，而p值很大（大于0.05）；留在模型中的变量，其t值较大，而p值较小（小于0.05）。

参数窗口：该窗口给出了有关回归模型的重要参数。常数项、误差项均方差、R平方、调整R平方、F统计量和对应p值。

模型历史窗口：给出了模型每一步对应的误差项均方差的大小显示。将鼠标移到蓝色点上，一个弹出的小窗口显示这一步进入模型的是哪一个变量。

对于本例，根据回归结果首先可以写出回归模型：

$$y = -1.37148 + 0.00014918x_3 + 0.000141878x_5$$

$R^2 = 0.787174$，调整 $R^2 = 0.762135$，表明整个模型的解释力约为75%。F = 31.4387，对应的p值几乎为零，说明整个模型在统计上是显著的。

系数显著性的检验不用重复。根据逐步回归的处理原则，留在模型中的变量就是显著性变量。

- stepwisefit 函数

逐步回归的第二种形式就是命令行函数 stepwisefit。它的语法结构为：

[B,SE,PVAL,INMODEL,STATS,NEXTSTEP,HISTORY] = stepwisefit（X,Y,' PA-

RAM1'，val1，'PARAM2'，val2，...）

输入变量：

X——自变量样本矩阵，但 X 的输入不需要加入一个全 1 列。

Y——因变量样本向量。

Y——后面可跟若干个可选参数及其值。可能的参数如下所示：

'inmodel'　　　包含在初始模型中的自变量（默认为 none，即没有）；

'penter'　　　判断变量是否加入模型的最大 p 值（默认为 0.05）；

'premove'　　　剔除变量的最小 p 值（默认为 0.10）；

'display'　　　可取"on"（默认），显示每步信息；或"off"，不显示每步信息；

'maxiter'　　　迭代最大步数（默认为无最大步数）；

'keep'　　　保持初始状态的变量（默认为 none，即没有）；

'scale'　　　可取"on"，X 的每一列用标准差标准化；或"off"（默认），忽略标准化。

输出变量：

B——回归系数，要注意哪个变量在模型中，哪个不在模型中；

SE——B 的标准差向量；

PVAL——检验整个模型是否显著的 p 值；

INMODEL——一个逻辑向量，1 表明对应变量进入最后的模型中，0 表示没进入；

STATS——结构变量，包括了所有有关的重要统计量，如 t 值及对应 p 值、F 值及对应 p 值等；

NEXTSTEP——推荐的下一个进入模型或从模型中剔除的变量序号，或者用 0 表示无推荐的进一步行动；

HISTORY——结构变量，包括逐步回归每一步的历史信息。

用前面 moore 数据的例子。在命令窗输入：

```
>> load moore
>> x = moore( :,1:5);
>> y = moore( :,6);
>> [B,SE,PVAL,INMODEL,STATS,NEXTSTEP,HISTORY] = stepwisefit( x,y)
Initial columns included: none
Step 1, added column 3, p = 4.6101e - 06
Step 2, added column 5, p = 0.015954
Final columns included: 3 5
```

'Coeff'	'Std. Err.'	'Status'	'P'
[-0.00024157]	[0.0004472]	'Out'	[0.5965]
[0.001325]	[0.0010529]	'Out'	[0.22627]
[0.00014918]	[5.473e - 05]	'In'	[0.014381]
[0.0078424]	[0.013685]	'Out'	[0.57456]

$$\begin{bmatrix} 0.00014188 \end{bmatrix} \qquad \begin{bmatrix} 5.3019e-05 \end{bmatrix} \quad \text{'In'} \qquad \begin{bmatrix} 0.015954 \end{bmatrix}$$

B =

　　−0.00024157

　　　0.001325

　　0.00014918

　　　0.0078424

　　0.00014188

SE =

　　0.0004472

　　0.0010529

　　5.473e−05

　　0.013685

　　5.3019e−05

PVAL =

　　　0.5965

　　　0.22627

　　　0.014381

　　　0.57456

　　　0.015954

INMODEL =

　　0　　0　　1　　0　　1

STATS =

　　　source：'stepwisefit'

　　　　dfe：17

　　　　df0：2

　　SStotal：5.0679

　　SSresid：1.0786

　　　fstat：31.439

　　　pval：1.9418e−06

　　　rmse：0.25189

　　　　xr：[20x3 double]

　　　　yr：[20x1 double]

　　　　B：[5x1 double]

　　　SE：[5x1 double]

　　TSTAT：[5x1 double]

　　PVAL：[5x1 double]

　　　covb：[5x5 double]

intercept：－1.3715

  wasnan：[20x1 logical]

NEXTSTEP =

  0

HISTORY =

    B：[5x2 double]

  rmse：[0.29183 0.25189]

   df0：[1 2]

   in：[2x5 logical]

从回归结果可以看出：stepwisefit 得到的结果与图形工具 stepwise 得到的结果相同。只是 stepwisefit 没有包含 R^2 和调整 R^2 的信息，因此只能根据其他信息另行计算：

 ≫ Rsquare = 1 － STATS. SSresid/STATS. SStotal

Rsquare =

  0.78717

 ≫ adjrsq = 1 － (1 － Rsquare) * ((STATS. df0 + STATS. dfe)/STATS. dfe)

adjrsq =

  0.76214

7.6　多元统计分析

多元统计分析是近年来统计研究十分活跃的分支。多元统计分析研究多个随机变量之间的相互依赖关系和变量之间的内在规律。常用的多元统计方法包括主成分分析、因子分析、聚类分析、判别分析、典型相关分析等。本节讨论用 MATLAB 提供的相应函数求解主成分分析和聚类分析的问题。

7.6.1　主成分分析

主成分分析是一种数据简化技术。应用主成分分析可以将多个数据变量进行降维，用很少几个指标反映原数据中包含的绝大部分信息。

主成分分析的基本思想是：将原来的 p 个指标重新组合为相互无关的几个新指标，使得新指标的个数远远少于 p 而又能充分包含原数据的绝大部分信息。一般来讲，第一个组合称为第一主成分，第二个组合称为第二主成分，依次类推。

主成分分析的数据结构如下：

$$X = \begin{pmatrix} x_{11} & x_{12} & \cdots & x_{1p} \\ x_{21} & x_{22} & \cdots & x_{2p} \\ \vdots & \vdots & \cdots & \vdots \\ x_{n1} & x_{n2} & \cdots & x_{np} \end{pmatrix}$$

其中：x_{ij} 是第 i 个样本的第 j 个指标的观察值，因此，共有 p 个指标（变量），n 个样本值。

在应用主成分分析时，需要先将数据标准化，以消除量纲的影响。从数学上可以证明，在数据标准化以后，p 个指标的主成分就是以样本协方差矩阵或相关矩阵的特征向量为系数的线性组合，对应的特征根就是相应的方差。

以下举例说明主成分的求解过程。

例 7.6.1[①] 表 7.6.1 给出的是 1998 年反映 14 个国家生活质量的 4 个指标，婴儿出生时的预期寿命、婴儿存活率、成人识字率和人均 GDP。

表 7.6.1　　　　　　　　　　　　**各国生活质量统计表**

国家	预期寿命（岁）	婴儿存活率（‰）	成人识字率（%）	人均 GDP（美元）
中国	69	967.7	79.4	668.3
墨西哥	72	967.0	81.2	3355.8
土耳其	67	952	69.4	2119.5
菲律宾	66	996.1	93.3	1162.1
韩国	72	990	89	10143.9
泰国	69	996.1	89.3	3036.2
美国	77	992	99.4	28646.5
日本	80	996	99.7	34298.8
加拿大	78	994	99	19985.3
澳大利亚	77	994	99.1	21678.9
阿根廷	73	997.8	94.3	8444.1
罗马尼亚	70	997.7	94.6	545.8
巴西	67	995.6	81.3	4585.7
匈牙利	70	989	98.7	3309.4

该例所包含的数据已经输入 MATLAB。以下针对此数据作主成分分析。

在命令行输入：

```
>> data761
data761 =
        69        967.7       79.4        668.3
        72        967         81.2       3355.8
        67        952         69.4       2119.5
        66        996.1       93.3       1162.1
        72        990         89        10144
        69        996.1       89.3       3036.2
```

---

①　该例取自王晓林主编：《统计学》，309 页，经济科学出版社，2001。

77	992	99.4	28647
80	996	99.7	34299
78	994	99	19985
77	994	99.1	21679
73	997.8	94.3	8444.1
70	997.7	94.6	545.8
67	995.6	81.3	4585.7
70	989	98.7	3309.4

此为原数据。将原数据标准化，得到：

$\gg$ x = data761;

$\gg$ me = mean(x); % 求均值

$\gg$ sig = std(x);% 求方差

$\gg$ X = [(x(:,1) − me(1))/sig(1) (x(:,2) − me(2))/sig(2) (x(:,3) − me(3))/sig(3) (x(:,4) − me(4))/sig(4)]% 将原数据标准化,此处也可用 zscore 函数

X =

− 0.65119	− 1.3786	− 1.1806	− 0.83838
0.015883	− 1.4273	− 0.98999	− 0.60053
− 1.0959	− 2.4717	− 2.2394	− 0.70995
− 1.3183	0.59878	0.29117	− 0.79468
0.015883	0.17406	− 0.16412	0.00022188
− 0.65119	0.59878	− 0.13235	− 0.62882
1.1277	0.31331	0.93705	1.6377
1.7947	0.59181	0.96881	2.1379
1.35	0.45256	0.8947	0.87115
1.1277	0.45256	0.90528	1.0211
0.23824	0.71714	0.39705	− 0.15022
− 0.42883	0.71018	0.42882	− 0.84922
− 1.0959	0.56396	− 0.9794	− 0.49169
− 0.42883	0.10444	0.86293	− 0.60464

$\gg$ cor = corr(X)% 求标准化数据的相关矩阵

cor =

1	0.31904	0.65732	0.91611
0.31904	1	0.8039	0.34607
0.65732	0.8039	1	0.60551
0.91611	0.34607	0.60551	1

$\gg$ [V eigen] = eig(cor) % 求相关矩阵的特征向量和特征根

V =

$$
\begin{array}{cccc}
-0.51973 & -0.4547 & 0.6862 & -0.2286 \\
-0.42075 & 0.69172 & 0.30644 & 0.50059 \\
-0.5375 & 0.33112 & -0.40751 & -0.65984 \\
-0.51376 & -0.45292 & -0.5188 & 0.51162
\end{array}
$$

eigen =

$$
\begin{array}{cccc}
2.8436 & 0 & 0 & 0 \\
0 & 0.94851 & 0 & 0 \\
0 & 0 & 0.059496 & 0 \\
0 & 0 & 0 & 0.14835
\end{array}
$$

可见，特征根从大到小排列为：

2.8436   0.94851   0.14835   0.059496

特征向量中的第一列为对应于最大特征根的特征向量。因此，第一主成分为

$$F_1 = -0.51973x_1 - 0.42075x_2 - 0.5375x_3 - 0.51376x_4$$

由于

>> e = eig(cor)

e =

    2.8436

    0.94851

   0.059496

    0.14835

>> e(1)/(e(1) + e(2) + e(3) + e(4))

ans =

    0.71091

因此，第一主成分包含了原数据中71%的信息。

用 MATLAB 提供的专用函数，可以非常方便地求到所有有关信息。

MATLAB 主成分分析函数是 PRINCOMP。它的语法结构为：

[COEFF, SCORE, LATENT, TSQUARED] = PRINCOMP (X)

其中：X 是标准化以后的数据。输出中 COEFF 是特征向量矩阵，每列所对应的特征向量或主成分其特征值由大到小排列；LATENT 就是按降序排列的特征值；SCORE 是每个样本对应于每一个主成分的得分；TSQUARED 是对应于每个样本的 Hotelling T 平方统计量，该统计量衡量了每个观察值与数据中心的多维距离，可用于分析数据中所包含的奇异点。

用函数 princomp 重新求解上面的例子如下：

>> [coefs, scorees, variances, t2] = princomp(X)

coefs =

$$
\begin{array}{cccc}
0.51973 & -0.4547 & 0.2286 & 0.6862 \\
0.42075 & 0.69172 & -0.50059 & 0.30644
\end{array}
$$

0. 5375	0. 33112	0. 65984	– 0. 40751
0. 51376	– 0. 45292	– 0. 51162	– 0. 5188

scorees =

– 1. 9838	– 0. 66869	0. 19118	0. 046743
– 1. 4329	– 1. 0503	0. 37214	0. 2885
– 3. 1779	– 1. 6314	– 0. 12763	– 0. 22855
– 0. 68498	1. 4699	– 0. 002392	– 0. 42748
– 0. 0066065	0. 058738	– 0. 19191	0. 131
– 0. 48071	0. 95126	– 0. 21422	0. 11681
2. 063	– 0. 72751	– 0. 11865	– 0. 3617
2. 8009	– 1. 0542	– 0. 34053	– 0. 091054
1. 8205	– 0. 39912	0. 22672	0. 24853
1. 7877	– 0. 36241	0. 10618	0. 013851
0. 56179	0. 58724	0. 034316	0. 29937
– 0. 12988	1. 2128	0. 26389	0. 18919
– 1. 1113	0. 78681	– 0. 92753	0. 075012
– 0. 025755	0. 82682	0. 72844	– 0. 30022

variances =

2. 8436
0. 94851
0. 14835
0. 059496

t2 =

2. 1384
4. 2176
7. 3452
5. 5145
0. 54036
1. 574
4. 3484
4. 8516
2. 7181
1. 3415
1. 9889
2. 6278
6. 9809
5. 8128

则得到同样结果。从 t2 统计量可以看出，第三个样本具有最大的值，因此它是样本中的一个奇异点。

在数据标准化时，我们将原数先减去均值再除以标准差。事实上，数据标准化也可以只除以标准差而不用先减去均值。所得的结果一致。

```
>> Y = x. / repmat( sig,14,1)
Y =
```

15. 343	67. 376	8. 407	0. 059145
16. 01	67. 328	8. 5975	0. 29699
14. 898	66. 283	7. 3481	0. 18758
14. 676	69. 354	9. 8787	0. 10285
16. 01	68. 929	9. 4234	0. 89774
15. 343	69. 354	9. 4552	0. 2687
17. 122	69. 068	10. 525	2. 5353
17. 789	69. 347	10. 556	3. 0355
17. 344	69. 207	10. 482	1. 7687
17. 122	69. 207	10. 493	1. 9186
16. 232	69. 472	9. 9846	0. 7473
15. 565	69. 465	10. 016	0. 048303
14. 898	69. 319	8. 6081	0. 40583
15. 565	68. 859	10. 45	0. 29288

```
>> [coefs,scorees,variances,t2] = princomp(Y)
coefs =
```

0. 51973	− 0. 4547	0. 2286	0. 6862
0. 42075	0. 69172	− 0. 50059	0. 30644
0. 5375	0. 33112	0. 65984	− 0. 40751
0. 51376	− 0. 45292	− 0. 51162	− 0. 5188

```
scorees =
```

− 1. 9838	− 0. 66869	0. 19118	0. 046743
− 1. 4329	− 1. 0503	0. 37214	0. 2885
− 3. 1779	− 1. 6314	− 0. 12763	− 0. 22855
− 0. 68498	1. 4699	− 0. 002392	− 0. 42748
− 0. 0066065	0. 058738	− 0. 19191	0. 131
− 0. 48071	0. 95126	− 0. 21422	0. 11681
2. 063	− 0. 72751	− 0. 11865	− 0. 3617
2. 8009	− 1. 0542	− 0. 34053	− 0. 091054
1. 8205	− 0. 39912	0. 22672	0. 24853

1. 7877	− 0. 36241	0. 10618	0. 013851
0. 56179	0. 58724	0. 034316	0. 29937
− 0. 12988	1. 2128	0. 26389	0. 18919
− 1. 1113	0. 78681	− 0. 92753	0. 075012
− 0. 025755	0. 82682	0. 72844	− 0. 30022

variances =

    2. 8436

    0. 94851

    0. 14835

    0. 059496

t2 =

    2. 1384

    4. 2176

    7. 3452

    5. 5145

    0. 54036

    1. 574

    4. 3484

    4. 8516

    2. 7181

    1. 3415

    1. 9889

    2. 6278

    6. 9809

    5. 8128

另外，在已知协方差或相关矩阵时，也可以用另一函数 PCACOV 直接进行主成分分析。

PCACOV 可以直接用协方差矩阵或相关矩阵进行主成分分析。它的语法结构为：

［COEFF，LATENT，EXPLAINED］＝PCACOV（V）

V 是原数据的协方差矩阵，要用标准化后的数据则使用相关矩阵。

COEFF 是主成分矩阵或特征向量矩阵，每列所对应的特征向量其特征值由大到小排列；LATENT 就是按降序排列的特征值；EXPLAINED 是总的方差能被每一个主成分解释的比例或称方差贡献率。

  ≫ X = zscore（x）;

  ≫ covX = cov（X）

covX =

$$
\begin{array}{cccc}
1 & 0.31904 & 0.65732 & 0.91611 \\
0.31904 & 1 & 0.8039 & 0.34607 \\
0.65732 & 0.8039 & 1 & 0.60551 \\
0.91611 & 0.34607 & 0.60551 & 1
\end{array}
$$

```
>> [coef2 lat2 expl] = pcacov(covX)
coef2 =
```

$$
\begin{array}{cccc}
0.51973 & -0.4547 & 0.2286 & 0.6862 \\
0.42075 & 0.69172 & -0.50059 & 0.30644 \\
0.5375 & 0.33112 & 0.65984 & -0.40751 \\
0.51376 & -0.45292 & -0.51162 & -0.5188
\end{array}
$$

```
lat2 =
      2.8436
      0.9C4851
      0.14835
      0.059496
expl =
      71.091
      23.713
      3.7087
      1.4874
```

7.6.2　聚类分析

聚类分析是一种将客体进行分类的方法，其目标是使分在同一组的客体具有相似的特性，而分在不同组的客体具有不同的特性。

聚类分析的方法很多，MATLAB 主要提供了两种聚类方法：系统聚类法和 K 均值聚类法。

系统聚类法通过建立所谓的聚类树来实现数据的归类。聚类树建立的第一步是将所有样本各自算做一类，然后根据某种距离的定义将最接近的算做一类，再将这个类与其他类放在一块，再将最接近的算做一类，依次类推，直到将所有的样本放到一个类为止。

在聚类分析中，类与类之间的接近程度用距离来表示。距离的定义有很多，其中最常用的是欧氏距离。

为了一步一步地引导大家用一种近乎交互式的方式得到所需要的聚类，MATLAB 提供了三个函数：pdist，linkage 和 cluster。依次使用这三个函数，就可以在用户干预的情况下完成聚类。

1. 找出各个客体的相似性

用于聚类的数据结构为：

$$X = \begin{pmatrix} x_{11} & x_{12} & \cdots & x_{1p} \\ x_{21} & x_{22} & \cdots & x_{2p} \\ \vdots & \vdots & \cdots & \vdots \\ x_{n1} & x_{n2} & \cdots & x_{np} \end{pmatrix}$$

其中：x_{ij} 是第 i 个样本的第 j 个指标的观察值。因此，共有 p 个指标（变量），n 个样本值或者 n 个客体。

我们的任务就是要找出 n 个客体属于几个不同的类别。

首先，在这一步，我们将用函数 pdist 来计算数据集中每两个客体或者说每一对客体之间的距离。n 个客体将组成 $n \times (n+1)/2$ 对客体。

调用 pdist 的最简单形式为：

Y = PDIST（X）

X 就是上面所说的 $n \times p$ 的数据矩阵，n 代表客体的数目，p 是变量的个数。一般情况下，为了避免单位不一致的问题，通常将 X 标准化。

Y 是函数返回的每对客体的距离向量，其维数为 $n \times (n+1)/2$。

在默认情况下，pdist 计算的是欧氏距离。但也可以通过可选参数项定义其他的距离。

以下仍用上面的例 7.6.1 说明聚类分析函数的应用。为了清楚，将该例重新列出。

例 7.6.2 表 7.6.1 给出的是 1998 年反映 14 个国家生活质量的 4 个指标，婴儿出生时的预期寿命、婴儿存活率、成人识字率和人均 GDP。此处为了方便，将此数据重新列于表 7.6.2。

表 7.6.2　　　　　　　　　　　各国生活质量统计表

国家	预期寿命（岁）	婴儿存活率（‰）	成人识字率（%）	人均 GDP（美元）
中国	69	967.7	79.4	668.3
墨西哥	72	967.0	81.2	3355.8
土耳其	67	952	69.4	2119.5
菲律宾	66	996.1	93.3	1162.1
韩国	72	990	89	10143.9
泰国	69	996.1	89.3	3036.2
美国	77	992	99.4	28646.5
日本	80	996	99.7	34298.8
加拿大	78	994	99	19985.3
澳大利亚	77	994	99.1	21678.9
阿根廷	73	997.8	94.3	8444.1
罗马尼亚	70	997.7	94.6	545.8
巴西	67	995.6	81.3	4585.7
匈牙利	70	989	98.7	3309.4

以下针对此数据作聚类分析，看一下这 14 个国家哪些国家生活质量类似。

数据已经输入 MATLAB。在命令窗口继续操作如下：

```
>>  x = data761          % 这是原数据
x =
```

69	967.7	79.4	668.3
72	967	81.2	3355.8
67	952	69.4	2119.5
66	996.1	93.3	1162.1
72	990	89	10144
69	996.1	89.3	3036.2
77	992	99.4	28647
80	996	99.7	34299
78	994	99	19985
77	994	99.1	21679
73	997.8	94.3	8444.1
70	997.7	94.6	545.8
67	995.6	81.3	4585.7
70	989	98.7	3309.4

```
>>  X = zscore(%)标准化以后的数据
X =
```

−0.65119	−1.3786	−1.1806	−0.83838
0.015883	−1.4273	−0.98999	−0.60053
−1.0959	−2.4717	−2.2394	−0.70995
−1.3183	0.59878	0.29117	−0.79468
0.015883	0.17406	−0.16412	0.00021366
−0.65119	0.59878	−0.13235	−0.62882
1.1277	0.31331	0.93705	1.6377
1.7947	0.59181	0.96881	2.1379
1.35	0.45256	0.8947	0.87115
1.1277	0.45256	0.90528	1.0211
0.23824	0.71714	0.39705	−0.15022
−0.42883	0.71018	0.42882	−0.84922
−1.0959	0.56396	−0.9794	−0.49169
−0.42883	0.10444	0.86293	−0.60464

```
>>  y = pdist(X%;用 pdist 求每对国家间的距离
>>  y(:,1:3)    % 为节省篇幅仅显示前 3 个数
ans =
```

	0.73502	1.5907	2.554

由于客体数是14，因此，须计算 $14 \times (14-1)/2 = 91$ 对儿组合的距离。因此 y 的维数为 1×91。此外，第一个距离即 0.73502 是中国与墨西哥的距离，第二个即 1.5907 是中国与土耳其的距离，依次类推。

为了让大家看清 pdist 产生的距离向量的含义，MATLAB 提供了另一个函数 squareform。该函数可将距离向量转化为一个矩阵，使得该矩阵的第 (i,j) 个元素对应于原数据中第 i 个客体和第 j 个客体的距离。例如，$(1,1)$ 表示第一个客体与它本身的距离，应为 0；$(1,2)$ 个元素应为第一个客体和第二个客体的距离，依次类推。

```
>> Y = squareform( y);
>> Y(1:3,1:3)    % 为节省篇幅仅显示前 3 行前 3 列
ans =
```

0	0.73502	1.5907
0.73502	0	1.9748
1.5907	1.9748	0

2. 定义每个客体之间的联系

每个客体之间的距离求到以后，就可以用函数 linkage 来确定原数据集中哪两个客体可以归于一类。Linkage 函数以 pdist 函数产生的距离信息作为输入，将距离上接近的两个客体放到一个类中。然后，再将新产生的这些类按照某种距离继续归类，直到原数据集中的所有客体都被联系到一起从而组成一个所谓的聚类树。

LINKAGE 的语法结构为：

Z = LINKAGE(Y，METHOD)

其中：Y 是由 pdist 产生的距离矩阵或者与 pdist 输出格式相同的任何差别矩阵；METHOD 是选项，规定了两个类之间距离的计算方法。已有的方法包括：

'single'——最短距离法（默认）；

'complete'——最长距离法；

'average'——不加权算数平均对群法或类平均法（UPGMA）；

'weighted'——加权算数平均对群法（WPGMA）；

'centroid'——不加权对数中位数法（UPGMC）（ * ）；

'median'——加权对数中位数法（WPGMC）（ * ）；

'ward'——离差平方和法（ * ）。

注意：带（ * ）的方法只有当 Y 的计算采用欧氏距离时才有意义。

输出 Z 是 $(n-1) \times 3$ 的矩阵，n 是样本数。Z 的头两列包含了组成聚类树的每两个客体以及每两个大类相连的信息，第三列是对应的距离信息。

类的下标（即当前组成的是第几个类）的计算采用如下方法：首先，原数据的每一个客体构成一个单独的类（第一步），这些类从 1 到 n 标注。其次，如果某两个客体组成一个大类，那么它标注为 $n+1$（Z 的第一行），第二个标注为 $n+2$（第二行），依次类推。一般来讲，Z 的第 i 行，对应于 $Z(i,:)$ 是一个新组成的类，标注为 $n+i$。$Z(i,$

1∶2）分别是组成新类的两个成分的下标。当然，Z（i，3）是这两个成分之间的距离。例如，由 5 个客体组成的数据，用 pdist 将产生 10 对儿距离。继续再用 linkage 构成聚类树，Z 矩阵中共有 5 − 1 = 4 行数据，第一行生成的类具有下标 6，第二行 7，第三行 8，最后 9。

用 linkage 继续求解上面的例子，得到：

$\gg$　z = linkage(y)

z =

9	10	0.26837
7	15	0.63296
6	12	0.65218
1	2	0.73502
14	17	0.78434
4	19	0.80738
5	11	0.82578
8	16	0.87965
20	21	0.96677
13	23	0.9671
22	24	1.5784
3	18	1.5907
25	26	1.8993

由此结果可知：第一步，9 和 10 构成一个类，该类具有下标 15；第二步，7 和 15 即刚形成的类合为一个类，下标为 16；依次类推。事实上，大家可根据此信息，结合第三列的距离，在纸上自己画出聚类树。

幸运的是，MATLAB 已经准备好了另一个函数 dendrogram。将 linkage 得到的输出代入此函数即可画出聚类树，见图 7.6.1。

$\gg$　dendrogram(z)

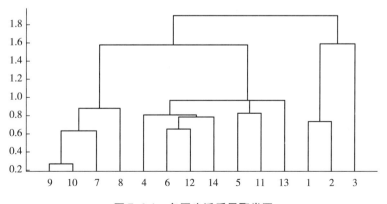

图 7.6.1　各国生活质量聚类图

图7.6.1中，x轴上的数表示原数据中客体的序数。客体之间的联系用一个倒 U 形线表示，U 形线的高度代表了距离的大小。

3. 确定最后的类别

在用函数 linkage 得到聚类树以后，我们的聚类分析基本上说大功告成了。接下来，就可以用 cluster 函数最终确定分多少类，每个类中包含哪些客体。

例如，在我们的例子中，从聚类树大体可以看出，应该分 3 个类或者 4 个类，然后，在函数 cluster 中指定类别数为 3 或者 4，得到：

```
>> t = cluster( z , 'maxclust' ,3)
t =
        2
        2
        1
        3
        3
        3
        3
        3
        3
        3
        3
        3
        3
        3
>> t = cluster( z , 'maxclust' ,4)
t =
        4
        4
        3
        2
        2
        2
        1
        1
        1
        1
        2
        2
```

2

2

从实际情况看，三个类的分法不大合适，因为，土耳其单独一类，中国和墨西哥一类，其余国家一类。四个类的分法就比较合理：

第 I 类：美国、日本、加拿大、澳大利亚；

第 II 类：菲律宾、韩国、泰国、阿根廷、罗马尼亚、巴西、匈牙利；

第 III 类：土耳其；

第 IV 类：中国、墨西哥。

这样的分法符合通常的理解，第 I 类是第一世界国家，生活质量高；第 II 类是第二世界国家，生活质量次之；其余的是第三世界国家。

函数 cluster 还有其他参数，详细情况请参看 MATLAB 的帮助系统。

练习题

1. 先将以下数据输入到 Excel，然后将该数据导入 MATLAB。

（1）画出两个变量的箱线图；

（2）画出 A 关于 SP500 的散点图；

（3）针对此数据求 A 关于 SP500 的线性回归模型并做检验。

SP500	A	SP500	A	SP500	A
0.07	0.02	0.02	0.06	− 0.05	− 0.02
− 0.03	0.04	0.02	− 0.02	− 0.01	0.05
0.02	0.07	− 0.07	− 0.04	0.06	0.06
0.05	0.02	0.01	− 0.01	0.02	0.03
0.04	0.07	0.02	0.03	0.04	− 0.03
− 0.01	− 0.02	− 0.03	0.02	0.07	0.07
0.09	0.14	0.09	0.12	0.02	0.04
0.02	− 0.04	− 0.01	0.10	0.00	0.06
− 0.01	0.01	− 0.01	0.07	0.04	0.01
− 0.03	0.03	− 0.09	− 0.08	− 0.05	0.01

2. 假设下列数据是在某次实验中得到的。其中 x_1, x_2, x_3 是自变量，y 为因变量。试用 MATLAB 回归函数求 y 关于 x_1, x_2, x_3 的线性回归方程。对该模型你还可以作出什么改进？

	y	x_1	x_2	x_3
1	78.5	7	26	60
2	74.3	1	29	52
3	104.3	11	56	20
4	87.6	11	31	47
5	95	6	57	34
6	105	10	55	23
7	100	3	70	15
8	77.5	1	34	45
9	94	2	54	30
10	113	21	45	34
11	84	1	49	35
12	120	11	56	16
13	109	11	66	15
14	67.8	3	20	24
15	88	7	45	37

3. 用 MATLAB 自带数据 cities. mat 作主成分分析。

第 8 章

财务数据时间序列分析

时间序列是某项指标按时间先后顺序排列而形成的数列。时间序列包含两个基本要素：一是时间；二是该指标在不同时间点上的数值。

在财务金融领域，时间序列的例子比比皆是。按规律变化的股票价格，比如说，近一年来某只股票每天的收盘价、每周的收盘价等都是时间序列的例子。某企业近 20 年来每年的利润、每月的现金流也都是时间序列的例子。

研究时间序列的特性及其变化规律对弄清财务金融领域中的许多现象具有非常重要的意义。

本章内容包括：

8.1 财务数据序列时间因素表达与转换

8.2 时间序列的生成

8.3 时间序列的显示

8.4 财务数据时间序列的使用

8.5 财务数据时间序列的分析

8.1 财务数据序列时间因素表达与转换

8.1.1 MATLAB 日期格式

MATLAB 中有两种表示日期的格式：日期序列数（如：732829）和字符串（如：01 – Jun – 2006）。

日期序列数是一个日期的数字表示，该数字是从某一个特定日期开始到指定日期为止已经过去的天数。MATLAB 中这个特定的日期是公元 0000 年 1 月 1 日，也就是说 0000 年 1 月 1 日的日期序列数是 1。2006 年 6 月 1 日的日期序列数是 732829，即从 0000 年 1 月 1 日到 2006 年 6 月 1 日已经过去 732829 天。

MATLAB 内部使用的日期是日期序列数的形式。这样做可以加快日期处理的速度，提高日期处理的效率。

但是，日期序列数不太直观，更不符合人们的习惯。因此，MATLAB 又提供了日期表示的字符串形式。常用的字符串形式的表达如下所示：

dd – mmm – yyyy，其中 dd 表示日期；mmm 表示月；yyyy 表示年。如：'01 – Jun – 2006' 表示 2006 年 6 月 1 日。

mm/dd/yyyy，如：06/01/2006。

以下都表示 2006 年 11 月 8 日：

08 – Nov – 2006，08 – Nov – 06，Nov 08，2006，11/08/06，11/08/2006 等。

此处，要注意 MATLAB 日期表示符合美国习惯，不要与其他国家的习惯表示相混。

比如：在许多数据系统中，日期表示为 2006 – 6 – 1（2006 年 6 月 1 日），但这种格式 MATLAB 不接受，因此，要想用 MATLAB 处理我们国家的数据就必须进行适当的转换和处理。

8.1.2 日期转换

MATLAB 提供了如下在不同日期格式之间进行转换的函数：

1. datenum　　　将字符串形式的日期转化为日期序列数
2. datestr　　　将日期序列数转化为字符串

例如，在命令行中输入，

>> datenumber = datenum('06/01/2006')

datenumber =

　　　732829

>> date = datestr(datenumber)

date =

01 – Jun – 2006

可见，使用这两个函数可以实现两种格式之间的转换。

8.1.3 特殊日期生成

1. LWEEKDATE

该函数可以求指定的月中最后一个指定的星期几是什么日期。其语法结构为：

D = LWEEKDATE(WKD,Y,M,G)

输入：

WKD——指定的星期几，从星期天到星期六分别对应 1 ~ 7。例如，要指定星期五，只须设定 WKD 为 6。

Y——指定的年。

M——指定的月。

G（可选项）——一个规定的星期几，该日必须与 WKD 属于同一周（同一月）但后跟 WKD。

232

例如，我们要查一下 2006 年 11 月最后一个星期五，可输入：

>> fri = lweekdate(6,2006,11)

fri =

　　　733005

>> Friday = datestr(fri)

Friday =

24 – Nov – 2006

可见，2006 年 11 月最后一个星期五是 2006 年 11 月 24 日。

再比如，我们要查 2006 年 2 月到 7 月每个月的最后一个星期三，可输入：

>> Wen = datestr(lweekdate(4,2006,2:7))

Wen =

22 – Feb – 2006

29 – Mar – 2006

26 – Apr – 2006

31 – May – 2006

28 – Jun – 2006

26 – Jul – 2006

2. NWEEKDATE

该函数可以求指定的月中第几个指定的星期几。其语法结构为：

D = NWEEKDATE(N,WKD,Y,M,G)

输入：

N——指定的第几个，可取 1 ~ 5。

WKD——指定的星期几，从星期天到星期六分别对应 1 ~ 7。例如，要指定星期五，只须设定 WKD 为 6。

Y——指定的年。

M——指定的月。

G（可选项）——一个规定的与 WKD 属于同一周的星期几（1 ~ 7），默认值为 0。

例如，我们要查一下 2006 年 11 月第二个星期五，可输入：

>> fri = datestr(nweekdate(2,6,2006,11))

fri =

10 – Nov – 2006

可见，2006 年 11 月第二个星期五是 2006 年 11 月 10 日。

再比如，我们要查 2006 年 2 月到 7 月每个月第一个星期三，可输入：

>> Wed = datestr(nweekdate(1,4,2006,2:7))

Wed =

01 – Feb – 2006

01 – Mar – 2006

05 – Apr – 2006

03 – May – 2006

07 – Jun – 2006

05 – Jul – 2006

3. BUSDAYS

该函数可求从一个日期到另一个日期之间的所有的工作日。其语法结构为：

bdates = busdays（sdate，edate，bdmode）

bdates = busdays（sdate，edate，bdmode，holvec）

其中：

sdate——开始日期；

edate——结束日期；

bdmode（可选项）——工作日的频率。

每天工作：DAILY，Daily，daily，D，d，1（默认选项）

每周工作一次：WEEKLY，Weekly，weekly，W，w，2

每月工作一次：MONTHLY，Monthly，monthly，M，m，3

每季度工作一次：QUARTERLY，Quarterly，quarterly，Q，q，4

每半年工作一次：SEMIANNUAL，Semiannual，semiannual，S，s，5

每年工作一次：ANNUAL，Annual，annual，A，a，6

每个字符串必须用单引号括起来。

holvec（可选项）——指定的节假日（可用字符串或日期序列数）向量。如果不指定，则按照美国的惯例设定，因此，在最后的工作日输出中不包含美国节假日。为了按照中国的习惯设定节假日，必须使用此选项。

最后的输出是工作日列向量。如果最后的日期 edate 并不是工作日，那么接下来的一个工作日也将包含在输出向量中。

值得说明的是：如果每周工作一次，则该函数认为这个工作日是在每周的最后一天，即星期五。其他的设定依次类推。

例如，假设 2006—2007 学年第一学期每周五有课，那么可用该函数产生课程表如下：

```
>> hol = [ '10/03/2006'
            '01/02/2007']
hol =
10/03/2006
01/02/2007
>> course = datestr（busdays（'08/28/2006'，'01/19/2007'，'weekly'，hol））
course =
```

01 – Sep – 2006

08 – Sep – 2006

15 – Sep – 2006

22 – Sep – 2006

29 – Sep – 2006

06 – Oct – 2006

13 – Oct – 2006

20 – Oct – 2006

27 – Oct – 2006

03 – Nov – 2006

10 – Nov – 2006

17 – Nov – 2006

24 – Nov – 2006

01 – Dec – 2006

08 – Dec – 2006

15 – Dec – 2006

22 – Dec – 2006

29 – Dec – 2006

05 – Jan – 2007

12 – Jan – 2007

19 – Jan – 2007

再例如，执行如下命令

>> course = datestr(busdays('08/28/2006' , '01/19/2007' , 'm' , hol))

course =

31 – Aug – 2006

29 – Sep – 2006

31 – Oct – 2006

30 – Nov – 2006

29 – Dec – 2006

31 – Jan – 2007

由于倒数第二个参数选择了月，因此输出的是每月最后一个工作日。在此例中，按照工作频率的设定，结束日期不是该月的最后一个工作日，因此函数将本月最后一个工作日 2007 年 1 月 31 日也输了出来。

在后面讨论财务数据时间序列分析时，该函数在产生日期向量时非常有用。

8.2　时间序列的生成

时间序列的产生有多种方法。

8.2.1 单个矩阵输入

时间序列构造函数 fints。它的使用有多种方式，其中一种是直接输入矩阵。不过，
输入矩阵必须包含一列日期向量。例如：

```
>> date = (today:today + 100)'        % 从今天(2016 - 08 - 14)开始产生101个连
                                         续的日期序列数
                                       % 为节省篇幅只显示前5行
date =
        736556
        736557
        736558
        736559
        736560
>> data = exp(randn(101,1))            % 产生101个随机数并求其指数值
                                       % 为节省篇幅只显示前5行
data =
          1.712
          6.2582
          0.10447
          2.3683
          1.3754
>> date _ and _ data = [date data]     % 产生日期加数据的混合矩阵
                                       % 为节省篇幅只显示前5行
date _ and _ data =
      7.3656e + 05        1.712
      7.3656e + 05        6.2582
      7.3656e + 05        0.10447
      7.3656e + 05        2.3683
      7.3656e + 05        1.3754
>> finexamp = fints(date _ and _ data)  % 用函数 fints 直接产生时间序列
                                        % 为节省篇幅只显示前5行
finexamp =
    desc：  (none)
    freq：  Unknown (0)
    'dates： (101)'       'series1： (101)'
    '14 - Aug - 2016'     [            1.712]
    '15 - Aug - 2016'     [            6.2582]
```

$$
\begin{array}{lll}
\text{'16 – Aug – 2016'} & [& 0.10447] \\
\text{'17 – Aug – 2016'} & [& 2.3683] \\
\text{'18 – Aug – 2016'} & [& 1.3754]
\end{array}
$$

在所产生的时间序列中，desc 是时间序列的描述部分，默认为 none（没有）；freq 是时间序列频率的说明，频率可以是天、周、月、季度、半年和年，默认为 unknow（未知）。接下来就是时间序列的主要部分，包括第一列日期和第二列数据。在日期列和数据列的上面是该列的名称（默认为 dates 和 series1…seriesn）和容量（此例中为 101，即每列包含 101 个数据）。

再举一例。为了节省篇幅仍然只显示前 5 行。该例将产生包含两列数据的时间序列。

```
>> date = busdays('09/05/2016', '01/15/2017', 'd');
>> data1 = exp(randn(91,1));
>> data2 = exp(randn(91,1));
>> date _ and _ data = [date data1 data2]
date _ and _ data =
```

$$
\begin{array}{ccc}
7.3658e+05 & 0.57305 & 0.45251 \\
7.3658e+05 & 0.40856 & 0.21214 \\
7.3658e+05 & 0.6641 & 1.1872 \\
7.3658e+05 & 0.85139 & 0.93975 \\
7.3659e+05 & 1.5058 & 3.3169
\end{array}
$$

```
>> fintime = fints(date _ and _ data)
fintime =
    desc：（none）
    freq： Unknown（0）
```

$$
\begin{array}{lll}
\text{'dates：（91）'} & \text{'series1：（91）'} & \text{'series2：（91）'} \\
\text{'06 – Sep – 2016'} \quad [\quad 0.57305] & [\quad 0.45251] & \\
\text{'07 – Sep – 2016'} \quad [\quad 0.40856] & [\quad 0.21214] & \\
\text{'08 – Sep – 2016'} \quad [\quad 0.6641] & [\quad 1.1872] & \\
\text{'09 – Sep – 2016'} \quad [\quad 0.85139] & [\quad 0.93975] & \\
\text{'12 – Sep – 2016'} \quad [\quad 1.5058] & [\quad 3.3169] &
\end{array}
$$

注：9 月第一个星期一，即 2016 年 9 月 5 日是美国法定假日劳工节，因此序列中不包括 '05 – Sep – 2016'。

8.2.2　分向量输入

时间序列也可以以分向量的形式输入。

例如，上面的时间序列也可以用如下命令产生：

```
>> data = [data1  data2]
data =
        0.57305      0.45251
        0.40856      0.21214
        0.6641       1.1872
        0.85139      0.93975
        1.5058       3.3169

>> fintime2 = fints(date, data)
fintime2 =
    desc: (none)
    freq: Unknown (0)
    'dates: (91)'    'series1: (91)'    'series2: (91)'
    '06 - Sep - 2016'    [        0.57305]    [        0.45251]
    '07 - Sep - 2016'    [        0.40856]    [        0.21214]
    '08 - Sep - 2016'    [         0.6641]    [         1.1872]
    '09 - Sep - 2016'    [        0.85139]    [        0.93975]
    '12 - Sep - 2016'    [         1.5058]    [         3.3169]
```

可见，两种方法产生的时间序列是一样的。值得说明的是，由于本例所用的数据是经过随机函数产生的，因此在其他机器上运行这些命令可能产生不同的结果。

8.2.3 我国股市实际数据时间序列的生成

在我国的许多数据系统中，日期表示为 2006 - 06 - 01（2006 年 6 月 1 日），但这种格式 MATLAB 不接受，因此，要想用 MATLAB 处理我国的数据就必须进行适当的转换和处理。

转换处理的方法为：

将下载的交易数据导入 MATLAB，日期用 MATLAB 的特殊日期生成函数 busdays 来生成。

下载的数据是深康佳 A 股从 2006 年 6 月 1 日到 2006 年 11 月 1 日期间的交易数据，如表 8.2.1 所示。

表 8.2.1　　　　　　　　　　网上下载原始数据（部分）

时间	收盘价（元）	开盘价（元）	最高价（元）	最低价（元）	成交量（股）	成交金额（元）
	深康佳 A（000016）	深康佳 A（000016）	深康佳 A（000016）	深康佳 A（000016）	深康佳 A（000016）	深康佳 A（000016）
2006 - 06 - 01	4.1	3.99	4.11	3.98	6 259 988.00	25 490 582.74
2006 - 06 - 02	4.13	4.11	4.27	4.03	9 718 782.00	40 222 566.10

续表

时间	收盘价（元）	开盘价（元）	最高价（元）	最低价（元）	成交量（股）	成交金额（元）
	深康佳A（000016）	深康佳A（000016）	深康佳A（000016）	深康佳A（000016）	深康佳A（000016）	深康佳A（000016）
2006 – 06 – 05	4.2	4.14	4.25	4.06	6 323 390.00	26 226 112.40
2006 – 06 – 06	4.06	4.17	4.2	4.06	5 824 380.00	23 999 781.22
2006 – 06 – 07	3.69	4.05	4.07	3.69	8 916 253.00	34 179 774.43
2006 – 06 – 08	3.73	3.62	3.77	3.55	5 481 379.00	20 205 442.20
2006 – 06 – 09	3.72	3.73	3.83	3.7	6 348 667.00	23 867 488.96
2006 – 06 – 12	3.73	3.78	3.79	3.69	2 109 684.00	7 890 734.40
2006 – 06 – 13	3.66	3.73	3.77	3.64	2 591 384.00	9 586 019.77

当然，表8.2.1中所显示的仅仅是前几行的数据。事实上，此次的下载数据包括110行，交易日期从2006年6月1日至2006年11月1日；共7列，分别为交易日期、收盘价、开盘价、当日最高价、当日最低价、成交量、成交金额。

数据导入过程如下：

第一步，进入MATLAB以后，点击主页中的"导入数据"按钮，如图8.2.1所示。

图8.2.1　导入数据按钮

第二步，在弹出的文件选取录入窗口中，找到文件所在的目录并选中所要的文件，如图8.2.2所示。

图8.2.2　数据文件输入

第三步，选定文件以后，系统弹出一个如图8.2.3所示的窗口，在这个窗口中选择要导入数据的范围、变量的名称以及数据的格式等内容。在此，我们选择数据的范围只包括数据（不包括日期），格式选择数值矩阵；再将数据名称改为 data，如图 8.2.4 所示。

图 8.2.3　数据文件导入选项

图 8.2.4　数据文件导入选项

第四步，在如图8.2.4所示的窗口中，点击"导入所选内容"按钮，则只包括收盘价、开盘价、当日最高价、当日最低价、成交量、成交金额的数据矩阵导入到 MATLAB 的工作区中，数据名称为"data"，如图8.2.5所示。点"关闭"按钮关闭数据导入窗口。

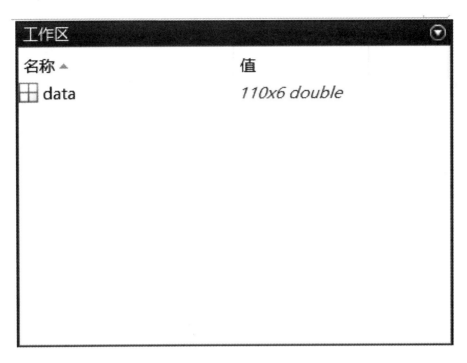

图 8.2.5　数据导入结果

在命令行输入 data，则所有数据显示在命令窗口中。为了清楚起见，将 data 矩阵再显示在下面，但为了节省篇幅，只显示前 5 行。

```
>> data
data =
        4.1      3.99     4.11     3.98     6.26e + 06     2.5491e + 07
        4.13     4.11     4.27     4.03     9.7188e + 06    4.0223e + 07
        4.2      4.14     4.25     4.06     6.3234e + 06    2.6226e + 07
        4.06     4.17     4.2      4.06     5.8244e + 06    2.4e + 07
        3.69     4.05     4.07     3.69     8.9163e + 06    3.418e + 07
```

将数据导入 MATLAB 后，接下来就可以用 busdays 产生日期向量。在命令行输入：

```
>> d = busdays( '06 - 01 - 2006 ', '11 - 02 - 2006 ',1, '11 - 02 - 2006 ')
d =                     % 为节省篇幅只显示前 5 行
    732829
    732830
    732833
    732834
    732835

>> datestr( d)
```

ans =   % 为节省篇幅只显示前 5 行

01 – Jun – 2006

02 – Jun – 2006

05 – Jun – 2006

06 – Jun – 2006

07 – Jun – 2006

注意：所产生的日期向量 d 包括从 2006 年 6 月 1 日到 2006 年 11 月 1 日的所有工作日，与原始数据中的日期正好一一对应。但此处用函数 busdays 产生所要的日期时，开始日期设定为 2006 年 6 月 1 日，不过结束日期要设为 2006 年 11 月 2 日，然后再将 11 月 2 日指定为自定义假期，这样产生的日期就是从 2006 年 6 月 1 日到 2006 年 11 月 1 日的所有工作日。

接下来，就可以将日期向量 d 和数据矩阵 data 合并，然后用 fints 函数产生所要的时间序列。

>> date _ data = [d data];

>> fin = fints(date _ data)   % 为节省篇幅只显示前 5 行

fin =

    desc： （none）

    freq： Unknown （0）

    1 至 4 列

'dates:(110)'	'series1:(110)'	'series2:(110)'	'series3:(110)'
01 – Jun – 2006' [	4.1] [	3.99] [	4.11]
'02 – Jun – 2006' [	4.13] [	4.11] [	4.27]
'05 – Jun – 2006' [	4.2] [	4.14] [	4.25]
'06 – Jun – 2006' [	4.06] [	4.17] [	4.2]
'07 – Jun – 2006' [	3.69] [	4.05] [	4.07]

    5 至 7 列

'series4： （110）'	'series5： （110）'	'series6： （110）'
[3.98]	[6259988]	[2.5491e + 07]
[4.03]	[9718782]	[4.0223e + 07]
[4.06]	[6323390]	[2.6226e + 07]
[4.06]	[5824380]	[2.4e + 07]
[3.69]	[8916253]	[3.418e + 07]

8.2.4 时间序列生成函数 fints 的一般形式

时间序列生成函数 fints 的较一般形式为：

FTS = FINTS（DATES, DATA, DATANAMES, FREQ, DESC）

FTS = FINTS（DATES _ DATA, DATANAMES, FREQ, DESC）

与前面的讨论相比，输入项中增加了 3 个选项：DATANAMES，FREQ，DESC。第一个选项用来定义各个数据序列的名称；第二个选项用来定义时间序列的频率；第三个选项用来定义时间序列的描述。这 3 个选项的用法分别说明如下：

1. DATANAMES

DATANAMES 用来定义数据序列的名称。如果是单个序列，则该选项可以是 MATLAB 字符串；如果有多个数据序列，则该选项必须为一个字符串的单元向量。

请看第一个例子。该例只包含一个数据向量。在命令行输入：

```
>> dates = (today:today + 5)';
>> data = randn(6,1);
>> fts1 = fints(dates, data, 'first')
fts1 =
    desc: (none)
    freq: Unknown (0)


    'dates: (6)'      'first: (6)'
    '14 – Aug – 2016'    [      0.53767]
    '15 – Aug – 2016'    [       1.8339]
    '16 – Aug – 2016'    [      – 2.2588]
    '17 – Aug – 2016'    [      0.86217]
    '18 – Aug – 2016'    [      0.31877]
    '19 – Aug – 2016'    [      – 1.3077]
```

为了节省篇幅，该例只包含 6 个数据。

第二个例子包含两列数据。我们把第一列数据叫做"First"，第二列数据叫做"Second"。

```
>> dates = (today:today + 5)';
>> data1 = randn(6,1);
>> data2 = [1 1 1 1 1 1]';
>> data = [data1 data2];
>> fts2 = fints(dates, data, {'First', 'Second'})
fts2 =
    desc: (none)
    freq: Unknown (0)


    'dates: (6)'      'First: (6)'      'Second: (6)'
    '14 – Aug – 2016'    [     – 0.43359]    [            1]
    '15 – Aug – 2016'    [      0.34262]    [            1]
    '16 – Aug – 2016'    [       3.5784]    [            1]
```

'17 – Aug – 2016'	[2.7694]	[	1]
'18 – Aug – 2016'	[– 1.3499]	[	1]
'19 – Aug – 2016'	[3.0349]	[	1]

在上面的输入中，｛'First', 'Second'｝是二维字符串单元向量。

2. FREQ

FREQ 用来定义时间序列的频率。在前面的例子中，由于没有定义频率，因此 freq 是 Unknown（0）（未知）。要想使用时间序列或者对时间序列进行处理，就必须定义有效的频率。

有效频率有：

UNKNOWN,	Unknown,	unknown,	U, u, 0
DAILY,	Daily,	daily,	D, d, 1
WEEKLY,	Weekly,	weekly,	W, w, 2
MONTHLY,	Monthly,	monthly,	M, m, 3
QUARTERLY,	Quarterly,	quarterly,	Q, q, 4
SEMIANNUAL,	Semiannual,	semiannual,	S, s, 5
ANNUAL,	Annual,	annual,	A, a, 6

对于前面的第二个例子，我们可以将 FREQ 选项设定为 1，从而明确指定时间序列的频率是"天"，即"Daily"。

在命令行继续输入：

```
>> fts2 = fints(dates, data, ｛'First', 'Second'｝,1)
fts2 =
```

    desc：（none）

    freq：Daily（1）

'dates：（6）'	'First：（6）'	'Second：（6）'	
'14 – Aug – 2016'	[– 0.43359]	[	1]
'15 – Aug – 2016'	[0.34262]	[	1]
'16 – Aug – 2016'	[3.5784]	[	1]
'17 – Aug – 2016'	[2.7694]	[	1]
'18 – Aug – 2016'	[– 1.3499]	[	1]
'19 – Aug – 2016'	[3.0349]	[	1]

当然，此处 FREQ 选项也可以指定为 DAILY、Daily、daily、D 或者 d，其结果是完全一样的。

3. DESC

DESC 用来定义时间序列的描述。描述可用任何字符串。在对时间序列进行处理或者使用时，描述不起作用，但在显示时描述将作为图形的标题出现在最上方。

在上面的例子中，如将描述设定为"TEST FTS"，在命令行继续输入：

```
>> fts2 = fints( dates, data, {'First', 'Second'}, 1, 'TEST FTS')
fts2 =
    desc:  TEST FTS
    freq:  Daily ( 1 )
```

'dates:(6)'	'First:(6)'	'Second:(6)'
'14 – Aug – 2016'	[– 0.43359]	[1]
'15 – Aug – 2016'	[0.34262]	[1]
'16 – Aug – 2016'	[3.5784]	[1]
'17 – Aug – 2016'	[2.7694]	[1]
'18 – Aug – 2016'	[– 1.3499]	[1]
'19 – Aug – 2016'	[3.0349]	[1]

可见，desc 的位置变成了"TEST FTS"。

注意：以上讨论的这三个选项，位置不能颠倒。如果后面的选项有值，而前面的选项又想用原来的默认值，则必须在其相应位置上放置空矩阵"［ ］"。

另外，用函数 fints 产生的时间序列除了可包含日期以外，还可以包括具体时间。有兴趣的读者可参阅 MATLAB 帮助系统或使用手册。

以下用本节讨论的三个选项为深康佳 A 股时间序列添加各数据列名称、时间序列频率和描述。在命令行输入：

```
>> load sheng _ kj _ A2006060120061101
```

以前所产生的时间序列已经存入文件 sheng _ kj _ A2006060120061101. mat 中。此次首先调入该文件。用 whos 命令可查看共有四个内存变量。

```
>> whos
```

Name	Size	Bytes	Class	Attributes
d	110x1	880	double	
data	110x6	5280	double	
date _ data	110x7	6160	double	
fin	110x6	8688	fints	

其中，fin 是我们上一次产生的时间序列，但该序列没有描述、频率和各数据列的名称。用以下命令可以将这些选项加入到时间序列中，为新序列起名"深康佳 A"。

```
>> finkj = fints( d,data, {'Close', 'Open', 'High', 'Low', 'Volume', 'Value'}, 'daily', '深康佳 A')
finkj =
    desc:  深康佳 A
    freq:  Daily ( 1 )
  1 至 5 列
```

'dates:(110)'	'Close:(110)'	'Open:(110)'	'High:(110)'	'Low:(110)'
'01 – Jun – 2006'	[4.1]	[3.99]	[4.11]	[3.98]
'02 – Jun – 2006'	[4.13]	[4.11]	[4.27]	[4.03]
'05 – Jun – 2006'	[4.2]	[4.14]	[4.25]	[4.06]
'06 – Jun – 2006'	[4.06]	[4.17]	[4.2]	[4.06]
'07 – Jun – 2006'	[3.69]	[4.05]	[4.07]	[3.69]

　　6 至 7 列

'Volume:(110)'	'Value:(110)'
[6259988]	[2.5491e +07]
[9718782]	[4.0223e +07]
[6323390]	[2.6226e +07]
[5824380]	[2.4e +07]
[8916253]	[3.418e +07]

可见，描述部分已设定为"深康佳 A"，频率为"daily（1）"，各数据列的名称分别为 Close、Open、High、Low、Volume、Value。

注意：此处描述部分可用汉字作为字符串，但各数据列名称不能使用汉字。

将新序列"finkj"存入文件"sheng _ kj _ A2006060120061101 _ 2. mat"中以备后面使用。

8.3　时间序列的显示

时间序列可以调用函数 chartfts 来显示。函数 chartfts 是一个交互式作图和图形工具。使用该函数，可以直观地观察一个时间序列在整个时间期间内数据的变化情况。特别是，该函数还提供了两个特殊工具：缩放工具和多数据合并显示工具。缩放工具可以将时间序列在某个特定时间段的情况放大显示，从而更清楚地了解时间序列的细节；多数据合并显示工具可以将多个数据列合并显示在一个图里，从而可以对各个不同数据进行对比。

函数 chartfts 的使用很简单，只须将要显示的时间序列作为函数的输入参数即可。

本节将以深康佳 A 股数据为例加以说明。

首先调入文件"sheng _ kj _ A2006060120061101 _ 2. mat"：

```
>> load sheng _ kj _ A2006060120061101 _ 2. mat
>> whos
```

Name	Size	Bytes	Class	Attributes
d	110x1	880	double	
data	110x6	5280	double	
data _ 4	110x4	3520	double	

data _ 5	110x5	4400	double
date _ data	110x7	6160	double
fin	110x6	8688	fints
finkj	110x6	8666	fints
finkj _ 4	110x4	6660	fints
finkj _ 5	110x5	7664	fints

在该文件中，除了包含我们上节产生的两个时间序列 fin 和 finkj 以外，还包含另外两个序列，即 finkj _ 4 和 finkj _ 5。第一个序列 finkj _ 4 只包含原数据中的前四列，即收盘价、开盘价、最高价和最低价。第二个序列 finkj _ 5 只包含原数据中的前 5 列，即收盘价、开盘价、最高价、最低价和成交量。本节我们将使用这两个序列来说明时间序列的显示。作为练习，读者可以自己产生这两个序列。

以下将 finkj _ 5 作为函数 chartfts 的输入，运行函数 chartfts 得到图 8.3.1。

```
>> chartfts(finkj _ 5)
```

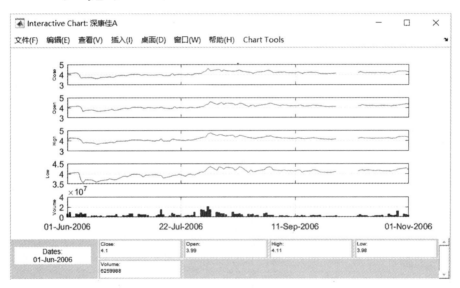

图 8.3.1　时间序列的显示

在如图 8.3.1 所示的图形窗口中，包含 5 个图，分别对应于时间序列中的五列数据，即收盘价（Close）、开盘价（Open）、最高价（High）、最低价（Low）和成交量（Volume）。其中前 4 个图，收盘价（Close）、开盘价（Open）、最高价（High）、最低价（Low）是线形图；而成交量（Volume）是柱形图。下面的区域是对应于某个日期的各数据的具体值。通过在图形上移动光标，可以选定某一个日期并在下面的小窗口中观察其相应的数据。最左边的方框显示的是选定的日期，其余方框对应于各个数据列。本例中有 5 列数据，此处对应于 5 个方框，其顺序为从左到右、从上到下。如果数据较多（多于 8 列），那么右边的滚动条将被激活。

单击图形（右键或左键），则一个小方框弹出，如图 8.3.2 所示。小方框中包含对应于该点的日期和各项数据的具体值。当然，这些值也同时显示在下面的数据区域中。

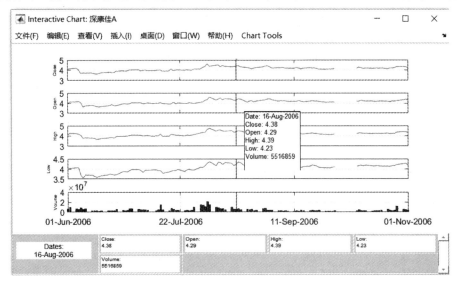

图 8.3.2　单击图形显示的信息窗口

函数 chartfts 还提供了两个重要工具：缩放工具和合并工具。

1. 缩放工具（Zoom）

缩放工具可以使我们对时间序列的具体数值进行更详细的观察。

在时间序列的显示窗口中，点击菜单"Chart Tools"，在随后的下拉式菜单中选择第一项"Zoom"。之后，又弹出另一个菜单，包括两个选项"On"和"Off"，默认情况下，是"Off"。选择"On"，则缩放工具被激活，如图 8.3.3 所示。

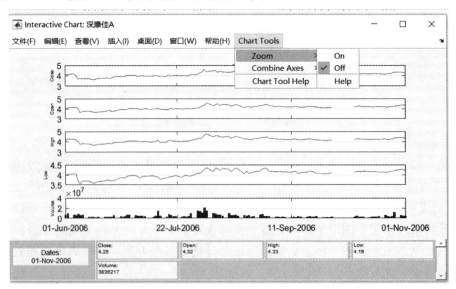

图 8.3.3　缩放工具启动菜单

缩放工具激活后，在下面的数据区域上方将出现两个虚的未激活的按钮，一个为"Zoom In"，出现在左边；另一个为"Reset Zoom"，出现在右边，如图 8.3.4 所示。

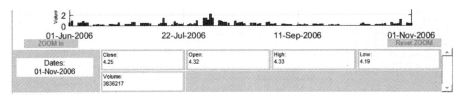

图 8.3.4　缩放工具启动后的状态

同时，在图形窗口的标题栏中，将出现一个表示缩放状态的说明。当缩放工具被激活以后，"Zoom On"将出现在标题旁边，如图 8.3.5 所示。但是缩放工具不激活时，无此状态显示。

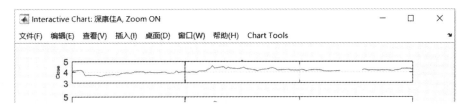

图 8.3.5　缩放工具启动后的状态

图 8.3.4 所示的两个按钮"Zoom In"和"Reset Zoom"在采取进一步的行动之前保持灰色显示，表示这两个按钮未被激活。

要对时间序列进行缩放，首先必须定义起始日期和终止日期。在图形上移动光标直到起始日期找到为止。然后单击鼠标左键，之后一条蓝色竖线出现，表示这是起始日期。再在图上移动光标，直到终止日期找到为止。依同样方法，单击鼠标左键，然后会有一条红色竖线出现，表示这是终止日期，同时，按钮"Zoom In"被激活，如图 8.3.6 所示。

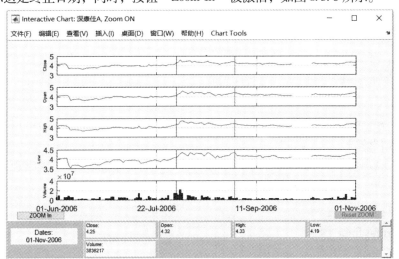

图 8.3.6　起始日期和终止日期的设定

接下来，就可以点击按钮"Zoom In"来放大图形，如图8.3.7所示。

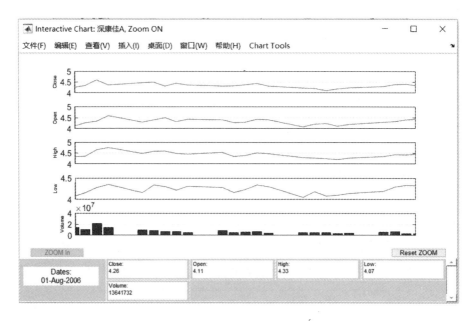

图 8.3.7　放大后的结果

图形放大以后，按钮"Reset Zoom"被激活，而按钮"Zoom In"变为灰色，重新变成不激活。要使图形变回原来的状态，只须点击按钮"Reset Zoom"。

在放大的图形上，如果要想更进一步放大图形，可重复上面的步骤。即设定起始和终止日期，然后按钮"Zoom In"重新被激活，再点"Zoom In"。然后，"Zoom In"变灰，"Reset Zoom"被激活。如此反复。

最后，要终止缩放工具，只须点菜单"Chart Tools"，再点"Zoom"，之后选"Off"。

注意：缩放工具终止后，图形将停留在缩放终止前的位置。也就是说，如果图形已经被放大，那么在没有恢复原来状态的情况下终止缩放工具，图形将停留在放大以后的状态。但是，如果在终止缩放工具之前，已经用"Reset Zoom"按钮恢复了缩放前的状态，则终止缩放工具以后，图形也将停留在以前的状态。

2. 数据轴合并工具

数据轴合并工具可以将全部或者部分数据合并在一个图中。这样做可以进一步直观地对比和分析各数据项的变化趋势。

为了更清楚地演示这一工具，以下使用另一时间序列 finkj _ 4。该序列只包含收盘价、开盘价、最高价和最低价，而不包含成交量。

在命令行输入：

≫ chartfts(finkj _ 4)

则得到如图8.3.8所示的图形。

要合并数据显示，点击菜单"Chart Tools"，选择"Combine Axes"，然后再选

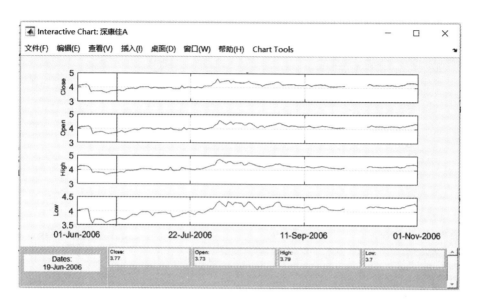

图 8.3.8　包含四个数据项的时间序列

"On"。此选项默认状态是"Off"，如图 8.3.9 所示。

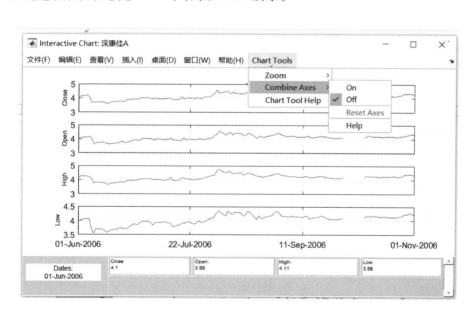

图 8.3.9　数据轴合并工具启动菜单

　　当数据轴合并工具启动以后，在每个数据线图的后面出现一个选择框，另外还有一个选择框"Select all plots"用于选择所有的数据，如图 8.3.10 所示。

　　如果要合并哪个数据轴，就把哪个数据轴后面的选择框选定。例如，要合并"Close"和"Open"，那么将这两个轴后面的选择框选定。选定以后，在数据区之上就

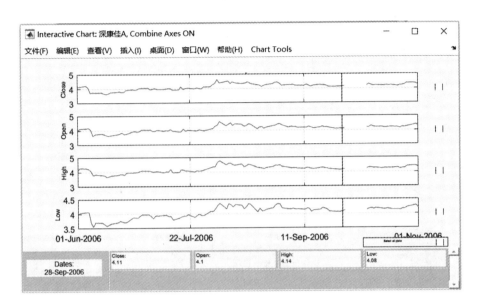

图 8.3.10　数据轴合并工具启动后的状态

出现另一个按钮"Combine Selected Graphs"，如图 8.3.11 所示。

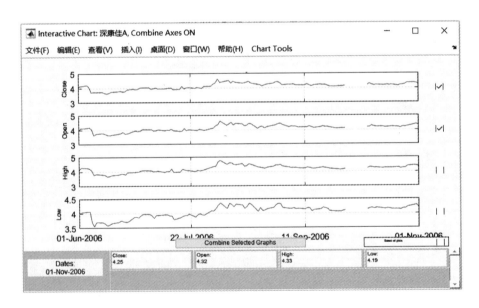

图 8.3.11　数据轴合并按钮

　　然后，点击"Combine Selected Graphs"按钮，则"Close"和"Open"就合并到一起。下面数据区中的相应数据也高量显示，一蓝一红对应于合并后的图形中各曲线所用的颜色，如图 8.3.12 所示。

　　要退出合并的状态，返回到原来合并前的状态，选择菜单"Chart Tools"，然后选

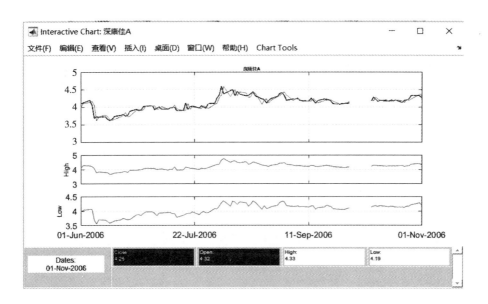

图 8.3.12　数据轴合并后的状态

"Combine Axes"，再选"Reset Axes"，则图形又返回到原来的状态，如图 8.3.13 所示。

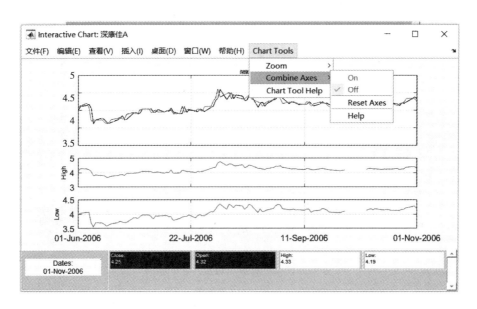

图 8.3.13　返回合并前的状态的方法

要合并所有的数据轴，在启动合并数据轴工具以后的图 8.3.10 中，选择"Select all plots"。然后，所有数据轴被选中，在数据区之上也出现"Combine Selected Graphs"按钮，如图 8.3.14 所示。点击此按钮，则所有数据被合并到一个图中，如图 8.3.15 所示。

如要返回原来的状态，同样点菜单"Chart Tools"，"Combine Axes"，"Reset Axes"。返回原来状态以后，数据轴合并工具又变为默认的"Off"状态。

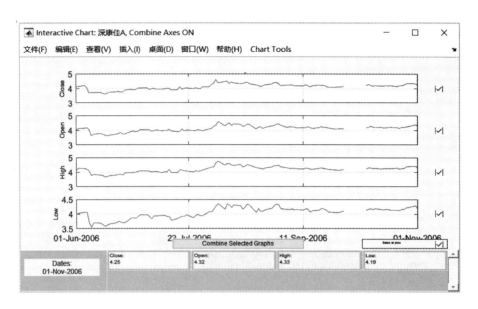

图 8.3.14 数据轴合并选项

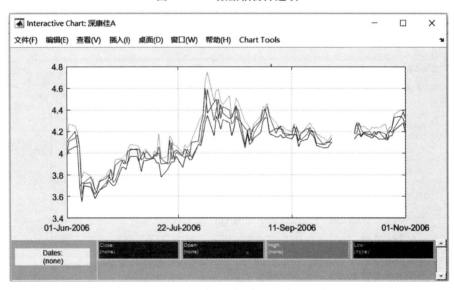

图 8.3.15 所有数据轴合并后的状态

8.4 财务数据时间序列的使用

8.4.1 时间序列数据的提取与操作

在 MATLAB 中,一个时间序列被设计成一个 MATLAB 结构(structure)数据。

一个时间序列对象包含若干个域或者成分。其中：

Desc——描述域，默认值为空字符串；

Freq——频率域，默认值为0或者 unknown（未知）；

Dates——日期向量，无默认值，创建时必须提供；

Data series——一个或多个数据序列，默认值为 series1，series2，series3 等。

例8.4.1　首先创建如下的时间序列 myfts：

```
>> dates = (datenum('06/01/2006'):datenum('06/10/2006'))';
>> data1 = randn(10,1);
>> data2 = randn(10,1);
>> data = [data1 data2];
>> myfts = fints(dates, data, {'data1', 'data2'}, 1, 'This is an example')
myfts =
```

　　desc：　This is an example

　　freq：　Daily（1）

'dates：（10）'	'data1：（10）'	'data2：（10）'
'01 – Jun – 2006'	[　– 0.43256]	[　– 0.18671]
'02 – Jun – 2006'	[　– 1.6656]	[　0.72579]
'03 – Jun – 2006'	[　0.12533]	[　– 0.58832]
'04 – Jun – 2006'	[　0.28768]	[　2.1832]
'05 – Jun – 2006'	[　– 1.1465]	[　– 0.1364]
'06 – Jun – 2006'	[　1.1909]	[　0.11393]
'07 – Jun – 2006'	[　1.1892]	[　1.0668]
'08 – Jun – 2006'	[　– 0.037633]	[　0.059281]
'09 – Jun – 2006'	[　0.32729]	[　– 0.095648]
'10 – Jun – 2006'	[　0.17464]	[　– 0.83235]

输入各个域的名称即可得到各个域的值：

```
>> myfts.desc
ans =
This is an example
>> myfts.freq
ans =
    1
>> myfts.dates
ans =
    732829
    732830
```

732831

732832

732833

732834

732835

732836

732837

732838

通过以下命令可创建另一个时间序列，称为 fts2。序列 fts2 只包含原序列中的第二列数据，其余值与原序列相同。

```
>> fts2 = myfts. data2
fts2 =
```

　　desc：　This is an example

　　freq：　Daily（1）

'dates：（10）'	'data2：（10）'
'01－Jun－2006'	[　－0.18671]
'02－Jun－2006'	[　0.72579]
'03－Jun－2006'	[　－0.58832]
'04－Jun－2006'	[　2.1832]
'05－Jun－2006'	[　－0.1364]
'06－Jun－2006'	[　0.11393]
'07－Jun－2006'	[　1.0668]
'08－Jun－2006'	[　0.059281]
'09－Jun－2006'	[　－0.095648]
'10－Jun－2006'	[　－0.83235]

注意：尽管时间序列被设计成一个 MATLAB 结构数据，但要注意各个域值的不同。数据域的值是另一个时间序列，而描述域、频率域以及日期域的值不是时间序列，而是各自相应的值（字符串或者日期向量）。

8.4.2　时间序列到矩阵的转化

MATLAB 提供了另一个函数 fts2mat。该函数可以从时间序列中提取日期或数据并将其转化为向量或矩阵。

例 8.4.2　对例 8.4.1 中的时间序列 fts2，我们可以用函数 fts2mat 将其数据列 data2 转化为一个向量。

```
>> data2 _ vec = fts2mat( fts2)
data2 _ vec =
```

$$-0.18671$$
$$0.72579$$
$$-0.58832$$
$$2.1832$$
$$0.1364$$
$$0.11393$$
$$1.0668$$
$$0.059281$$
$$-0.095648$$
$$-0.83235$$

或者

```
>> data2_vec = fts2mat(myfts.data2)
data2_vec =
```

$$0.18671$$
$$0.72579$$
$$-0.58832$$
$$2.1832$$
$$-0.1364$$
$$0.11393$$
$$1.0668$$
$$0.059281$$
$$-0.095648$$
$$-0.83235$$

如果想把日期也包含在输出结果中，那么在函数 fts2mat 的输入中增加第二个选项并将其设为 1。

```
>> format long g
>> data2_vec = fts2mat(myfts.data2,1)
data2_vec =
```

732829	-0.186708577681439
732830	0.725790548293303
732831	-0.588316543014189
732832	2.1831858181971
732833	-0.136395883086596
732834	0.11393131352081
732835	1.06676821135919
732836	0.0592814605236053

732837 -0.095648405483669

732838 -0.832349463650022

此处，用 format long g 是为了避免日期向量用指数形式显示，然后，可将显示还改回原来的 short g。

函数 fts2mat 使用的一般形式为：

TSMAT = FTS2MAT（FTS）：将时间序列 FTS 中的所有数据列取出并组成一个矩阵 TSMAT。TSMAT 的每一列对应于原时间序列中每一数据列，而且顺序相同。

TSMAT = FTS2MAT（FTS，DATESFLAG）：与第一种用法的唯一差别就是增加选项 DATESFLAG。如果该选项设为 0（默认值），则日期向量不包括在输出矩阵中；如果设为 1，则日期（以日期序列数表示）向量将作为输出矩阵的第一列显示。如果日期中还包括时间，那么日期和时间统一计算并以日期序列数显示在第一列。

TSMAT = FTS2MAT（FTS，SERIESNAMES）：将名称为 SERIESNAMES 的数据列取出并以同样顺序组成矩阵。SERIESNAMES 也可以是一个字符串单元向量。

TSMAT = FTS2MAT（FTS，DATESFLAG，SERIESNAMES）：除了可增加 DATESFLAG 选项以外，与上一种用法相同。选项 DATESFLAG 的使用与第二种用法相同，但要注意第二个选项不写或者写为"［ ］"，都表示该选项取默认值。

8.4.3　时间序列的检索

既然把一个时间序列看成 MATLAB 结构数据，那么就可以像对普通结构数据那样，对时间序列进行检索。时间序列检索可以采用日期字符串、日期字符串单元向量、日期范围或者使用通常的整数下标，但是不能使用日期序列数进行检索。如果要用日期序列数，那么必须使用函数 datestr 将其转化为日期字符串。

另外，要注意用日期字符串对时间序列进行检索时，日期字符串必须符合 MATLAB 的格式。有效的日期格式如下：

'ddmmmyy'或者'ddmmmyyyy'；

'mm/dd/yy'或者'mm/dd/yyyy'

'dd－mmm－yy '或者'dd－mmm－yyyy'

'mmm. dd, yy'或者'mmm. dd, yyyy'

1. 用日期字符串进行检索

对一个时间序列，用日期字符串进行检索可以得到对应于该日期的所有数据。

仍然用例 8.4.1 中的时间序列。

≫ myfts

myfts =

  desc： This is an example

  freq： Daily（1）

'dates:(10)'	'data1:(10)'	'data2:(10)'
'01 – Jun – 2006'	[– 0.43256]	[– 0.18671]
'02 – Jun – 2006'	[– 1.6656]	[0.72579]
'03 – Jun – 2006'	[0.12533]	[– 0.58832]
'04 – Jun – 2006'	[0.28768]	[2.1832]
'05 – Jun – 2006'	[– 1.1465]	[– 0.1364]
'06 – Jun – 2006'	[1.1909]	[0.11393]
'07 – Jun – 2006'	[1.1892]	[1.0668]
'08 – Jun – 2006'	[– 0.037633]	[0.059281]
'09 – Jun – 2006'	[0.32729]	[– 0.095648]
'10 – Jun – 2006'	[0.17464]	[– 0.83235]

首先检索 2006 年 6 月 6 日时间序列中的所有数据值。在命令行输入：

　≫ myfts('06 – Jun – 2006')

ans =

　　desc： This is an example

　　freq： Daily（1）

'dates： (1)'	'data1： (1)'	'data2： (1)'
'06 – Jun – 2006'	[1.1909]	[0.11393]

再检索 2006 年 6 月 8 日时间序列中 data2 的值。在命令行输入：

　≫ myfts. data2('6/8/06')

ans =

　　desc： This is an example

　　freq： Daily（1）

'dates： (1)'	'data2： (1)'
'08 – Jun – 2006'	[0.059281]

如果某个日期不在时间序列的日期范围内，则输出出错信息。

　≫ myfts. data2('6/8/05')

错误使用 fints/subsref（line 141）

One or more dates do not exist in object.

2. 用日期字符串单元向量进行检索

如果要检索的是多个日期对应的数据，则可以使用日期字符串单元向量进行检索。

下例查找的是 2006 年 6 月 3 日、5 日和 7 日的所有数据。

　≫ myfts({ '06/03/06' , '06/05/06' , '06/07/06' })

ans =

　　desc： This is an example

freq： Daily（1）

'dates：（3）'	'data1：（3）'	'data2：（3）'
'03 – Jun – 2006'	[0. 12533]	[– 0. 58832]
'05 – Jun – 2006'	[– 1. 1465]	[– 0. 1364]
'07 – Jun – 2006'	[1. 1892]	[1. 0668]

下例查找的是 2006 年 6 月 1 日、2 日和 3 日的第一列数据的值。

>> myfts. data1（{'06/01/06','06/02/06','06/03/06'}）

ans =

desc： This is an example

freq： Daily（1）

'dates：（3）'	'data1：（3）'
'01 – Jun – 2006'	[– 0. 43256]
'02 – Jun – 2006'	[– 1. 6656]
'03 – Jun – 2006'	[0. 12533]

3. 用日期范围进行检索

用日期范围也可以对时间序列进行检索。日期范围的表达用如下方法：起始日期后跟两个冒号（::），再跟终止日期。在 MATLAB 中，"::" 称为双冒号运算符。例如，要表示 2008 年 3 月 5 日到 2008 年 4 月 5 日的范围，可以用双冒号运算符表示为：'3/5/08::4/5/08'。

对于例 8.4.1 的时间序列要查找 2006 年 6 月 1 日到 5 日所有的数据，可以输入：

>> myfts（'06/01/06::06/05/06'）

ans =

desc： This is an example

freq： Daily（1）

'dates：（5）'	'data1：（5）'	'data2：（5）'
'01 – Jun – 2006'	[– 0. 43256]	[– 0. 18671]
'02 – Jun – 2006'	[– 1. 6656]	[0. 72579]
'03 – Jun – 2006'	[0. 12533]	[– 0. 58832]
'04 – Jun – 2006'	[0. 28768]	[2. 1832]
'05 – Jun – 2006'	[– 1. 1465]	[– 0. 1364]

当然，我们也可以将查找以后的结果存为另一个时间序列。例如，要检索 2006 年 6 月 5 日到 8 日第二列数据的值并将其存为 fts2_2，可以在命令行输入：

>> fts2_2 = myfts. data2（'06/05/06::06/08/06'）

fts2_2 =

desc：This is an example

freq：Daily（1）

'dates：（4）'	'data2：（4）'
'05 – Jun – 2006'	[– 0. 1364]
'06 – Jun – 2006'	[0. 11393]
'07 – Jun – 2006'	[1. 0668]
'08 – Jun – 2006'	[0. 059281]

4. 用整数下标进行检索

在 MATLAB 中，整数下标是通常的检索形式。例如，向量、矩阵都可以用下标来确定元素。对时间序列而言，也不例外。下标从 1 开始，对应于第一个（第一行，下同）元素；下标 2 对应于第二个元素，依此类推。最后一个元素也可以用下标"end"来表示。

例如，在 myfts 中，第一个元素为：

≫ myfts（1）

ans =

desc：This is an example

freq：Daily（1）

'dates：（1）'	'data1：（1）'	'data2：（1）'
'01 – Jun – 2006'	[– 0. 43256]	[– 0. 18671]

在 myfts 中，第二列第三、五、七个元素为：

≫ myfts. data2（[3 5 7]）

ans =

desc：This is an example

freq：Daily（1）

'dates：（3）'	'data2：（3）'
'03 – Jun – 2006'	[– 0. 58832]
'05 – Jun – 2006'	[– 0. 1364]
'07 – Jun – 2006'	[1. 0668]

第二列中，从第五个到第十个元素为：

≫ myfts. data2（5：10）

ans =

desc：This is an example

freq：Daily（1）

'dates：（6）'	'data2：（6）'

'05 – Jun – 2006'	[– 0. 1364]
'06 – Jun – 2006'	[0. 11393]
'07 – Jun – 2006'	[1. 0668]
'08 – Jun – 2006'	[0. 059281]
'09 – Jun – 2006'	[– 0. 095648]
'10 – Jun – 2006'	[– 0. 83235]

取出 myfts 中的最后一个元素:

```
>> myfts( end)
```

ans =

    desc: This is an example

    freq: Daily (1)

| 'dates: (1)' | 'data1: (1)' | 'data2: (1)' |
| '10 – Jun – 2006' | [0. 17464] | [– 0. 83235] |

8.4.4 时间序列的运算

有很多函数可以用于时间序列。其中,算数运算函数就包括加、减、乘、除等,以及算数平均、滤波、差分等。另外,还有一些特殊函数我们将在本节和下节陆续讨论。

1. 基本算数运算

时间序列的算数运算可以对整个序列,也可以对序列中某个部分进行。算数运算包括加、减、乘、除。算数运算只能对时间序列来进行,不能施加于一般的结构数据。

要进行算数运算的两个时间序列必须相容,即两个序列除了描述域和数据域中的数据以外,全部内容都相同。只有满足相容性的两个序列才可以进行算数运算。

仍然使用例 8.4.1 中的数据。在例 8.4.1 中,已经有一个时间序列 "myfts"。在此序列的基础上,再建立一个与它相容的序列。除了数据列都在原有基础上扩大 100 倍以外,其余部分不变。

```
>> newfts = fints( myfts. dates,fts2mat( myfts) *100,{ 'data1', 'data2'},1, 'This is a new fts')
```

newfts =

    desc: This is a new fts

    freq: Daily (1)

'dates: (10)'	'data1: (10)'	'data2: (10)'
'01 – Jun – 2006'	[– 43. 256]	[– 18. 671]
'02 – Jun – 2006'	[– 166. 56]	[72. 579]
'03 – Jun – 2006'	[12. 533]	[– 58. 832]
'04 – Jun – 2006'	[28. 768]	[218. 32]
'05 – Jun – 2006'	[– 114. 65]	[– 13. 64]

'06 – Jun – 2006'	[	119. 09]	[	11. 393]
'07 – Jun – 2006'	[	118. 92]	[	106. 68]
'08 – Jun – 2006'	[	– 3. 7633]	[	5. 9281]
'09 – Jun – 2006'	[	32. 729]	[	– 9. 5648]
'10 – Jun – 2006'	[	17. 464]	[	– 83. 235]

以下将两个序列相加：

>> addfts = myfts + newfts

addfts =

 desc：　This is an example

 freq：　Daily（1）

'dates：（10）'	'data1：（10）'		'data2：（10）'	
'01 – Jun – 2006'	[	– 43. 689]	[	– 18. 858]
'02 – Jun – 2006'	[	– 168. 22]	[	73. 305]
'03 – Jun – 2006'	[	12. 659]	[	– 59. 42]
'04 – Jun – 2006'	[	29. 055]	[	220. 5]
'05 – Jun – 2006'	[	– 115. 79]	[	– 13. 776]
'06 – Jun – 2006'	[	120. 28]	[	11. 507]
'07 – Jun – 2006'	[	120. 11]	[	107. 74]
'08 – Jun – 2006'	[	– 3. 801]	[	5. 9874]
'09 – Jun – 2006'	[	33. 057]	[	– 9. 6605]
'10 – Jun – 2006'	[	17. 639]	[	– 84. 067]

现在，再将两个序列相减：

>> subfts = myfts – newfts

subfts =

 desc：　This is an example

 freq：　Daily（1）

'dates：（10）'	'data1：（10）'		'data2：（10）'	
'01 – Jun – 2006'	[	42. 824]	[	18. 484]
'02 – Jun – 2006'	[	164. 89]	[	– 71. 853]
'03 – Jun – 2006'	[	– 12. 408]	[	58. 243]
'04 – Jun – 2006'	[	– 28. 48]	[	– 216. 14]
'05 – Jun – 2006'	[	113. 5]	[	13. 503]
'06 – Jun – 2006'	[	– 117. 9]	[	– 11. 279]
'07 – Jun – 2006'	[	– 117. 73]	[	– 105. 61]
'08 – Jun – 2006'	[	3. 7257]	[	– 5. 8689]
'09 – Jun – 2006'	[	– 32. 402]	[	9. 4692]
'10 – Jun – 2006'	[	– 17. 289]	[	82. 403]

对两个序列相乘和相除也同样可以实行：

```
>> mulfts = myfts * newfts
mulfts =
    desc：  This is an example
    freq：  Daily（1）
```

'dates：（10）'	'data1：（10）'	'data2：（10）'
'01 – Jun – 2006'	[18. 711]	[3. 486]
'02 – Jun – 2006'	[277. 42]	[52. 677]
'03 – Jun – 2006'	[1. 5708]	[34. 612]
'04 – Jun – 2006'	[8. 2758]	[476. 63]
'05 – Jun – 2006'	[131. 44]	[1. 8604]
'06 – Jun – 2006'	[141. 83]	[1. 298]
'07 – Jun – 2006'	[141. 41]	[113. 8]
'08 – Jun – 2006'	[0. 14163]	[0. 35143]
'09 – Jun – 2006'	[10. 712]	[0. 91486]
'10 – Jun – 2006'	[3. 0499]	[69. 281]

```
>> divfts = myfts / newfts
divfts =
    desc：  This is an example
    freq：  Daily（1）
```

'dates：（10）'	'data1：（10）'	'data2：（10）'
'01 – Jun – 2006'	[0. 01]	[0. 01]
'02 – Jun – 2006'	[0. 01]	[0. 01]
'03 – Jun – 2006'	[0. 01]	[0. 01]
'04 – Jun – 2006'	[0. 01]	[0. 01]
'05 – Jun – 2006'	[0. 01]	[0. 01]
'06 – Jun – 2006'	[0. 01]	[0. 01]
'07 – Jun – 2006'	[0. 01]	[0. 01]
'08 – Jun – 2006'	[0. 01]	[0. 01]
'09 – Jun – 2006'	[0. 01]	[0. 01]
'10 – Jun – 2006'	[0. 01]	[0. 01]

2. 时间序列与标量和矩阵的运算

时间序列也可以与标量和矩阵进行运算。例如，将时间序列 myfts 加上 1000，其结果为：

```
>> addscalfts = myfts + 1000
addscalfts =
    desc：  This is an example
```

freq：　Daily（1）

'dates：（10）'	'data1：（10）'	'data2：（10）'
'01 – Jun – 2006'	［　　999.57］	［　　999.81］
'02 – Jun – 2006'	［　　998.33］	［　　1000.7］
'03 – Jun – 2006'	［　　1000.1］	［　　999.41］
'04 – Jun – 2006'	［　　1000.3］	［　　1002.2］
'05 – Jun – 2006'	［　　998.85］	［　　999.86］
'06 – Jun – 2006'	［　　1001.2］	［　　1000.1］
'07 – Jun – 2006'	［　　1001.2］	［　　1001.1］
'08 – Jun – 2006'	［　　999.96］	［　　1000.1］
'09 – Jun – 2006'	［　　1000.3］	［　　999.9］
'10 – Jun – 2006'	［　　1000.2］	［　　999.17］

对于时间序列与矩阵的运算，要求矩阵的维数必须与时间序列相配。例如，如果时间序列有 50 行（50 个日期），4 列数据，则参与运算的矩阵维数必须为 50×4。对于上面产生的序列 addscalfts，如果要有某个矩阵与它运算，则该矩阵的维数必须为 10×2。

　　>> matfts = addscalfts – randn（10,2）

matfts =

　　desc：　This is an example

　　freq：　Daily（1）

'dates：（10）'	'data1：（10）'	'data2：（10）'
'01 – Jun – 2006'	［　　1001.2］	［　　1000.8］
'02 – Jun – 2006'	［　　998.08］	［　　1000.1］
'03 – Jun – 2006'	［　　1001.2］	［　　998.9］
'04 – Jun – 2006'	［　　998.87］	［　　1000.5］
'05 – Jun – 2006'	［　　999.66］	［　　999.27］
'06 – Jun – 2006'	［　　1000.7］	［　　1000.8］
'07 – Jun – 2006'	［　　1001］	［　　1000.7］
'08 – Jun – 2006'	［　　1000.9］	［　　1001.1］
'09 – Jun – 2006'	［　　1002.5］	［　　999.92］
'10 – Jun – 2006'	［　　1000.2］	［　　999.22］

3. 具有不同数据名称的时间序列的运算

产生一个除了数据名称不同以外，其余都与 myfts 相容的时间序列，称为"newfts2"。

　　>> newfts2 = fints（myfts. dates,fts2mat（myfts * 1000）,｛'ser1','ser2'｝,1,'New fts'）

newfts2 =

　　desc：　New fts

　　freq：　Daily（1）

'dates：（10）'	'ser1：（10）'	'ser2：（10）'
'01 – Jun – 2006'	[–432. 56]	[–186. 71]
'02 – Jun – 2006'	[–1665. 6]	[725. 79]
'03 – Jun – 2006'	[125. 33]	[–588. 32]
'04 – Jun – 2006'	[287. 68]	[2183. 2]
'05 – Jun – 2006'	[–1146. 5]	[–136. 4]
'06 – Jun – 2006'	[1190. 9]	[113. 93]
'07 – Jun – 2006'	[1189. 2]	[1066. 8]
'08 – Jun – 2006'	[–37. 633]	[59. 281]
'09 – Jun – 2006'	[327. 29]	[–95. 648]
'10 – Jun – 2006'	[174. 64]	[–832. 35]

如果直接将 myfts 与 newfts2 相加，则会出现错误信息。

```
>> myfts + newfts2
```

错误使用　+　（line 42）

FINTS objects are not compatible（identical）.

错误信息显示：两个时间序列不相容。

为了让这两个序列相加，可以采取如下方法：将其中一个序列转化为矩阵，然后再相加。例如，可以用：

```
>> addanofts = myfts + fts2mat（newfts2）
```

addanofts =

　　desc：This is an example

　　freq：Daily（1）

'dates：（10）'	'data1：（10）'	'data2：（10）'
'01 – Jun – 2006'	[–433]	[–186. 9]
'02 – Jun – 2006'	[–1667. 2]	[726. 52]
'03 – Jun – 2006'	[125. 46]	[–588. 9]
'04 – Jun -- 2006'	[287. 96]	[2185. 4]
'05 – Jun – 2006'	[–1147. 6]	[–136. 53]
'06 – Jun – 2006'	[1192. 1]	[114. 05]
'07 – Jun – 2006'	[1190. 4]	[1067. 8]
'08 – Jun – 2006'	[–37. 671]	[59. 341]
'09 – Jun – 2006'	[327. 62]	[–95. 744]
'10 – Jun – 2006'	[174. 81]	[–833. 18]

4. 其他运算

除了上面讨论的基本算数运算以外，MATLAB 还针对时间序列开发了其他一些数学函数运算。比如指数运算、对数运算等。

例如，我们可以求时间序列 myfts 的指数：

>> exp(myfts)

ans =

　　desc： EXP of This is an example

　　freq： Daily（1）

'dates：（10）'	'data1：（10）'	'data2：（10）'
'01 – Jun – 2006'	[0.64884]	[0.82969]
'02 – Jun – 2006'	[0.18908]	[2.0664]
'03 – Jun – 2006'	[1.1335]	[0.55526]
'04 – Jun – 2006'	[1.3333]	[8.8745]
'05 – Jun – 2006'	[0.31776]	[0.8725]
'06 – Jun – 2006'	[3.2901]	[1.1207]
'07 – Jun – 2006'	[3.2843]	[2.906]
'08 – Jun – 2006'	[0.96307]	[1.0611]
'09 – Jun – 2006'	[1.3872]	[0.90878]
'10 – Jun – 2006'	[1.1908]	[0.43503]

8.4.5 数据转换和频率转化

数据转换和频率转化函数可以将一个时间序列从一种形式转换为另一种形式。

数据转换函数总结于表8.4.1。

频率转化函数总结于表8.4.2。

表8.4.1　　　　　　　　　　　　　数据转换函数一览表

函数	功能
Boxcox	Box – Cox 转换
Diff	差分
Fillts	将缺失的数据值补齐
Filter	滤波
Lagts	滞后序列
Leadts	超前序列
Peravg	期间平均
Smoothts	数据平滑
Chfield	改变域的名称
Tsmovavg	移动平均

8.4.2　　　　　　　　　　　　　频率转化函数一览表

函数	功能
Convertto	依指定转化

函数	功能
resamplets	依指定转化
Toannual	转化为年
Todaily	转化为天
Tomonthly	转化为月
Toquarterly	转化为季
Tosemi	转化为半年
Toweekly	转化为周

以下简要讨论其中几个常用函数的使用。

1. Diff

NEWFTS = DIFF（OLDFTS）：计算时间序列 OLDFTS 中所有数据的差分，并将计算结果返回到新时间序列 NEWFTS 中。例如，先产生时间序列 fts，然后求差分。

```
>> dates = (today:today + 10)';
>> data = [ 1 2 3 4 5 6 7 8 9 10 11]';
>> fts = fints(dates,data,'da',1,'try')
fts =
    desc：  try
    freq：  Daily（1）
    'dates：（11）'    'da：（11）'
    '14 - Aug - 2016'    [        1]
    '15 - Aug - 2016'    [        2]
    '16 - Aug - 2016'    [        3]
    '17 - Aug - 2016'    [        4]
    '18 - Aug - 2016'    [        5]
    '19 - Aug - 2016'    [        6]
    '20 - Aug - 2016'    [        7]
    '21 - Aug - 2016'    [        8]
    '22 - Aug - 2016'    [        9]
    '23 - Aug - 2016'    [       10]
    '24 - Aug - 2016'    [       11]
>> diff(fts)
ans =
    desc：  DIFF of try
    freq：  Daily（1）
    'dates：（10）'    'da：（10）'
```

'15 – Aug – 2016 '	[	1]
'16 – Aug – 2016 '	[	1]
'17 – Aug – 2016 '	[	1]
'18 – Aug – 2016 '	[	1]
'19 – Aug – 2016 '	[	1]
'20 – Aug – 2016 '	[	1]
'21 – Aug – 2016 '	[	1]
'22 – Aug – 2016 '	[	1]
'23 – Aug – 2016 '	[	1]
'24 – Aug – 2016 '	[	1]

2. Fillts

Fillts 用于将缺失数据补齐。常用语法结构为：

NEWFTS = FILLTS（OLDFTS）：将原时间序列 OLDFTS 中的缺失数据（NaN）通过线性插值的方法补齐并产生新的时间序列 NEWFTS。"Filled" 一词将插入到 NEWFTS 的描述域中。

NEWFTS = FILLTS（OLDFTS，FILLMETHOD）：与第一种用法相同，只是可以通过选项 FILLMETHOD 明确指明所用的插值方法。常用的插值方法有：

线性插值	linear	– 'linear',	'l'（默认）
三次拟合	cubic	– 'cubic',	'c'
样条插值	spline	– 'spline',	's'
逼近插值	nearest	– 'nearest',	'n'
拟合插值	pchip	– 'pchip',	'p'

NEWFTS = FILLTS（OLDFTS，FILLMETHOD，NEWDATES）：与第二种用法相同，只是可以通过选项 NEWDATES 将新日期加入到原序列中。如果新日期已经在原序列中存在，那么原日期不变；如果原序列中存在缺失数据，那么这些数据将通过指定的插值方法予以补齐。

新日期 NEWDATES 可以是日期序列数向量，或者单个日期字符串，或者日期字符串单元向量。

例如，首先构造时间序列 fts2，然后用函数 fillts 将缺失数据补齐。

≫ dates = (today：today + 10) ' ;
≫ data1 = [1 2 3 nan 5 6 7 nan 9 10 11] '

data1 =
    1
    2
    3
NaN
    5

```
        6
        7
NaN
        9
       10
       11
>> fts2 = fints( dates, data1 )
fts2 =
    desc:  (none)
    freq:  Unknown (0)
    'dates:  (11)'      'series1:  (11)'
    '14 – Aug – 2016'     [               1]
    '15 – Aug – 2016'     [               2]
    '16 – Aug – 2016'     [               3]
    '17 – Aug – 2016'     [             NaN]
    '18 – Aug – 2016'     [               5]
    '19 – Aug – 2016'     [               6]
    '20 – Aug – 2016'     [               7]
    '21 – Aug – 2016'     [             NaN]
    '22 – Aug – 2016'     [               9]
    '23 – Aug – 2016'     [              10]
    '24 – Aug – 2016'     [              11]
>> fillts( fts2 )
ans =
    desc:  Filled
    freq:  Unknown (0)
    'dates:  (11)'      'series1:  (11)'
    '14 – Aug – 2016'     [               1]
    '15 – Aug – 2016'     [               2]
    '16 – Aug – 2016'     [               3]
    '17 – Aug – 2016'     [               4]
    '18 – Aug – 2016'     [               5]
    '19 – Aug – 2016'     [               6]
    '20 – Aug – 2016'     [               7]
    '21 – Aug – 2016'     [               8]
    '22 – Aug – 2016'     [               9]
    '23 – Aug – 2016'     [              10]
```

'24 – Aug – 2016'	[	11]

3. LAGTS

LAGTS 将时间序列中的数据向前平移一个时间段直到最后一个时间点。

最常用的也是默认的格式为：

NEWFTS = LAGTS（OLDFTS）：将原时间序列 OLDFTS 中的数据延迟一个期间，并且将结果返回到新序列 NEWFTS。例如，如果 OLDFTS 的频率是天，那么数据将延迟一天。

NEWFTS = LAGTS（OLDFTS，LAGPERIOD）：通过选项 LAGPERIOD 指出数据延迟的期间数。

例如，对前面建立的时间序列 fts，求其延迟一天后的新序列，得到：

```
>> fts3 = lagts(fts)
fts3 =
```

desc： LAGTS on try

freq： Daily（1）

'dates：（11）'	'da：（11）'	
'14 – Aug – 2016'	[	0]
'15 – Aug – 2016'	[	1]
'16 – Aug – 2016'	[	2]
'17 – Aug – 2016'	[	3]
'18 – Aug – 2016'	[	4]
'19 – Aug – 2016'	[	5]
'20 – Aug – 2016'	[	6]
'21 – Aug – 2016'	[	7]
'22 – Aug – 2016'	[	8]
'23 – Aug – 2016'	[	9]
'24 – Aug – 2016'	[	10]

4. Leadts

将时间序列中的数据提前一定的时间段，其用法与 lagts 相同。

5. Chfield

改变时间序列中数据列的名称。

FTS = CHFIELD（FTS，FROMNAME，TONAME）：将时间序列 FTS 的数据列的名称从 FROMNAME 变为 TONAME。

FROMNAME 和 TONAME 可以是字符串，也可以是字符串单元向量。当需要改变的数据列只有一列时，可用字符串，否则，多于一列时必须使用单元向量。

例如，如下命令可以将时间序列 fts 中的数据列名称从原来的 "da" 变为 "ndata"。

```
>> fts4 = chfield(fts,'da','ndata')
fts4 =
```

desc： try

freq： Daily（1）

'dates：（11）'	'ndata：（11）'
'14 – Aug – 2016'	[1]
'15 – Aug – 2016'	[2]
'16 – Aug – 2016'	[3]
'17 – Aug – 2016'	[4]
'18 – Aug – 2016'	[5]
'19 – Aug – 2016'	[6]
'20 – Aug – 2016'	[7]
'21 – Aug – 2016'	[8]
'22 – Aug – 2016'	[9]
'23 – Aug – 2016'	[10]
'24 – Aug – 2016'	[11]

8.5 财务数据时间序列的分析

对于股价这一特殊的时间序列，为了掌握其变化规律从而赚取一定的利润，长期以来人们对此做了大量的研究并产生了分析股价变化的许多工具，如 K 线图、移动平均线等。与对宏观经济环境或内部信息所作的分析不同，这样的分析称为技术分析。本节专门讨论如何应用 MATLAB 的时间序列函数作技术分析。

1. K 线图

K 线又称为蜡烛线或者日本线。称之为蜡烛线是因为形状像蜡烛；称之为日本线是因为据称 K 线起源于日本。

所谓 K 线，就是将证券的开盘价、收盘价、最高价、最低价标记在图上而形成的图形。标记的方法为：在开盘价和收盘价之间画一个矩形框，称为实体。从最高价到实体画一条线，叫上影线；从最低价到实体也画一条线，叫下影线。当开盘价大于收盘价时，实体涂黑，称为黑线或阴线；当收盘价大于开盘价时，实体空白，称为红线或阳线。

通过分析 K 线的种类和形状，即可分析多空双方的强弱及价格的波动。

K 线图用命令 CANDLE 来完成。CANDLE 的语法结构为：

CANDLE（HI, LO, CL, OP, COLOR, DATES, DATEFORM）

其中：HI, LO, CL, OP 分别为最高价、最低价、收盘价、开盘价的列向量；COLOR 是颜色字符串，不设的话可用默认值；DATES 为对应的日期向量，DATEFORM 为日期的格式。

CANDLE 函数的时间序列形式为：

CANDLE（FTS，COLOR，DATEFORM，ParameterName，ParameterValue，...）

FTS 是要输入的时间序列的名称。FTS 必须包含至少四个数据列，表示最高价、最低价、收盘价、开盘价，并以'High'，'Low'，'Close'，'Open'来命名。如果四个数据列最高价、最低价、收盘价、开盘价不是按要求的格式命名，则需要通过后面的可选项，ParameterName，ParameterValue（参数名和参数值）对其来定义。

'HighName'——最高价名称；

'LowName'——最低价名称；

'OpenName'——开盘价名称；

'CloseName'——收盘价名称。

例如，对我们前面建立的深康佳 A 股的时间序列，

>> load sheng_kj_A2006060120061101_2.mat　　% 调入数据

>> whos　% 显示内存变量

Name	Size	Bytes	Class	Attributes
d	110x1	880	double	
data	110x6	5280	double	
data_4	110x4	3520	double	
data_5	110x5	4400	double	
date_data	110x7	6160	double	
fin	110x6	8688	fints	
finkj	110x6	8666	fints	
finkj_4	110x4	6660	fints	
finkj_5	110x5	7664	fints	

选择时间序列 finkj_4，并用命令 fieldnames 看一下各个域的名称以决定是否需要明确指出谁是开盘价，谁是收盘价等。结果发现数据列的名称符合要求，因此，无须定义。

>> fieldnames(finkj_4)

ans =

　　'desc'

　　'freq'

　　'dates'

　　'Close'

　　'Open'

　　'High'

　　'Low'

>> candle(finkj_4)　　　% 针对 finkj_4 直接调用函数

>> title('深圳康佳 A')　　　　　　% 为图形加上题目

输入以上命令以后，在另外弹出的图形窗口中就画出了从 2006 年 6 月 1 日到 2006 年 11 月 1 日深康佳 A 的 K 线图，如图 8.5.1 所示。

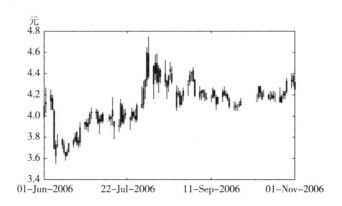

图 8.5.1　深康佳 A 股 K 线图

由于数据较多，因此 K 线图较密，很难看出其中的 K 线。为此，在图形窗口中可以选择"放大镜"功能，将图形放大。

要启动"放大镜"功能，可以直接点击放大图标，见图 8.5.2。点放大图标以后，光标变为放大镜。然后就可以将光标移到要放大的位置，单击鼠标左键。放大以后的 K 线图见图 8.5.3。要想返回原来的状态，只需点击"放大镜"旁边的"缩小"图标即可。

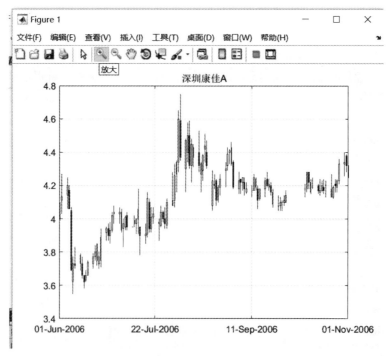

图 8.5.2　图形窗口放大镜功能按钮

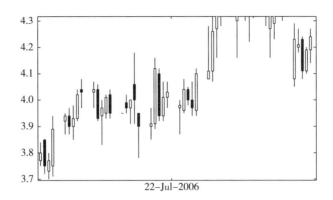

图 8.5.3　深康佳 A 股 K 线放大图

2. 移动平均线

移动平均线就是连续若干天股价的平均值所构成的曲线。天数是可变参数，10 天的移动平均线叫 10 日线，另外还有 5 日线和 15 日线等说法。

MATLAB 求移动平均线的函数是 tsmovavg。由于平均值的求法有很多，因此此函数的使用有多种形式。

output = tsmovavg（tsobj，'s'，lag）：求时间序列 tsobj 的简单移动平均线，"s"表示简单移动平均，"lag"定义移动平均的天数。此命令将对 tsobj 所有的数据列求简单移动平均。如果只针对收盘价求移动平均，则需要取出收盘价单独计算。下面求移动平均的命令也是如此。

output = tsmovavg（tsobj，'e'，timeperiod）：求时间序列 tsobj 的指数加权移动平均线，"e"表示指数加权移动平均值（EMA），"timeperiod"定义移动平均的天数。指数加权移动平均值的计算公式为

$$今日 \text{EMA} = \frac{2}{\text{timeperiod} + 1} \times 今日收盘价 + \frac{\text{timeperiod} - 1}{\text{timeperiod} + 1} \times 昨日 \text{EMA}$$

$\dfrac{2}{\text{timeperiod} + 1}$ 称为平滑因子。指数加权移动平均线也称为平滑移动平均线。

output = tsmovavg（tsobj，'t'，numperiod）：求时间序列 tsobj 的三角移动平均线，"t"表示三角移动平均，"numperiod"定义移动平均的天数。实际上，n 日三角移动平均线就是对 $(n + 1)/2$ 日简单移动平均线再求 $(n + 1)/2$ 日简单移动平均。

output = tsmovavg（tsobj，'w'，weights）：求时间序列 tsobj 的加权移动平均线，"w"表示加权移动平均，"weights"定义移动平均的权重。"weights"是列向量，数值是权重，长度是移动平均的天数。

output = tsmovavg（tsobj，'m'，numperiod）：求时间序列 tsobj 的修正移动平均线，"m"表示修正移动平均，"numperiod"定义移动平均的天数。修正移动平均线类似于简单移动平均线。其中：第一个数的计算采用简单移动平均，以后每个数的计算采用已经得到的平均值，用下列公式计算：

$$今日的修正移动平均值 = \frac{今日收盘价 + (numperiod - 1) \times 昨日的修正移动平均值}{numperiod}$$

或者

$$今日的修正移动平均值 = 昨日的修正移动平均值$$
$$+ \frac{今日收盘价 - 昨日的修正移动平均值}{numperiod}$$

仍然用深圳康佳 A 股的例子。以下命令求收盘价的 5 日简单移动平均线。

>> jdydpj5 = tsmovavg(finkj _ 4. Close, 's' ,5)　　% 为节省篇幅，只显示前 10 行

jdydpj5 =

　　desc： 深康佳 A

　　freq： Daily（1）

　　'dates：（110）'　　　　'Close：（110）'

　　'01 – Jun – 2006 '　　　[　　　　　NaN]

　　'02 – Jun – 2006 '　　　[　　　　　NaN]

　　'05 – Jun – 2006 '　　　[　　　　　NaN]

　　'06 – Jun – 2006 '　　　[　　　　　NaN]

　　'07 – Jun – 2006 '　　　[　　　　4. 036]

　　'08 – Jun – 2006 '　　　[　　　　3. 962]

　　'09 – Jun – 2006 '　　　[　　　　3. 88]

　　'12 – Jun – 2006 '　　　[　　　　3. 786]

　　'13 – Jun – 2006 '　　　[　　　　3. 706]

　　'14 – Jun – 2006 '　　　[　　　　3. 692]

再用 chartfts 作图，得到图 8.5.4。

>> chartfts（jdydpj5）

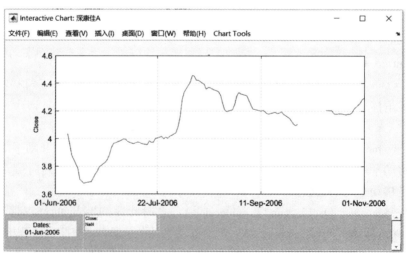

图 8.5.4　深康佳 A 股 5 日简单移动平均线

对同一数据，再求 5 日指数加权移动平均线，见图 8.5.5。在命令行输入：

>> expydpj5 = tsmovavg(finkj _ 4. Close, 'e' ,5)   % 为节约篇幅，只显示 10 行
expydpj5 =

    desc： 深康佳 A

    freq：   Daily（1）

'dates：（110）'	'Close：（110）'
'01 – Jun – 2006'	[NaN]
'02 – Jun – 2006'	[NaN]
'05 – Jun – 2006'	[NaN]
'06 – Jun – 2006'	[NaN]
'07 – Jun – 2006'	[3.9207]
'08 – Jun – 2006'	[3.8571]
'09 – Jun – 2006'	[3.8114]
'12 – Jun – 2006'	[3.7843]
'13 – Jun – 2006'	[3.7428]
'14 – Jun – 2006'	[3.7019]

>> chartfts(expydpj5)

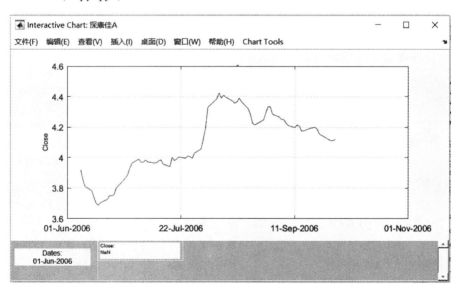

图 8.5.5 深康佳 A 股 5 日指数加权移动平均线

同理，可得到三角移动平均线、加权移动平均线以及修正移动平均线等。作为练习，请大家自行完成。

3. 平滑异同移动平均线

平滑异同移动平均线函数 MACD 可以针对财务时间序列求其平滑异同移动平均线 MACD 以及 MACD 的 9 日指数移动平均线。

平滑异同移动平均线 MACD 可用 12 日指数加权移动平均线减去 26 日指数加权移动平均线计算得到。前者（平滑因子 15%）称为快速平滑移动平均线；后者（平滑因子 7.5%）称为慢速平滑移动平均线。

MACD 函数的使用有如下几种常用的格式：

- MACDTS = MACD（FTS）

其中：FTS 是某只股票包括收盘价在内的股价所构成的财务数据时间序列，其中至少有一列数据的名称为特定的"Close"。如果数据列的名称不是"Close"，那么要用下面的格式明确指定收盘价是哪个数据列。

计算结果将存储在时间序列 MACDTS 中。MACDTS 与输入序列 FTS 具有相同的日期，而且包含两列数据。一列数据命名为"MACDLine"，是平滑异同移动平均线 MACD 所用的数据；另一列命名为"NinePerMA"，是 MACD 线的 9 日指数加权移动平均线所用的数据。

- MACDTS = MACD（FTS，SERIES＿NAME）

其用法与上类似。此处，只是用参数"SERIES＿NAME"明确指出了要计算平滑异同移动平均线的数据列。因此，用此种格式可以求任何一列数据的平滑异同移动平均线 MACD。

MACDTS 计算出以后，就可以对此时间序列作图。从图中就可以看出什么时候买、卖股票，什么时候趋势结束，什么时候属多头市场或空头市场。详细说明参见有关证券投资方面的参考书[①]。

仍然用深圳康佳 A 股的例子。

```
>> kjmacd = macd( finkj＿4 )
kjmacd =
    desc：  MACD：深康佳 A
    freq：  Daily（1）
```

'dates：（110）'	'MACDLine：（110）'		'NinePerMA：（110）'	
'01－Jun－2006'	[	NaN]	[	NaN]
……	……		……（省略 23 行）	
'05－Jul－2006'	[	NaN]	[	NaN]
'06－Jul－2006'	[	0.057862]	[	NaN]
'07－Jul－2006'	[	0.054032]	[	NaN]
'10－Jul－2006'	[	0.050415]	[	NaN]
'11－Jul－2006'	[	0.048602]	[	NaN]
'12－Jul－2006'	[	0.049021]	[	NaN]
'13－Jul－2006'	[	0.048791]	[	NaN]
'14－Jul－2006'	[	0.040077]	[	NaN]

① 潘金生：《证券投资理论与实务（第三版）》，经济科学出版社，2004。

'17 – Jul – 2006 '	[	0.033591]	[	NaN]
'18 – Jul – 2006 '	[	0.044879]	[	0.046955]
'19 – Jul – 2006 '	[	0.038852]	[	0.045335]
'20 – Jul – 2006 '	[	0.039272]	[	0.044122]
'21 – Jul – 2006 '	[	0.040749]	[	0.043448]
'24 – Jul – 2006 '	[	0.037452]	[	0.042249]

为了说明问题而且有利于大家验证结果，此处只显示前 40 行。由于前 25 行数据列全为非数，所以也省略不显。然后再用 chartfts 作图，得到图 8.5.6。

>> chartfts(kjmacd)

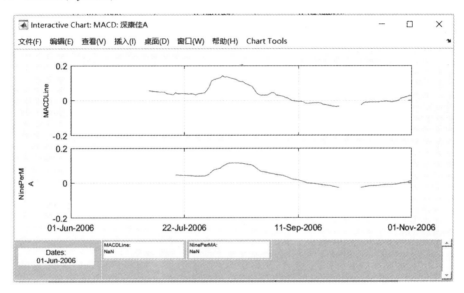

图 8.5.6　深康佳 A 股平滑异同移动平均线

值得说明的是：MACD 函数不用像移动平均函数那样，明确指明收盘价，函数可以自己确定。

4. 相对强弱指标 RSI

相对强弱指标 RSI（Relative Strength Index）是一个用股价的波动情况来推测未来价格变动的指标。

同移动平均值的计算类似，在确定相对强弱指标 RSI 时也需要给定一个天数。常用的天数可以有 5 日、9 日或 14 日等。为了说明问题方便，假设考虑的天数为 4。

先确定包括当日股价在内的连续 5 日的收盘价，然后用每一天的收盘价减去前一天的收盘价，这样就得到 4 个数。当然，这四个数有正有负。定义：

A = 差大于等于零的当日股价的和；

B = 差小于零的当日股价的和。

事实上，A 是所有上涨（不跌）股价的和，B 是所有下跌股价的和。再定义：

$R_s = \dfrac{A}{B}$ 称为相对强度;

$RSI = 100 - \dfrac{100}{1 + R_s} = \dfrac{A}{A + B} \times 100$ 称为相对强弱指标。

以下举例说明 RSI 的计算。为了方便,假设考虑的天数为 4,某只股票在 12 天之内的收盘价如下所示:

1　2　10　4　5　6　14　14　13　9　10　11

按照 MATLAB 的规定,当天数为 n 时,前 n 个相对强弱指标为 NaN(非数)。从 n + 1 开始计算 RSI。当然如果下跌股价没有,则 B 为零,此时也规定对应的 RSI 为 NaN。

第五日对应的 RSI 计算如下:

$A = 2 + 10 + 5 = 17$;

$B = 4$。

因此,$RSI(5) = \dfrac{17}{17 + 4} \times 100 = 80.95$。

第七日对应的 RSI 计算如下:

$A = 5 + 6 + 14 = 25$;

$B = 4$。

因此,$RSI(7) = \dfrac{25}{25 + 4} \times 100 = 86.21$。

由于第八日之前的 5 日没有下跌股价,因此 B 为零,所以 $RSI(8) = NaN$。

再看第九日:

$A = 6 + 14 + 14 = 34$;

$B = 13$。

因此,$RSI(9) = \dfrac{34}{13 + 34} \times 100 = 72.34$。

同理,可计算出其他日的 RSI,结果为:

NaN　　NaN　　NaN　　NaN　　80.95　　84.00　　86.21　　NaN　　72.34

56.00　52.17　48.84

事实上,用 MATLAB 提供的相对强弱指标函数 RSINDEX 可以很容易地计算出任何天数下的相对强弱指标值。

相对强弱指标函数 RSINDEX 的用法如下:

- RSITS = RSINDEX (FTS)

对财务时间序列 FTS,至少有一个数据列名为"Close",表示该股票的收盘价。输出为与 FTS 具有相同日期列,且数据列名称为"RSI"的时间序列。此种用法假设天数为默认的 14 天。

- RSITS = RSINDEX (FTS, NPERIODS)

此种用法与前一种用法相同。不同的是可以用参数 NPERIODS 明确指明所用的天数。

- RSITS = RSINDEX（FTS，NPERIODS，ParameterName，ParameterValue）

与第二种用法相同，但是可以通过参数名和参数值显式定义当收盘价不是默认的"Close"时的收盘价名称。ParameterName 只能取 'CloseName'，而 ParameterValue 可以是表示收盘价的有效字符串。

仍然用深圳康佳 A 股的例子。在命令行输入：

```
>>  RSI _ KJ = rsindex( finkj _ 4 )
RSI _ KJ =
```

　　　desc：　RSIndex：深康佳 A

　　　freq：　Daily（1）

　　　'dates：（110）'　　　'RSI：（110）'

　　　'01 – Jun – 2006'　　　[NaN]

　　　……　　　　　　……（省略 12 行）

　　　'20 – Jun – 2006'　　　[　　　NaN]

　　　'21 – Jun – 2006'　　　[　　32.673]

　　　'22 – Jun – 2006'　　　[　　　32]

　　　'23 – Jun – 2006'　　　[　　35.238]

　　　'26 – Jun – 2006'　　　[　　43.75]

　　　'27 – Jun – 2006'　　　[　　66.667]

　　　'28 – Jun – 2006'　　　[　　66.129]

　　　'29 – Jun – 2006'　　　[　　71.429]

　　　'30 – Jun – 2006'　　　[　　71.429]

　　　'03 – Jul – 2006'　　　[　　79.688]

```
>>  chartfts( RSI _ KJ )
```

5. OBV 线

OBV 线是美国投资专家葛南维首先提出的。[1] OBV（On – Balance Volume）线将成交量值与价位的关系数字化、图形化，从而可以清楚地了解到股价的涨跌情况。

OBV 值可由股价（收盘价）的涨跌和成交量值计算得到。从某一基准日开始，基准日的 OBV 值就是其成交量值，以后每一日，如果股价上升，则将当日的成交量值累加到前一日的 OBV 值中作为当日的 OBV 值；如果股价下跌，则将前一日的 OBV 值减去当日的成交量值作为当日的 OBV 值。依次类推。

MATLAB 提供了计算 OBV 值的函数 ONBALVOL。该函数的用法如下：

- OBVTS = ONBALVOL（FTS）

这是 OBV 函数的最简形式。输入变量为至少包含两个数据列，一个名为"Close"，另一个名为"Volume"的财务时间序列。名为"Close"的数据列表示收盘价，名为"Volume"的数据列表示当日的成交量。

---

① 张龄松、罗俊：《股票操作学（第二版）》，中国大百科全书出版社，1997。

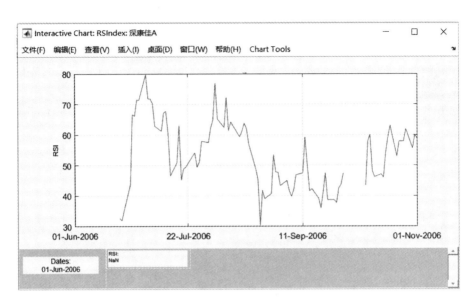

图 8.5.7　深康佳 A 股相对强弱指标线

输出 OBVTS 是一个时间序列，与 FTS 具有相同的日期，数据列名称为"OnBal-Vol"，表示对应于每一日的 OBV 值。

* OBVTS = ONBALVOL（FTS, ParameterName, ParameterValue, ...）

此种用法与第一种相似。不同之处在于当股价和成交量的数据列的名称不是默认的"Close"和"Volume"时，可以用参数名和参数值 ParameterName, ParameterValue 的组合来定义哪个数据列是股价，哪个数据列是成交量。有效的参数名 ParameterName 如下：

　　　　'CloseName'——收盘价数据列名称；

　　　　'VolumeName'——成交量数据列名称。

参数值 ParameterValue 可取任何有效的字符串。

仍然用深康佳 A 股的例子。先用 fieldnames 命令查看一下 finkj _ 5 的数据列名称是否符合要求。在命令行输入：

>> fieldnames（finkj _ 5）

ans =

　　'desc'

　　'freq'

　　'dates'

　　'Close'

　　'Open'

　　'High'

　　'Low'

'Volume'

可见，在时间序列 finkj _ 5 中有名为"Close"和"Volume"的数据列。为了便于验证，此处再将 fink _5 的前5行予以显示。

```
>> finkj _5
finkj _5 =
    desc:深康佳 A
    freq：Daily（1）
```

1 至 4 列

'dates：（110）'	'Close：（110）'	'Open：（110）'	'High：（110）'
'01 – Jun – 2006'	[4.1]	[3.99]	[4.11]
'02 – Jun – 2006'	[4.13]	[4.11]	[4.27]
'05 – Jun – 2006'	[4.2]	[4.14]	[4.25]
'06 – Jun – 2006'	[4.06]	[4.17]	[4.2]
'07 – Jun – 2006'	[3.69]	[4.05]	[4.07]

5 至 6 列

'Low：（110）'	'Volume：（110）'
[3.98]	[6259988]
[4.03]	[9718782]
[4.06]	[6323390]
[4.06]	[5824380]
[3.69]	[8916253]

至此，即可用命令 onbalvol 来求每日的 OBV 值。

```
>> finkj _obv = onbalvol( finkj _5)    %为节省篇幅,只显示前5行
finkj _obv =
    desc： OnBalVol:深康佳 A
    freq： Daily（1）
```

'dates：（110）'	'OnBalVol：（110）'
'01 – Jun – 2006'	[6259988]
'02 – Jun – 2006'	[15978770]
'05 – Jun – 2006'	[22302160]
'06 – Jun – 2006'	[16477780]
'07 – Jun – 2006'	[7561527]

最后，为了清楚地观察 OBV 的变化，再用 chartfts 将 OBV 作图，见图 8.5.8。

```
>> chartfts( finkj _obv)
```

6. 威廉指标

威廉指标（Williams ％R）是由拉瑞·威廉（Larry Williams）于 1973 年创立的。该指标首先用于期货市场，其后引入股票市场。该指标是股票市场中被广泛采用的分析指标之一。

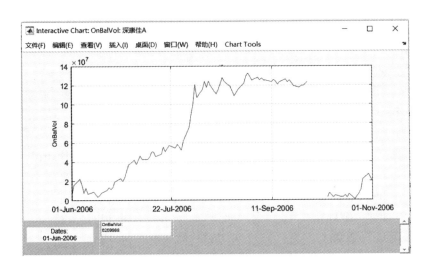

图 8.5.8　深康佳 A 股 OBV 线

威廉指标的计算公式如下：

$$第\ i\ 日的威廉指标 = \frac{H_n(i) - C(i)}{H_n(i) - L_n(i)} \times (-100)$$

式中：n 是一个天数，类似于移动平均等指标中的参数 n，可以取 5、10、14 等。$C(i)$ 是 i 当天的收盘价；H_n 和 L_n 分别为 n 日内中最高价中的最高价和最低价中的最低价；$H_n(i)$ 和 $L_n(i)$ 分别为 H_n 和 L_n 在第 i 日的取值。

MATLAB 提供了计算 H_n 和 L_n 的函数 hhigh 和 llow。这两个函数的输入可以是包含名称分别为"High"和"Low"的数据列的时间序列，另外还可以明确指明参数天数（如果不指明，则默认天数为 14）。

威廉指标函数 Willpctr 调用了 hhigh 和 llow 函数，并用上面介绍的公式计算威廉指标。

函数 Willpctr 的使用有如下几种常用形式：

● 　wpctrts = willpctr（tsobj）

输入变量是时间序列 tsobj，至少包含 3 个分别以"High"、"Low"和"Close"命名的数据列。由于没有明确指出参数天数，因此，天数取默认的 14。

● 　wpctrts = willpctr（tsobj, nperiods）

与第一种用法相同，只是可以用参数 nperiods 明确指明天数。

● 　wpctrts = willpctr（tsobj, nperiods, ParameterName, ParameterValue, …）

与第二种用法相似。不同之处在于，当收盘价、最高价和最低价的数据列名称不是默认的"Close"、"High"和"Low"时，可以用参数名和参数值 ParameterName, ParameterValue 的组合来定义哪个数据列是收盘价，哪个数据列是最高价和最低价。有效的参数名 ParameterName 如下：

'CloseName'——收盘价数据列名称；

'HighName'——最高价数据列名称；

'LowName'——最低价数据列名称；

参数值 ParameterValue 可取任何有效的字符串。

三种用法的输出都是与输入序列 tsobj 具有相同日期、数据列名称为"WillPctR"的时间序列。

仍用前面深康佳 A 的例子。

```
>> fieldnames(finkj_4)
ans =
    'desc'
    'freq'
    'dates'
    'Close'
    'Open'
    'High'
    'Low'
```

结果显示, finkj_4 的数据列名称符合威廉函数的要求, 因此直接在命令行输入:

```
>> wpctrts = willpctr(finkj_4)
wpctrts =
    desc:   WillPctR:深康佳 A
    freq:   Daily (1)
    'dates: (110)'      'WillPctR: (110)'
    '01 - Jun - 2006'   [        -23.611]
    '02 - Jun - 2006'   [        -19.444]
    '05 - Jun - 2006'   [        -9.7222]
    '06 - Jun - 2006'   [        -29.167]
    '07 - Jun - 2006'   [        -80.556]
```

为了节约篇幅, 只显示前 5 行。用 chartfts 作图, 得到图 8.5.9。

```
>> chartfts(wpctrts)
```

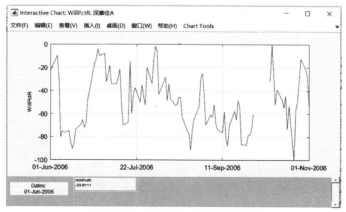

图 8.5.9　深康佳 A 股威廉指标线

练习题

1. 使用深圳康佳 A 股数据，完成三角移动平均线、加权移动平均线以及修正移动平均线的作图。

2. 请自己上网下载某只股票的数据，然后建立该股票的时间序列模型并做以下练习：

（1）在图形中将该股票的开盘价、收盘价、最高价、最低价和成交量显示在一个图形中并进行一定的分析；

（2）从该模型中单独将收盘价取出来，建立仅包括收盘价在内的时间序列模型；

（3）分析该股的走势，计算几个常用的技术指标，对该股的交易给出自己的建议。

第 9 章

模型建立与发布

用户界面是用户使用模型的入口。界面的好坏关系到模型使用是否方便、有趣。MATLAB 提供了图形用户界面设计工具，利用这一工具可以设计出友好、方便的用户界面，为模型的使用锦上添花。

再好的模型如果仅能在某个特定的环境下运行，则用起来也不是很方便。因此，MATLAB 还提供了能将模型编译成可脱离 MATLAB 独立运行的可执行文件的工具。

另外，为了方便模型的交流，我们也可以使用 MATLAB 提供的特定工具将模型发布到网上。本章就来讨论图形用户界面设计、模型编译以及模型的 web 发布等问题。

本章内容包括：

9.1　图形用户界面设计

9.2　APP Designer 应用程序设计器

9.3　模型打包与编译

9.4　模型的 WEB 发布

9.1　图形用户界面设计

9.1.1　图形的建立与操作

1. 图形对象

图形对象是 MATLAB 编程环境中的重要概念。任何由图形命令产生的东西都可以称为图形对象。图形对象的每一部分又都可以是一个对象，因此图形对象具有层次结构。处在上一层的对象称为父对象，父对象以下的图形称为子对象。计算机屏幕是最顶层的对象称为根对象；图形窗口是根对象的子对象；坐标轴、菜单、控件等又是图形窗口的子对象。

图形窗口可以用函数 figure 来创建。函数 figure 的语法结构有如下几种：

- h = figure

创建一个新的图形窗口并返回它的句柄值。

- Figure（H）

使图形 H 成为当前图形并迫使它可见，而且提到屏幕上所有图形之上。如果 H 原来不存在，而且 H 是整数，那么 MATLAB 将创建一个以 H 为句柄的新图形窗口。

- Figure（'属性'，属性值，……）

作为可选项，在建立图形窗口时也可以明确指明图形窗口的属性和属性值。常用的属性有图形窗口的名称、类型、标签、可见性等。这些属性的定义及其属性值的设置请参看下面的例子和说明。

2. 对象句柄

用来唯一标识图形对象的数字称为该对象的句柄。当用户创建一个对象时，MAT-LAB 就为该对象建立一个唯一的句柄。以后对该对象的操作都可以通过句柄来完成。根对象即整个计算机屏幕的句柄通常为 0，图形窗口的句柄为整数，其他子对象的句柄为浮点数。

以下函数用来对句柄进行操作：

- gcf——返回当前图形的句柄值；
- gco——返回当前图形窗口内当前对象的句柄值；
- gcbo——返回当前正在执行回调程序的对象的句柄值；
- gcbf——返回当前正在执行回调程序的对象所在的图形窗口的句柄值；
- gca——返回当前图形中当前坐标轴的句柄值。

3. 对象属性和属性值

每一个对象都可以用一系列属性及其属性值来定义。属性包括图形的位置、大小、颜色等。不同的图形对象具有不同的属性。

对象属性可用函数 get 和 set 来获取和改变。Get 函数的通常用法如下：

V = GET（H，'属性'）

返回句柄为 H 的指定对象的特定属性的属性值。

GET（H）

返回句柄为 H 的指定对象的所有属性的属性值。

Set 函数的通常用法如下：

SET（H，'属性'，属性值）

设定句柄为 H 的图形对象的特定属性的属性值。

SET（H，'属性 1'，属性值 1，'属性 2'，属性值 2，……）

设定句柄为 H 的图形对象的多个属性的属性值。

常用的对象属性包括（见表 9.1.1）：

表 9.1.1　　　　　　　　　　　　　　　常用属性及其值

属性	含义	可能的取值
Type	对象的类型	Edit、Text 等
Tag	对象标签	字符串
String	对象名称	字符串
Visible	可见性	"on" 或 "off"
UserData	附加给此对象的任何数据	任意
CreateFcn	创建时调用的函数	字符串
DeleteFcn	删除时调用的函数	字符串
Children	所有下层对象的句柄	向量
Parent	父对象的句柄	父对象句柄

9.1.2　图形用户界面设计工具 GUIDE

使用图形用户界面设计工具 GUIDE 可以很方便地设计出直观清晰、简单易用的用户界面。本节将用一个简单例子说明该设计工具的使用。

有两种方法可以进入 GUIDE：

（1）在 MATLAB 的主页窗口中，点击"新建"按钮，在随后弹出的菜单中选择"应用程序"，在第二次弹出的菜单中选择"GUIDE"，如图 9.1.1 所示。

图 9.1.1　进入 GUIDE 图形用户界面设计工具

（2）在命令窗口中，输入命令：GUIDE。

进入 GUIDE 以后，系统弹出 GUIDE 开始窗口（见图 9.1.2）。在该开始窗口中，有两个标签，一个是"新建 GUI"，另一个是"打开现有 GUI"。

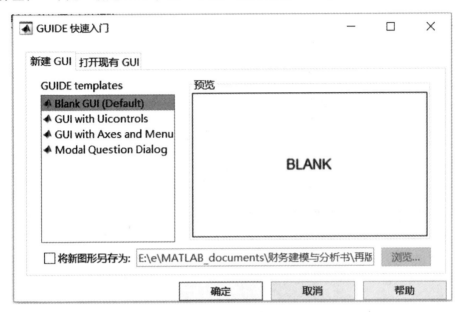

图 9.1.2　GUIDE 开始窗口

如果打开的是"新建 GUI"（默认），那么又有四个选项，这四个选项可创建不同的模板。

Balnk GUI：创建一个空白的 GUI；

GUI withUicontrols：创建一个带有若干控件的 GUI；

GUI with Axes and Menu：创建一个带有坐标系和菜单的 GUI；

Modal Question Dialog：创建一个对话框窗口。

对于不同的选择所创建的不同的界面，请大家在 MATLAB 环境中自己去体验。

另外，在窗口下面还有一个选项。此选项允许用户更改新图形存放的路径，默认位置是当前文件夹所在的位置。

本例中，我们选择默认的"Blank GUI"以及默认的存放路径，点击"确定"按钮，进入如图 9.1.3 所示的画面。

外观编辑器最左边是在用户界面中可以加入的控件。图 9.1.3 显示的是控件的图标。通过点击菜单栏中的"文件"、"预设"，然后在弹出的窗口中选择"GUIDE"、勾选"在组件选项板中显示名称"，最后点击"确定"按钮。那么，编辑器中的控件就显示为它们的名称，如图 9.1.4 所示。

大家一定发现，在编辑器的右下角有一个小黑点（必要时，先拖动最下面的滚动条到最右边）。将鼠标放在该小黑点上上下拖动，就可以像改变其他图形窗口那样改变用户界面的大小。

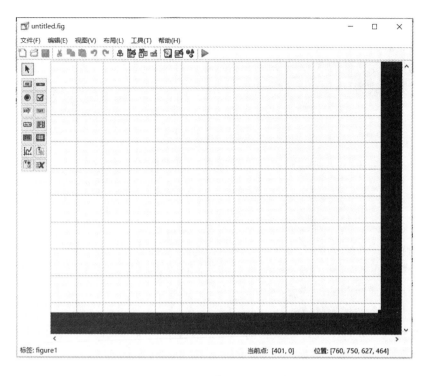

图 9.1.3　图形用户界面外观编辑器

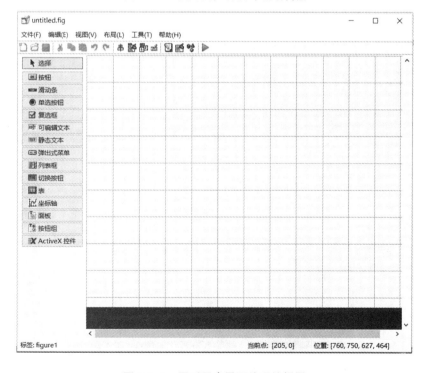

图 9.1.4　图形用户界面外观编辑器

以下我们分三步来介绍如何创建特定的图形用户界面。

第一步，在打开的外观编辑器中加入所需要的控件。

我们的例子是，假设 XYZ 公司的销售数据已经输入完毕，存在了一个称为 sales. mat 的文件中。其格式为：

sales =

1.2	3.5	1.7	4.5
12.3	14.5	13.1	10.1
12.23	23.31	11	5.67

其中：行表示产品，列表示地区。比如说，矩阵的第二行、第二列的数字14.5表示第二个产品在第二个地区的销售额。

我们希望做的模型是：按不同的地区和不同的产品分别统计 XYZ 公司的销售额并以条形图、面域图或饼图的形式反映出来。

首先添加三个按钮控件（push buttons）。

在外观编辑器左边的控件栏里，选中按钮控件，然后将鼠标移到添加控件的位置画出所需的按钮控件，如图 9.1.5 所示。依次类推，可画出其他两个按钮控件。当然，我们也可以采用拷贝的方法画出另两个按钮。选中要拷贝的按钮控件，点击鼠标右键，在弹出的菜单中选"复制"。然后将鼠标移到新的位置上，点鼠标右键，在弹出的菜单上选"粘贴"即可。

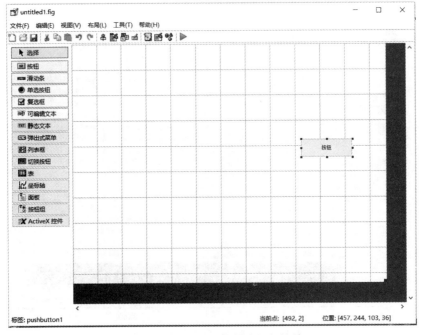

图 9.1.5　在外观编辑器中添加控件

画出三个按钮以后，点击图标栏中的对齐图标，则弹出一个窗口。通过定义横向和纵向的对齐方式，即可将三个命令按钮上下对齐，而且距离相等，如图 9.1.6 所示。

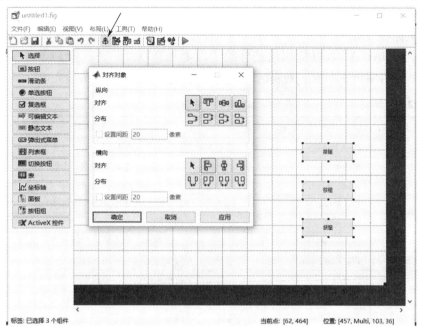

图 9.1.6　在外观编辑器中将控件对齐

依据同样的方法可以画出其他所需要的控件，如图 9.1.7 所示。

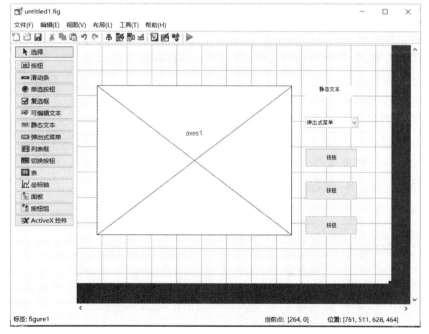

图 9.1.7　在外观编辑器中添加控件

在图9.1.7中，除了三个按钮控件以外还包含如下控件：

一个静态文本框（static text）；

一个弹出式菜单（pop-up menu）；

一个坐标轴（axes）。

事实上，MATLAB可以使用的控件除了以上几类以外，还有滑动条、单选按钮控件、复选框、可编辑文本框、列表框等。所有这些控件总结于表9.1.2中。

表9.1.2 **GUIDE 控件总结**

控件中文名称	控件英文名称	含义
按钮	Push button	用于在单击按钮的情况下执行一系列动作
滑动条	Slider	用于从一个值域范围中选择其中的一个值
单选按钮	Radio button	用于在一组互斥的选项中选择其中一项
复选框	Check box	用于在一组非互斥的选项中选择其中多项
可编辑文本	Edit text	显示可动态修改的文本
静态文本	Static text	显示静态文本字符串，用于标识其他控件或信息
弹出式菜单	Pop-up menu	用于提出互斥的选项清单供用户选择
列表框	Listbox	在列出的字符串表中选择一项或多项
切换按钮	Toggle button	功能类似于单选按钮，但显示为命令按钮
表	Table	定义一个表格
坐标轴	Axes	定义用于作图的区域
面板	Panel	定义一个区域用于将其他按钮或对象放到一块
按钮组	Button group	将单选或其他按钮组合到一块实现某种功能
ActiveX 控件	ActiveX control	用于插入 ActiveX 控件

第二步，修改各个控件的有关属性。

控件作为对象之一同样具有各种属性。控件属性可以分为几类：

（1）公共属性；

（2）基本控制属性；

（3）修饰控制属性；

（4）辅助属性；

（5）动作执行管理属性。

各类属性中的具体属性总结于表9.1.3中。

表9.1.3 **控件属性总结**

属性英文名称	属性中文翻译	含义
Children	子对象	所有下层对象的句柄
Parent	父对象	父对象的句柄
Tag	标签	对象标签
Type	类型	对象的类型
Userdata	用户数据	附加给此对象的任何数据
Visible	可见性	可见性

属性英文名称	属性中文翻译	含义
BackgroundColor	背景色	对象的背景颜色
Callback	回调函数	激活控件要执行的程序
Enable	激活	激活或关闭控件
Cdata	图标定义	用三维真彩色定义控件上显示的图标
Max、Min	最大值、最小值	最大值、最小值
String	标题或选项	对象名称
Style	对象类型	对象类型
Position	对象位置	对象位置
Units	度量单位	度量单位
Value	取值	控件取值
FontAngle	标题字体	标题字体
FontName	标题字库名	标题字库名
FontSize	字体大小	字体大小
FontUnits	字体单位	字体单位
FontWeight ForegroundColor	字体粗细	字体粗细
HorizontalAlignment	标题颜色	标题颜色
	标题调整方向	标题调整方向
ListboxTop	列表框最上方	列表框第一选项的序号
SliderStep	滑标步长	滑标步长
Selected	选中标记	控件是否被选中
SelectionHighligh	选中状态	控件选中以后是否高亮显示
UicontextMenu	弹出式菜单	与控件相联系的弹出式菜单
BusyAction	被中断方式	被其他函数中断时应执行的行动
ButtonDownFcn	按下鼠标行动	按下鼠标执行的回调程序
CreateFcn	创建函数	创建时调用的函数
DeleteFcn	删除函数	删除时调用的函数
HandleVisibility	句柄查验方式	能否从命令行查看句柄
Interruptible	中断处理	定义回调函数能否被中断

属性的修改除了可以用前面介绍的"get"和"set"函数来完成以外,也可以通过属性检查器来完成。

选中要修改属性的控件对象,如第一个按钮控件,然后点击图标栏中的属性检查器(Property Inspector)图标,如图 9.1.8 所示。也可以在选中要修改属性的控件以后,双击它,达到打开属性检查器的目的。

点击图标或双击控件以后,属性检查器窗口弹出,如图 9.1.9 所示。在属性检查器窗口中,点击"String"属性,在弹出的另一个窗户中输入"条形图",点击"确定"。则该命令按钮的名称变为"条形图"。再点击"FontSize"属性,将字体大小由原来的 8.0 改为 12.0,然后回车。关闭属性检查器。

同理,修改另外两个按钮的名称和字体大小。

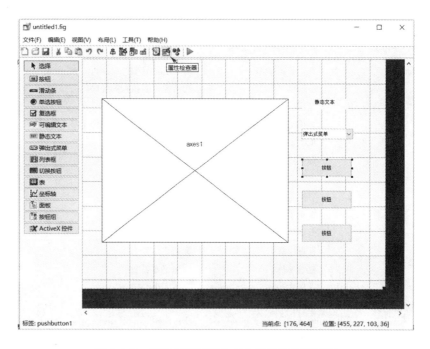

图 9.1.8　在外观编辑器中点击属性编辑器图标

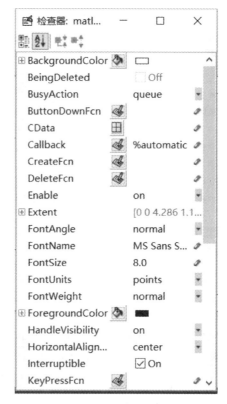

图 9.1.9　属性编辑器

再选中弹出式菜单。点击属性检查器图标或双击控件以后，属性检查器窗口弹出。在属性检查器窗口中，点击"String"属性，在弹出的另一个窗户中输入"按地区"，然后按回车键，在第二行输入"按产品"，点击"确定"。则该弹出式菜单的默认选项将为"按地区"。同样点击"FontSize"属性，将字体大小由原来的8.0改为12.0，然后回车。关闭属性检查器。

同理，将用于标识弹出式菜单的静态文本框的"String"属性改为"请输入统计基础"，并在最上面增加另一个静态文本框，用于标识整个模型的名称"XYZ公司销售业绩统计"，适当调整字体大小，甚至颜色等，就得到如图9.1.10所示的图形。

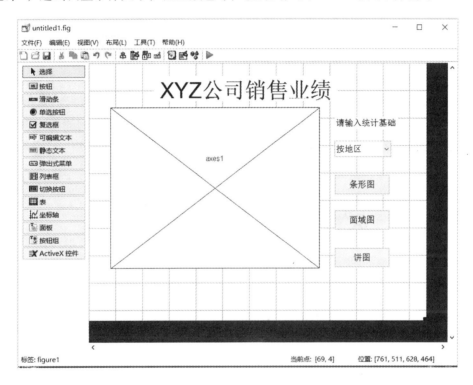

图 9.1.10　完成的模型外观设计

第三步，保存外观并为模型及各个控件编程。

当完成外观设计以后，就可以保存外观了。保存的方法有三种：

第一，点击图标栏中的保存图标。

第二，点"文件"菜单，然后选中"另存为"。

这两种方法事实上是一致的。在弹出的存储菜单中选中文件名后，比如说，本例中存为"xyz"，那么 MATLAB 就以该名称存为两个文件，一个是"xyz.fig"，另一个是"xyz.m"。xyz.fig 是图形文件，xyz.m 是对应的 M 文件。

第三，点菜单栏上最右边的绿色箭头，运行（run）图标，则弹出一个对话框，如图9.1.11所示。

点击"是"按钮以后，GUIDE 将以 untitled 为名存两个文件，一个是

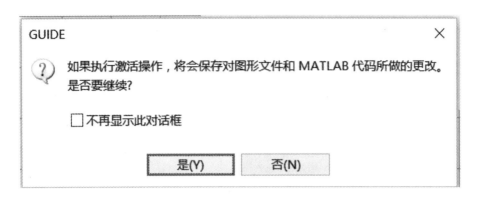

图 9.1.11　激活对话框

"untitled. fig"，图形文件；另一个是"untitled. m"，对应的 M 文件。当然，也可以先用第一种或第二种方法将文件存起来，然后再点击运行按钮去运行。

　　运行以后的结果如图 9.1.12 所示。但是此时的各按钮不起作用。点"条形图"没有反应，点击其他按钮也都没有反应。因此，需要对控件和整个图形对象进行编程，以达到模型运行的效果。

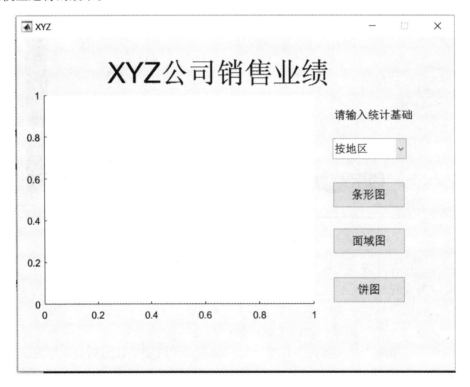

图 9.1.12　模型运行后的结果

　　存起来的 M 文件也会显示在弹出的 M 文件编辑器中，如图 9.1.13 所示。我们可以通过修改该 M 文件，达到对控件和图形编程的目的。

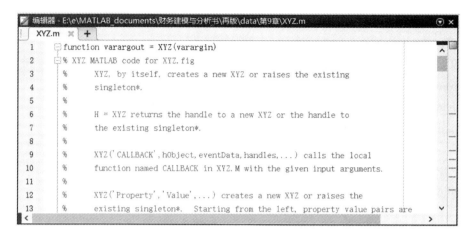

图 9.1.13　M 文件编辑器

首先需要修改的是开始函数，即 opening function。开始函数是所有由 GUIDE 产生的 M 文件中第一个要执行的函数。在 GUIDE 中所有与某个对象相联系的，能够根据对对象的不同操作产生不同动作的函数称为回调函数（callback）。此处，开始函数是与整个模型相联系的，用于控制模型打开时动作的函数，因此是整个模型的一个回调函数。一般情况下，开始函数用来准备或者调用模型所用的数据，以便进入模型以后用户可以通过点击命令按钮对数据进行各种处理。

点击编辑器选项卡中的"转至"按钮，则弹出一个菜单，如图 9.1.14 所示。

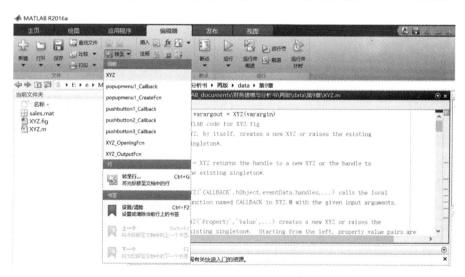

图 9.1.14　M 文件编辑器

在弹出的菜单中，选择 xyz_OpeningFcn，则函数定位于开始函数。在开始函数中以下代码已经存在：

% – – –Executes just before XYZ is made visible.

```
function XYZ _ OpeningFcn(hObject, eventdata, handles, varargin)
% This function has no outputargs, see OutputFcn.
% hObject        handle to figure
% eventdata    reserved – to be defined in a future version of MATLAB
% handles       structure with handles and user data (see GUIDATA)
% varargin     command line arguments to XYZ (see VARARGIN)

% Choose default command line output for XYZ
handles. output = hObject;

% Update handles structure
guidata(hObject, handles);

% UIWAIT makes XYZ wait for user response (see UIRESUME)
% uiwait(handles. figure1);
```

为了在模型开始时达到准备数据的目的，在%varagin……之后加入如下代码：

```
% create data for plot
load sales;
handles. region = sales';
handles. product = sales;
% set the current data value
handles. current _ data = handles. region;
bar(handles. current _ data);
```

代码前3行，调用已经存储好的销售额数据并把数据按地区和产品分别赋给 handles 结构数据。以后，存在 handles 结构中的数据就可以在其他控件中的回调函数中调用，实现数据的传输。

最后两行，设置当前数据值为按地区数据并在坐标轴中画出按地区统计的条形图。这样一来，在第一次进入模型时，默认显示的就是按地区统计的条形图。

其次，再为弹出式菜单编程。

弹出式菜单可以方便用户在几个选项中进行选择。根据选项的不同，程序会为弹出式菜单的 value 属性值赋予不同的序号。回调函数会根据 value 属性的值去判断用户选择了什么，并据此设置 handles 结构中的当前数据（handles. current _ data）。

在外观编辑器中，选中弹出式菜单，点击鼠标右键，在弹出的菜单中选"查看回调"，在下一层菜单中选"Callback"，如图9.1.15所示。

在所调用的回调函数中已经包含有如下代码：

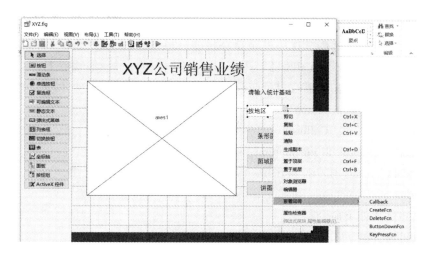

图 9.1.15　调用控件的回调函数

% − − −Executes on selection change in popupmenu1.

function popupmenu1 _ Callback(hobject, eventdata, handles)

% hobject　　　handle to popupmenu1（see GCBO）

% eventdata　　reserved − to be defined in a future version of MATLAB

% handles　　　structure with handles and user data（see GUIDATA）

% Hints：contents = cellstr(get(hobject, 'String')) returns popupmenu1 contents as cell array

% contents｛get(hobject, 'Value')｝returns selected item from popupmenu1

在以% contents 开始的行之后加入如下代码：

str = get(hobject, 'String');

val = get(hobject, 'Value');

switch str｛val｝;

　case '按地区'

　　handles. current _ data = handles. region;

　case '按产品'

　　handles. current _ data = handles. product;

end

% save the handles structure

guidata(hobject, handles)

在上面的代码中，头两行用来确定在弹出式菜单中用户选择的是哪一行。

String——一个结构变量，用来存放弹出式菜单的各项内容；

Value——弹出式菜单各选项的序号。

程序后 6 行则根据用户的不同选择，把"按地区"数据或"按产品"数据赋给 handles 结构变量中的当前数据，以利于其他的回调函数调用。

最后，再为3个命令按钮控件编程。

同样，在外观编辑器中，选中某个命令按钮，单击鼠标右键，选"查看回调"，在随后弹出的子菜单中选择"Callback"，即可定位于该控件对应的回调函数。

例如，命令按钮"条形图"（其他两个按钮也一样）的回调函数已经包含如下代码段：

% – – –Executes on button press in pushbuttonl.

function pushbuttonl _ Callback（hobject，eventdata，handles）

% hobject   handle to pushbuttonl（see GCBO）

% eventdata   reserved – to be defined in a future version of MATLAB

% handles   structure with handles and user data（see GUIDATA）

在其后再加入如下命令：

bar（handles. current _ data）；

那么在用户点击"条形图"按钮后，模型就可以根据弹出式菜单中的选择，按照地区或者按照产品将销售额条形图画在指定的坐标轴中。

同理，在"面域图"按钮的回调函数中加入如下语句：

area（handles. current _ data）；

在"饼图"按钮的回调函数中加入如下语句：

s = sum（handles. current _ data'）；

pie（s）；

至此，所有程序编码工作完成，模型可以运行。

模型运行的方法有：

（1）在打开的外观编辑器中，点击菜单栏中的运行图标；

（2）在打开的外观编辑器中，点击"工具"菜单中的"运行"子菜单；

（3）在命令窗口输入 XYZ。

模型第一次运行如图9.1.16所示。

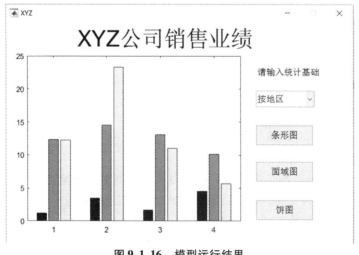

图9.1.16　模型运行结果

读者可以尝试,当点击"面域图"按钮时,图形变为什么?也可点击弹出式菜单右边的箭头,选择"按产品"作为统计基础,再点击"条形图"、"面域图"等按钮,其结果是什么?

当然,读者也可以修改命令按钮的回调函数,让模型针对同样数据作其他处理。

9.2 APP Designer 应用程序设计器

APP designer 是 MATLAB R2016a 最新引入的应用程序开发环境。与 Guide 相比,APP Designer 支持更多的新组件,并采用全新的编程流程来构建 MATLAB APP 应用。APP Designer 与 GUIDE 之间的差异详见表 9.2.1。

表 9.2.1 APP Designer 与 GUIDE 之间的差异

差异	GUIDE	APP Designer
图形支持	使用函数 figure 及其属性	使用函数 uifigure 及其属性
坐标轴支持	使用函数 axes,可以做出 MATLAB 中的所有图形	使用函数 uiaxes,仅支持2D 线条图和散点图
代码结构	一系列回调函数和实用函数	是一个包含组件、回调、实用函数和属性的 MATLAB 类
代码可编辑性	所有代码可编辑	只有回调、实用函数和用户自定义属性可以编辑
组件访问和设置	用 set 和 get 命令	用点命令
回调设置	通过回调属性	通过特定行动回调
回调输入变量	hobject,eventdata 以及 handles 结构	APP 以及 event data(必要时)
数据共享	使用 UserData 属性,或者 guidata,或者 setAPPdata 函数	使用用户创建的类属性
组件创建	使用 uicontrol 函数和 uicontrol 属性	使用特定组件函数及其对应属性

有两种方法可以进入 APP Designer:

(1) 在 MATLAB 的主页窗口中,点击"新建"按钮,在随后弹出的菜单中选择"应用程序",在第二次弹出的菜单中选择"APP Designer",如图 9.2.1 所示。

(2) 在命令窗口中,输入命令:APP designer。

进入 APP Designer 以后,首先显示欢迎页面,如图 9.2.2 所示。勾选"不再显示此对话框",点击"确定"按钮,进入 APP Designer 应用程序设计环境,如图 9.2.3 所示。同时,下次启动 APP Designer 时不再显示欢迎页面。

APP Designer 包括以下几个部分:

最上面有两个选项卡,分别为"设计器"和"画布"。再下来是常用的工作按钮,比如"保存"、"运行"等。最左边是组件库,包括常用的设计组件。中间是要设计的应

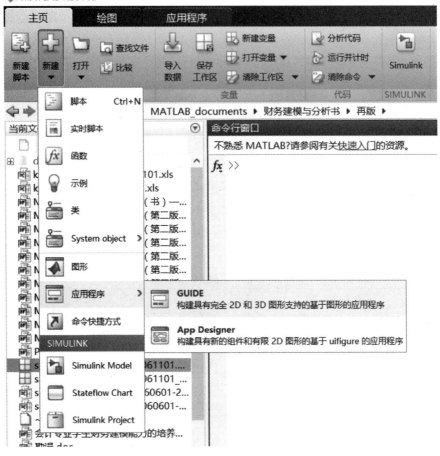

图 9.2.1　进入 APP Designer 应用程序设计环境

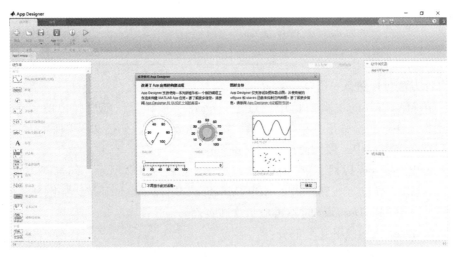

图 9.2.2　进入 APP Designer 欢迎界面

图 9.2.3　APP Designer 工作环境

用程序的界面，包括两个选项卡："设计视图"和"代码视图"。右边是组件浏览器和组件属性。

以下用实例说明 APP Designer 的具体用法。

假设我们要设计一个输入数据的应用程序。这个程序可以为上节的销售业绩分析程序提供数据。因此，需要输入 3 乘 4 个数据，对应于 XYZ 公司 3 个产品在 4 个地区的销售额。

1. 外观设计

在组件库中选择标签，将其拖拽到设计视图的相应位置，在右边的标签属性栏中将文本改为"销售数据录入"，对齐方式为居中，字体为新宋体，大小为 36。如图 9.2.4 所示。

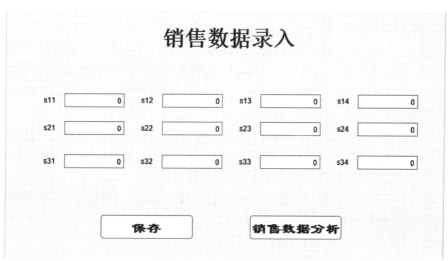

图 9.2.4　应用程序界面设计

再从组件库中选择3×4个编辑字段（数值）组件，将其拖拽到设计视图的相应位置，并对齐。修改它们的编辑字段文本为Sij，其中i、j假定为销售矩阵的第i、j个数，方便记忆和编程。

再拖拽两个按钮组件，分别将其文本改为"保存"和"销售数据分析"，对齐方式为居中，字体为隶书，大小为24。

与GUIDE相比，外观设计和属性修改合为一步。

2. 代码设计

APP Designer的代码不在MATLAB编辑器中。事实上，点击设计视图旁边的代码视图就可以看到与外观设计相匹配的代码。对这些代码稍加修改，就可以完成整个应用程序的设计。

在本例中，点击上方的"转至"按钮，在随后弹出的下拉式菜单中选择startupFcn，系统定位于startupFcn，即开始函数。在startupFcn中添加如下语句：

```
load sales;
app. NumericEditField. Value = sales(1,1);
app. NumericEditField3. Value = sales(1,2);
app. NumericEditField5. Value = sales(1,3);
app. NumericEditField7. Value = sales(1,4);
app. NumericEditField2. Value = sales(2,1);
app. NumericEditField4. Value = sales(2,2);
app. NumericEditField6. Value = sales(2,3);
app. NumericEditField8. Value = sales(2,4);
app. NumericEditField13. Value = sales(3,1);
app. NumericEditField10. Value = sales(3,2);
app. NumericEditField11. Value = sales(3,3);
app. NumericEditField12. Value = sales(3,4);
```

startupFcn的功能与GUIDE的OpeningFcn类似，定义了程序打开后立即要执行的功能。本例中，第一句首先调入数据sales. mat，然后把其中的数据赋值给相应的编辑字段（数值）组件的值属性，作为这些编辑字段（数值）组件的初始值。然后，用户可在此基础上对初始值进行修改或者输入新的值。

接下来，对两个按钮的回调函数进行设定和修改。通过上面的"转至"按钮也可以定位于按钮的回调函数。也可以采用另外一种方法：回到"设计视图"，先单点按钮选中，然后点右键，在弹出的菜单中选择最下面的回调，再选"转至ButtonButtonPushed回调"，如图9.2.5所示。程序弹出一个窗口，直接点确定，同样定位于保存按钮的回调函数。

在保存按钮的回调函数中加入如下语句：

```
s11 = app. NumericEditField. Value;
s12 = app. NumericEditField3. Value;
```

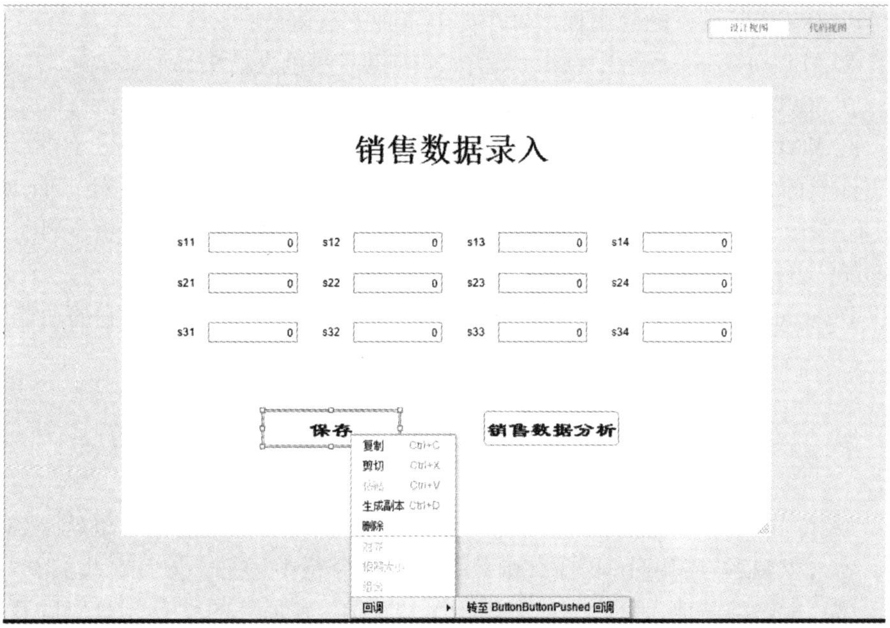

图 9.2.5　定位按钮组件的回调函数

s13 = app. NumericEditField5. Value；

s14 = app. NumericEditField7. Value；

s21 = app. NumericEditField2. Value；

s22 = app. NumericEditField4. Value；

s23 = app. NumericEditField6. Value；

s24 = app. NumericEditField8. Value；

s31 = app. NumericEditField13. Value；

s32 = app. NumericEditField10. Value；

s33 = app. NumericEditField11. Value；

s34 = app. NumericEditField12. Value；

sales = [s11 s12 s13 s14；s21 s22 s23 s24；s31 s32 s33 s34]；

save sales sales

这段程序当按动"保存"按钮时被执行。它的功能就是将编辑字段（数值）组件的值赋给 sales 矩阵的相应元素，再将矩阵 sales 保存到当前目录下，达到修改和输入新的销售数据的目的。

最后，在"销售数据分析"按钮的回调函数中加入：XYZ。也就是说，当按动该按钮时程序将转而执行 XYZ. m 程序，即进行新数据的分析。

3. 保存程序并运行

点击上方的"保存"按钮，可以将外观以及相应的代码保存为一个以 . mlapp 为扩展名的文件。本例被保存为 datainput. mlapp 文件。

用 APP Designer 设计的应用程序可用如下三种方法运行：

- 在 APP Designer 环境中点击"运行"按钮（绿色大箭头）；
- 在 MATLAB 命令窗口输入程序名，本例中，输入 datainput；
- 在 MATLAB 启动的情况下，在当前文件夹中双击 datainput. mlapp 文件。

值得注意的是，GUIDE 产生两个文件，一个 . m 文件，一个 . fig 文件；而 APP Designer 只有一个 . mlapp 文件。当然要想完整运行，可能还需要相应的数据文件，如本例的 sales. mat 文件。

APP Designer 目前还不太完善，因此与 GUIDE 配合使用，更能发挥它的功能。

9.3 模型打包与编译

模型设计好以后，就可以在命令行里直接输入模型的名称来运行。也就是说，模型编好以后就可以像运行 MATLAB 标准函数那样在命令行中运行。但是，我们有时希望，编好的模型还能够与其他人分享，或者脱离 MATLAB，在另外的没有装 MATLAB 环境的机器上运行，此时怎么办呢？

9.3.1 应用程序打包

首先讨论如何将应用程序分享到装有 MATLAB 系统的机器上。

将应用程序打包是与其他装有 MATLAB 系统的机器进行分享的一种方法。创建应用程序包可以通过 MATLAB 的 app package 或者应用程序打包功能来实现。进入应用程序打包功能的方法至少有两种：

1. 在 MATLAB 的主页界面中，点击"附加功能"按钮，在弹出的菜单中选中"应用程序打包"，如图 9.3.1 所示。

图 9.3.1　应用程序打包进入界面

2. 在 MATLAB 应用程序界面中，直接点击应用程序"打包"按钮。

进入应用程序打包功能以后，系统显示如图 9.3.2 所示的窗口。

图 9.3.2 应用程序打包窗口

打包窗口的第一行是当前文件夹，调用应用程序打包功能就产生一个名为 untitled1. prj 文件。一个 . prj 文件包含要打包的应用程序的信息。当中间一栏应用程序名称改变以后，这个 . prj 的名称也随之改变。

窗口中的中间部分是要分享的打包后的应用程序的具体描述，包括应用程序名称、作者名称，电子邮件、公司、摘要以及其他必要说明。

窗口的左边是将要打包的文件内容的定义。可以添加主文件，添加其他有关文件，比如其他有关文件、数据文件、. fig 文件等。

右边是输出的打包文件的目录，默认为当前文件夹。

在本例中，前面已经建立了 XYZ. m，XYZ. fig, sales. mat 三个文件用于分析 XYZ 公司的销售业绩；后来又建立了销售数据输入程序 datainput. mlapp。

现在我们将这四个文件放在了同一个名为 package 的文件夹中。

将 datainput. mlapp 作为主文件添加进左边第一个位置；将 XYZ. m，XYZ. fig, sales. mat 作为共享的资源添加进左边第三个位置。应用程序名称仍使用 XYZ，打包文件目录采用默认的当前文件夹。所有内容输入完毕以后，点击第三栏右下方的"打包"按钮。

打包完成后，在当前文件夹中将产生 XYZ. mlappinstall 文件，这就是用于分享的模型。

当前文件夹中的 XYZ. prj 包含了所有要打包的应用程序的信息。如果将来想重新修改打包模型的内容，比如数据修改、程序修改或者增加等，可以再次打开此文件进行重新编辑。

打包后的模型可以上传到 MATLAB 官方网站，其他感兴趣者可以下载重新安装到他的 MATLAB 环境中。事实上，在 MATLAB 主页中，点击"附加功能"下拉式菜单，选中"获取附加功能"就可以在 MATLAB 的官网上的文件交换中搜索、查找你感兴趣的功能。将这些功能下载安装到你的机器上，就可以像使用 MATLAB 标准函数一样来使用。

打包文件安装方法：在 MATLAB 应用程序选项卡中，点击"安装应用程序"，选择要安装的模型 XYZ. mlappinstall，在随后弹出的窗口中点"确定"。应用程序将安装在"我的应用程序"中。

9.3.2 模型编译

首先，在没有装 MATLAB 的机器上直接运行应用程序是不行的。因此，需要将应用程序进行转化。为此，MATLAB 提供了将一般应用程序（包括图形用户界面）转化为能够脱离 MATLAB 而运行的程序的功能。此功能称为应用程序的编译。

MATLAB R2016a 提供了将应用程序打包编译的功能，称为应用程序编译器（Application Compiler）或者 MATLAB 编译器。

有两种方法可以进入应用程序编译器：

（1）在 MATLAB 应用程序选项卡中点击"Application Compiler"按钮；

（2）在命令窗口输入 applicationCompiler。

应用程序编译器如图 9.3.3 所示。

图 9.3.3 应用程序编译器工作界面

打开应用程序编译器就产生一个名为 untitled1. prj 文件。一个 . prj 文件包含要编辑的应用程序的信息。当点击"保存"、"另存为"以后，可以修改为另外的名称。

中间粉色显示的是"增加主文件"，本例中增加 datainput. mlapp 为主文件。

主文件旁边是 Packaging Options（打包设置）。

如果对方机器上没有安装 MATLAB，在运行你的模型之前，还需要安装另一个程序 MCR，称为 MATLAB 运行环境（runtime）。此程序可以从网上下载，也可以在编译的同时提供给用户。Packaging Options 允许用户选择上网下载（5MB）或者打包提供（907MB）。

本例选择打包提供，因此编译以后的文件会比较大。

中间部分就可以输入应用程序名称、作者、电子邮件等描述性内容。

点击右边的工具条，将模型有关的所有文件都加入到"files required for your application to run"（点击"+"号）。

都设置好以后，点右上方的"package"（绿色对钩），弹出文件存储窗口，可以改变文件名，也可以改变存储路径。此处选默认设置，点"保存"，XYZ. prj 就存在了当前文件夹中。然后，系统弹出一个小窗口，显示编译工作正在进行。大约 10 多分钟以后，编译完成，在当前文件夹下多出了一个文件夹 XYZ，内容如图 9. 3. 4 所示。

图 9. 3. 4　编译后的模型

XYZ \ for _ redistribution 下是文件 MyAppInstaller _ mcr. exe，即 MATLAB 运行环境。在没有安装 MATLAB 的机器上要想运行由 MATLAB 编译器编译的程序，必须安装 MyAppInstaller _ mcr. exe。

XYZ \ for _ redistribution _ files _ only 下是编译后的模型，包含四个文件，其中 XYZ. exe 文件是可执行文件，可在任何安装有 MyAppInstaller _ mcr. exe 运行环境的机器上运行。

XYZ \ for _ testing 是试验文件可以忽略不计。

MATLAB 运行环境的安装：用户只需将 MyAppInstaller _ mcr. exe 拷贝到目标机器上，然后运行程序安装即可。

MyAppInstaller _ mcr. exe 只需安装一次即可，即一旦安装成功，以后不用每次都安装。但要注意，MyAppInstaller _ mcr 依赖于版本，即不同版本的 MyAppInstaller _ mcr 不通用。比如说，用以前版本的 MATLAB 开发的模型，在安装了 MATLAB 2016a 的 MyAppInstaller _ mcr 机器上不能运行。

值得说明的是：数据文件也可以放在编译包中一块儿进行编译。但这样做的结果就是，数据文件在第二个模型中不能更改。因此，本例中的数据文件 sales. mat 必须放在编译包之外单独提供。在 XYZ. exe 所在的目录中，必须将 sales. mat 文件拷贝过来，否则，程序不能运行。

程序运行时，只需双击程序名 XYZ. exe 即可。

9.4 模型的 WEB 发布

为了方便交流，模型也可以发布到网上，称为 WEB 发布。实际上，模型的 WEB 发布也就是将 M 文件转化为 HTML 格式。MATLAB 提供了实现此转化的功能。

9.4.1 M 文件的单元模式

M 文件编辑器除了可以像以前那样编辑 M 文件以外，还可以以单元模式（Cell mode）编辑 M 文件。

在新版的 MATLAB 中，单元模式也称为节模式（Code sections）。

有时，我们希望所编辑的代码能够分成一个个独立的模块。这样的话，我们每次可以只关注一个块。只对一个块中的代码进行编辑、调试，而不影响其他块。处理完一个块，再去处理下一个块。为别人讲解程序的逻辑时，通常也是以块为单位。为了适应这一过程，MATLAB 引入了单元模式或者称为节模式。一个节以两个百分号（％％）开头，包含一系列连续的、能够完成一个独立功能的代码组成。

在 MATLAB 主页中，点击"新建脚本"按钮，进入 MATLAB 编辑器。同时，在窗口最上方还多出三个选项卡，分别为"编辑器"、"发布"和"视图"。如图 9.4.1 所示。

图 9.4.1　MATLAB 编辑器发布选项卡

点击"发布"选项卡，可以发现有很多专门用于单元模式编辑的功能按钮。以下就用实例说明如何使用这些功能编辑一个带有多个节的 M 文件，并且将其发布到网上。

9.4.2 股票估价模型 WEB 发布

回顾前面第 6 章 6.3 节股票估价模型的讨论。我们知道股票估价模型可以分为多种情况：

（1）股票估价基本模型；

（2）股票估价稳定增长模型；

（3）股票估价二阶段增长模型；

（4）股票估价三阶段增长模型。

下面，我们就分单元把这几种模型建立在一个 M 文件中。

首先，一个单元用两个百分号（％％）开始，后跟该单元的名称。然后再以一个％开始为本单元作一些说明。之后，再跟要执行的 MATLAB 语句。例如：下面的单元模式的 M 文件，文件名为 cell_example.m，就是为股票估价模型研究所作的单元模式 M 文件。在该文件中共包含五个单元。其中第一个单元只有单元名称和说明，没有 MATLAB 语句，而且又处于整个文件的最前面，因此，编辑器将其处理为整个文件的名称和说明。其余四个单元在将来的网页中将按照各自的标题组织为四个专题内容。

```
％％股票估价模型研究
％          股票估价模型研究由段新生完成

％％股票估价基本模型
％   股票估价基本模型假设股利增长为零
％假设起始点股利 D0 为 2,以后股利无增长,即每年股利均为 10,贴现率为 RS = 8%
％
％  $ $ P = \frac {D _ 0}{R _ S} $ $
％
P = 2/0. 08

％％股票估价稳定增长模型
％   股票估价稳定增长模型假设股利以固定比率增长
％假设起始点股利为 2,以后每年股利增长 10%,贴现率为 8%
％
％  $ $ P = \frac {D _ 0}{g - R _ S} $ $
％
P = 2 / (0. 1 - 0. 08)

％％股票估价二阶段增长模型
％   股票估价二阶段增长模型假设股利开始以某个比率增长,某年以后又以另一固
定比率增长
％假设起始点股利为 2,股利头 3 年以 20% 增长,以后每年增长 12%,贴现率为 15%
D0 = 2;n1 = 3;r1 = 0. 2;r2 = 0. 12;RS = 0. 15;
P = 0;
fori = 1:n1
    D(i) = D0 * (1 + r1)^i;
    pvD(i) = D(i)/(1 + RS)^i;
    P = P + pvD(i);
```

```
end
D = D(n1) * (1 + r2)/(RS - r2);
pvDn1 = D/(1 + RS)^n1;
P = P + pvDn1;
P
```

%%股票估价三阶段增长模型

% 股票估价三阶段增长模型假设股利开始以某个比率增长,某年以后又以另一比率增长,最后再以某个固定比率增长

%假设起始点股利为2,股利头3年以20%增长,从第四年开始到第十年止每年增长12%,以后变为0增长,贴现率为15%

```
D0 = 2;n1 = 3;n2 = 10;r1 = 0.2;r2 = 0.12;r3 = 0;RS = 0.15;
P = 0;
fori = 1:n1
    D(i) = D0 * (1 + r1)^i;
    pvD(i) = D(i)/(1 + RS)^i;
    P = P + pvD(i);
end
fori = n1 + 1:n2
    D(i) = D(i - 1) * (1 + r2);
    pvD(i) = D(i)/(1 + RS)^i;
    P = P + pvD(i);
end
D = D(n2) * (1 + r3)/(RS - r3);
pvDn2 = D/(1 + RS)^n2;
P = P + pvDn2;
P
```

该文件在 M 文件编辑器中的显示如图 9.4.2 所示。从图 9.4.2 中大家可以看出,每个单元由一条横线自然分开,单元结构清晰可见。不过,这条横线不是人为加上的,而是输入两个%%后自动开始一个新的节。

值得注意的是:在输入单元名称时,一定要与前面的两个百分号(%%)隔开至少一个空格;在输入说明文字时,也要与前面的%至少空一格。否则的话,编辑器不能正确识别单元格和相应的说明文字。

以上代码可以全部通过键盘输入,也可以直接点击"发布"选项卡中的"节"或者"带有标题的节",从而开始一个新的节。对标题和说明等也可以点击"黑体"、"斜体"等按钮改变标题或者说明文字的字体,使内容直观、醒目。还可以像 Word 那样加入项目符号(Bulleted List)使条理更清楚。

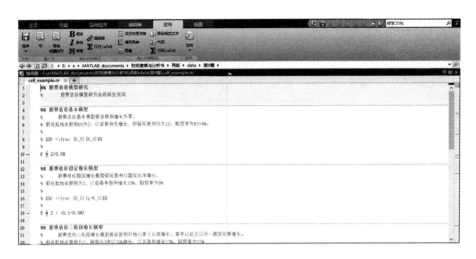

图 9.4.2　单元模式 M 文件 cell _ example. m

另外一个很方便的也是很有用的功能就是在单元模式 M 文件中还可以加入 LaTex 格式的数学公式。加入方法与上相同，可以点击"行内 LaTex"或者"行间 LaTex"按钮。然后在 M 文件中，就出现下面的代码：

%　$ x^2 + e^{ \pii} $

或者

%

%　$ $ e^{ \pii} +1 =0 $ $

%

通过修改两个 $ 或者两对 $ $ 之间的内容，就可以得到 LaTex 格式的数学公式。请参见本例中第二个单元和第三个单元中的数学公式的写法。

另外要说明的一点，使用单元模式以后所生成的网页不仅包含 M 文件本身的内容（名称、说明文字、程序段），还包括程序运行以后的结果。这一点非常方便网页用户的阅读和比较。

事实上，在编辑各单元的过程中，或者执行当前的单元，或者执行整个文件以检查程序是否有错。执行的方式有三种：

一是点击编辑器选项卡中的"运行节"按钮，得到本节的运行结果。

二是点击编辑器选项卡中的"运行并前进"按钮，得到本节的运行结果并且加入下一节。

三是点击编辑器选项卡中的"运行"按钮，得到本程序的运行结果。如图 9.4.3 所示。

执行的结果将显示在 MATLAB 命令窗口中。如果程序有错，错误信息也显示在命令窗口中。通过阅读这些信息，可以调试自己的程序。

M 文件编好以后，就可以点击发布选项卡中的"发布"按钮，如图 9.4.1 所示，生成最后的网页，如图 9.4.4 所示。

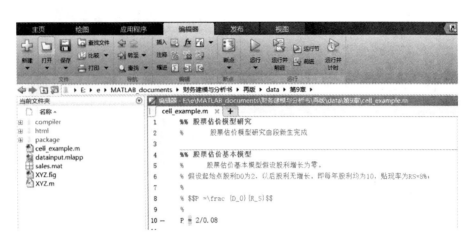

图 9.4.3　单元模式编辑器运行图标

图 9.4.4　单元模式 M 文件生成的网页

从图 9.4.4 可以看出，除了"Contents"以外其余都是我们所希望的中文。因此，如果将"Contents"改为中文或者干脆去掉，则更符合中文网页的习惯。所以，需要对生成的网页做一些改动。改动需要借助于 frontpage 等网页编辑软件。经修改以后的网页如图9.4.5、图9.4.6和图9.4.7所示。

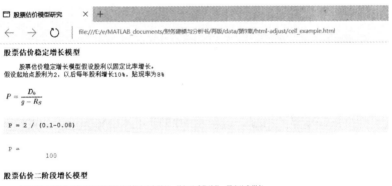

股票估价模型研究

股票估价模型研究由段新生完成

- 股票估价基本模型
- 股票估价稳定增长模型
- 股票估价二阶段增长模型
- 股票估价三阶段增长模型

股票估价基本模型

股票估价基本模型假设股利增长为零。
假设起始点股利D0为2，以后股利无增长，即每年股利均为10，贴现率为RS=8%；

$$P = \frac{D_0}{R_S}$$

P = 2/0.08

P =
　　25

股票估价稳定增长模型

股票估价稳定增长模型假设股利以固定比率增长。
假设起始点股利为2，以后每年股利增长10%，贴现率为8%

$$P = \frac{D_0}{g - R_S}$$

图9.4.5　修改后的网页

股票估价稳定增长模型

股票估价稳定增长模型假设股利以固定比率增长。
假设起始点股利为2，以后每年股利增长10%，贴现率为8%

$$P = \frac{D_0}{g - R_S}$$

P = 2 / (0.1-0.08)

P =
　　100

股票估价二阶段增长模型

股票估价二阶段增长模型假设股利开始以某个比率增长，某年以后又以另一固定比率增长。
假设起始点股利为2，股利头3年以20%增长，以后每年增长12%，贴现率为15%

```
D0=2;n1=3;r1=0.2;r2=0.12;RS=0.15;
P=0;
for i=1:n1
    D(i)=D0*(1+r1)^i;
    pvD(i)=D(i)/(1+RS)^i;
    P=P+pvD(i);
end
D=D(n1)*(1+r2)/(RS-r2);
pvDn1=D/(1+RS)^n1;
P=P+pvDn1;
P
```

P =
　　91.372

图9.4.6　修改后的网页

图 9.4.7 修改后的网页

练习题

1. 请设计一个财务分析模型，该模型可以根据输入的财务报表计算常用的财务比率，可对该企业的财务状况作出适当的分析，并给出相应的改进建议。

2. 对以上模型进行编译，得到可以脱离 MATLAB 环境独立运行的系统。

3. 将以上模型发布到 Web 网上。

参 考 文 献

［1］程卫国等．MATLAB5.3 精要、编程及高级应用［M］．机械工业出版社，2000．

［2］财政部会计司．企业会计准则讲解（2006）［M］．人民出版社，2007．

［3］段新生．MATLAB 财务建模与分析［M］．中国金融出版社，2007．

［4］段新生．会计专业学生财务建模能力的培养与提升［J］．商业会计，2013（8）．

［5］段新生．文献研究与实证结果再现——实证研究的研究性教学与研究性学习［J］．财会月刊，2010（3）．

［6］段新生．试论财务建模的理论、方法和工具［J］．中国管理信息化，2009（11）．

［7］段新生．试论财务建模的意义和作用［J］．中国管理信息化，2008（17）．

［8］段新生．基于 MATLAB 的股票估价模型设计［J］．中国管理信息化，2008（4）．

［9］段新生．MATLAB 股票估价模型研究［J］．中国管理信息化，2007（9）．

［10］刘国山等．数据建模与决策［M］．中国人民大学出版社，2004．

［11］李晶．财务管理［M］．四川大学出版社，1996．

［12］罗斯·瓦茨，杰罗尔德·齐默尔曼．实证会计理论［M］．陈少华等译．东北财经大学出版社，2006．

［13］潘金生．证券投资理论与实务（第三版）［M］．经济科学出版社，2004．

［14］魏权龄等．数学规划与优化设计［M］．国防工业出版社，1984．

［15］闻新等．MATLAB 科学图形构建基础与应用［M］．科学出版社，2002．

［16］王晓林．统计学［M］．经济科学出版社，2001．

［17］约翰·赫尔．张陶伟译．期权、期货和衍生证券［M］．华夏出版社、Prentice Hall，1997．

［18］张龄松、罗俊．股票操作学（第二版）　［M］．中国大百科全书出版社，1997．

［19］詹姆斯等著，杜本峰译．数据、模型与决策［M］．中国人民大学出版社，2006．

［20］朱小平、徐泓．工商企业会计学［M］．中国人民大学出版社，1995．

［21］中注协的 CPA2005 年辅导教材．财务成本管理［M］．经济科学出版

社, 2005.

［22］ Hull, John C.. Options, Futures, and Other Derivatives, Prentice Hall, 5th Edition, 2003.

［23］ Hull, John C.. Introduction to Futures and Options Markets, Prentice Hall, Second Edition, 1995.

［24］ Keith Alfredson and etc.. Applying International Accounting Standards, John Wiley & Sons Australia, Ltd. , 2005.

［25］ Lynne Chow and etc.. Advanced Financial Accounting in Hong Kong, Longman Hong Kong Education, 2006.

［26］ Richard A. Brealey, Stewart C. Myers. Principles of Corporate Finance, McGraw – Hill, Inc. Fourth Edition.

［27］ Stephen Ross. Randolph Westerfield and Bradford Jordan, Corporate Finance Fundamentals, Seventh Edition, McGraw – Hill, 2006.

［28］ The Math Works. Financial Toolbox For Use with MATLAB, User's Guide, Version 3, 2006.

［29］ The Math Works. Statistics Toolbox For Use with MATLAB, User's Guide, Version 5, 2006.

［30］ The Math Works. MATLAB Creating Graphical User Interfaces, Version 7, 2006.